Piet Vroon
Anton van Amerongen
Hans de Vries

Psychologie der Düfte

Piet Vroon
Anton van Amerongen
Hans de Vries

Psychologie der Düfte

Wie Gerüche uns beeinflussen
und verführen

*Aus dem Niederländischen von
Annette Löffelholz*

Kreuz

Der Geruchssinn ist der Sinn der Erinnerung und des Verlangens

(Rousseau)

Die vorliegende Übersetzung wurde freundlicherweise unter- stützt durch *Nederlands Literair Produktie- en Vertalingen- fonds* (Foundation for the Production and Translation of Dutch Literature), Amsterdam.

Inhalt

Vorwort

Dieses Buch ist eine Koproduktion, für die sich drei Menschen – fasziniert von den Eigenarten unseres Geruchssinns – zusammengetan haben. Piet Vroon ist Hochschullehrer an der Universität Utrecht; er befaßte sich in erster Linie aus psychologischer Sicht mit dem Geruchssinn. Anton van Amerongen ist Biologe, Hans de Vries frei praktizierender Psychologe; er hat sich auf den sprachlichen Aspekt und die Verständlichkeit des Textes konzentriert. Zusammengefaßt werden folgende Themenkreise zur Sprache kommen:

Kapitel 1 beschäftigt sich in einem kurzen Überblick mit der Kultur- und Wissenschaftsgeschichte des Geruchs, einschließlich einiger Anmerkungen zum Geruchssinn in der Tierwelt.

Kapitel 2 erklärt den Bau und die Funktion des Geruchsorgans und geht der Frage nach, auf welche Weise Geruchsempfindungen entstehen.

Ein Teil dieser Darstellung ist recht biologisch-technisch gehalten; Leser, die an diesen Informationen weniger interessiert sind, können einige Abschnitte überschlagen bzw. überfliegen. Für das Gesamtverständnis ist es jedoch wichtig, sich mit einigen dieser Begriffe vertraut zu machen.

Kapitel 3 handelt von der »Psychophysik« des Riechens. Wie steht es um den Zusammenhang zwischen der Intensität eines Reizes und seiner anschließenden Wahrnehmung? Auf welche Weise können sich Geruchsstoffe wechselseitig verstärken oder abschwächen und somit beeinflussen? Und was kann aus diesen Erkenntnissen zur Bekämpfung von Geruchsbelästigungen abgeleitet werden?

Zentrales Thema in Kapitel 4 sind die vielen Unterschiede im Bereich des menschlichen Geruchsvermögens und die unterschiedliche Einschätzung von Gerüchen durch ein und dieselbe Person.

Welche Veränderungen erfährt der Geruchssinn in den verschiedenen Lebensphasen? Und inwieweit hängt die Geruchswahrnehmung vom Geschlecht, vom Alter, von der Lebensweise, vom Beruf, vom Kulturkreis und ähnlichem ab?

Gerüche werden nicht nur wahrgenommen, sondern auch im Gedächtnis gespeichert und verbalisiert. Bis zu welchem Grad sind wir dazu fähig? Riechen Blinde besser als Menschen, deren Sinnesorgane ausnahmslos intakt sind? Erzielen Parfümeure bessere Riechleistungen als Nichtprofessionelle? Diese und ähnliche Fragen werden in Kapitel 5 behandelt.

Gerüche beeinflussen nicht unwesentlich unser Verhalten und selbst unsere Körperfunktionen. Zu nennen wären die Regulierung der Stimmung und der allgemeinen Aktivität, der Sexualität und Motivation sowie auch die Art und Weise, wie wir andere Menschen in manchen Situationen beurteilen (Kapitel 6).

Aus mancherlei Gründen tragen viele Menschen künstliche Gerüche in Form von Parfüms und Lotionen; unabhängig davon besitzt jeder von uns einen sogenannten Duftpaß bzw. ein persönliches »Fluidum« in Form eines Körper- und Atemgeruchs, der von Familienmitgliedern und anderen erkannt werden kann (Kapitel 7).

In Kapitel 8 kommen Störungen des Geruchssinns sowie der Zusammenhang zwischen Geruch und Krankheit zur Sprache. Das Buch schließt mit einer Reihe von Tips und Empfehlungen.

Aus Gründen der besseren Lesbarkeit wurden alle Literaturhinweise, Erläuterungen und Kommentare in einen Fußnotenapparat aufgenommen.

Herbst 1994

1. Zur Kulturgeschichte des Riechens, der Geruch in der Tierwelt

Als optischer Mittelpunkt des Gesichts ist die Nase ein sehr beliebtes Thema in der Welt der Mode und der Kosmetik; für Brillenträger ist sie eine unerläßliche Stütze, und auch im sozialen und kulturellen Leben sowie in der Literatur fristet sie kein Schattendasein – davon zeugen allein schon die zahlreichen Sprichwörter und Redensarten, Schimpfwörter und Spitznamen, die sich auf diesen markanten Teil des Gesichts beziehen.

Weitaus weniger Beachtung findet die Nase hingegen in ihrer Eigenschaft als äußerer Teil des Geruchsorgans. So weiß man zwar, daß sie durch Schmuck gestylt werden kann und als »Stütze« hilfreich ist, wie wichtig jedoch das Einatmen durch die Nase für die körperliche und geistige Gesundheit ist, wird mehr oder weniger ignoriert. Durch dieses Atmen wird die Luft erwärmt und gewissermaßen gefiltert, es sorgt für den adäquaten Druck in den Adern des Brustkorbs[1], wirkt in den Hohlräumen des Kopfbereiches entzündungshemmend etc. Da Gerüche beim Einatmen durch die Nase intensiver aufgenommen werden, werden auch die mentale Verfassung und das Erinnerungsvermögen positiv beeinflußt.

Bedeutung des Geruchs

Geruch und Geschmack bilden zusammen die sogenannten chemischen Sinnesorgane – das heißt, die betreffenden Reize werden dem Bereich der Chemie zugeordnet. Der Geruchssinn ist nicht nur in vielerlei Hinsicht geheimnisvoll, weil seine Funktionsweise letztlich noch nicht entschlüsselt ist. Hinzu kommt, daß den meisten Menschen die Bedeutung des Riechens in all seinen Dimensionen nicht bewußt ist.

Anders gesagt, als Trägerin des Geruchsvermögens wird die Nase chronisch unterschätzt. Wenn man Menschen fragt, welches Sinnesorgan sie eventuell am ehesten missen könnten, steht das Auge an letzter und die Nase an erster Stelle. Eine sehr strittige Entscheidung, wenn man bedenkt, welch wichtige Rolle der Geruchssinn bei einer Reihe psychischer Prozesse und Verhaltensmuster spielt. Der Geruchssinn ist wesentlich für das Funktionieren des Geschmackssinns, er nimmt Einfluß auf die Sexualität, auf Motivations- und Gedächtnisprozesse, einschließlich des Lernens, auf die Gesundheit, das Sicherheitsgefühl und das allgemeine Wohlbefinden und hat nicht zuletzt in lebensbedrohlichen Situationen eine Alarmfunktion (man denke an ausströmendes Gas u.ä.). Darüber hinaus kann die Nase den internen Wettkampf, wenn verschiedene Sinnesorgane gleichzeitig stimuliert werden, häufig zu ihren Gunsten entscheiden. Auf einen Apfel, der zwar schön aussieht, aber muffig riecht, haben wir keinen Appetit.

Ein kurzer kulturgeschichtlicher Abriß

Im historischen Rückblick hat die Diskussion über den Status des Geruchs einen komplizierten Verlauf genommen; insbesondere in den Ländern des Westens begegnete man diesem Sinnesorgan ausgesprochen zwiespältig.[2] Der einflußreiche Philosoph Plato sprach einen Bannfluch über Parfüms aus, weil sie angeblich der Verweichlichung und körperlichen Genußsucht Vorschub leisteten; die Verwendung derartiger Duftstoffe sollte den Prostituierten vorbehalten bleiben. Ehrbare Menschen waren aufgerufen, sich vor allem um ihr Seelenheil zu bemühen und sich der Musik und Mathematik zu widmen. Der Körper mit all seinen Gerüchen galt nur als vorübergehender Aufenthaltsort dieser Seele, und zudem wurde die Nase durch ihre Nähe zum Gehirn in einen direkten Zusammenhang mit Gefühlen und Gelüsten gebracht, die besser verbannt gehörten. Sokrates war in dieser Hinsicht der we-

14

niger dogmatischen Auffassung, daß Gerüche eine Widerspiegelung der sozialen Klassenzugehörigkeit seien – was impliziert, daß er dem Geruch einen bestimmten Informationswert zuordnete.[3]

Im allgemeinen galten jedoch das Auge und das Ohr als die weitaus wichtigeren Hilfsmittel. Im sozialen Umgang wurde das Hören, vor allem jedoch das Sehen als »edle« Handlung erfahren, da diese Sinnesorgane unsere Verbindung zur Welt der Vollkommenheit herstellten. Die Geometrie erschließt sich durch das Sehen, die Harmonie der Sphären wird von den Pythagoreern »gehört«; wenn schon das Schmecken als ein wenig zwiespältig galt, so wurden das Tasten und Riechen von nicht wenigen philosophischen Schulen als vulgäre, oft sogar schmutzige Tätigkeiten abgewertet.[4] Der Mensch hat einen aufrechten Gang, lautete eine andere häufig gehörte Begründung, die sich auch Freud zu eigen machte, und dies bedeutet, daß er mit Hilfe seiner Augen schon von weitem erkennen kann, was um ihn herum geschieht. Im Gegensatz zu den Tieren sind wir auf unseren Geruchssinn angeblich kaum angewiesen – er ist ebenso überflüssig wie ein Schwanz. Ein Gedanke, der im übrigen nicht völlig absurd ist. Da viele Geruchsstoffe schwerer sind als Luft, lassen sich am Boden liegend mehr Gerüche entdecken als in aufrechter Haltung. Auch in späterer Zeit gehörte der Geruch nicht zu den bevorzugten Themen der Philosophen. Wenn sie sich überhaupt dazu äußerten (ein Beispiel ist Immanuel Kant gegen Ende des 18. Jahrhunderts), dann in der Regel, um dieses Sinnesorgan in Mißkredit zu bringen.

Auch aus diesem Grund ist die Funktion des Geruchssinns im Gegensatz zu den Augen nur äußerst begrenzt erforscht.

Wir wollen jedoch nicht überstürzt vorgehen. Zunächst etwas zu einer wesentlichen Entwicklungsphase in der Philosophie und Wissenschaft: In der Epoche der »wissenschaftlichen Revolution« (d.h. im 17. und 18. Jahrhundert, als zahlreiche Wissenschaften eine Blütezeit erlebten) und in der Aufklärung (gegen Ende des 18. Jahrhunderts) sowie während der nachfolgenden industriellen Revolution bekam der Verstand eine zentrale Bedeutung, und die menschliche Rationalität galt als der entscheidende Motor des Fortschritts. Dieses Denken resultierte in einer gewissen Verachtung und Geringschätzung der Gefühle und des Körperlichen, das auch den mit (unangenehmen) Körper- und Atemgerüchen assoziierten Geruchssinn nicht ausnahm – und somit an Plato und Immanuel Kant anknüpfte.

Andererseits waren die Ideen dieser Zeit auch durch den englischen Empirismus geprägt, eine philosophische Richtung, die den Ursprung allen Wissens in den Sinnesorganen ansiedelte. Von dem Gedanken ausgehend, daß alles Wissen sich auf Erfahrung gründe, begannen zahlreiche Forscher ihre Sinnesorgane, einschließlich des Geruchssinns, intensiver zu nutzen. Dies galt insbesondere für Ärzte und Chemiker. Bemerkenswert ist, daß der Zusammenhang zwischen Gerüchen und chemischen Stoffen erst wesentlich später entdeckt wurde. So war der berühmte niederländische Arzt Boerhaave noch der Meinung, daß ein Geruch auf einem spezifischen »Fluidum«, *spiritus rector*[5] genannt, beruhte, dem eine ölartige Konsistenz zugeschrieben wurde. Ähnlich dachte man über die Luft: Chemikern war zunächst keineswegs bekannt, daß Luft aus einem Gemisch unterschiedlicher Elemente und Verbindungen besteht; ebenso wurde Wärme mit einem gesonderten Stoff *(Phlogiston)* in Verbindung gebracht.

Das große Interesse, das man insbesondere im 18. und zu Beginn des 19. Jahrhunderts dem Geruch schenkte, ging jedoch wesentlich von der Medizin aus. Aufgrund mangelnder Einsichten in die Art und Herkunft von (Infektions-)Krankheiten, sah man die Ursache vieler Gebrechen und Epidemien, einschließlich Pest und Malaria (wörtlich: schlechte Luft), in üblen Dämpfen *(Miasmen)*, die von verwesenden Leichen, Urin, Fäkalien und Sümpfen aufstiegen oder Erdspalten entströmten, die sich nach großen Beben gebildet hatten (nach der *Physica subterranea* enthält das Erdinnere ein nicht ungefährliches »Gestank-Labor«, das die Menschheit krank machen kann). Selbst vor dem Federbett machte man nicht Halt – von einem »wahren Mischmasch mephitischer Ausdünstungen« war zu lesen (*mephitisch* bedeutet sowohl stinkend als auch giftig). Diese Miasmen erfüllten nicht nur die Luft in den Krankenhäusern und Gefängnissen jener Zeit, deren bestialischer Gestank sowohl vielen Häftlingen wie auch zahlreichen Anwälten das Leben gekostet haben soll. Noch im 19. Jahrhundert versuchten Richter, sich bei ihren Gefängnisbesuchen gegen Typhus zu schützen, indem sie sich in eine Wolke »antimephitischer« Düfte hüllten.[6]

Ein Arzt machte in dieser Zeit die Beobachtung, daß der Gestank seiner Winde kaum von der Leichenluft im Anatomiesaal zu unterscheiden war und folgerte daraus, daß die Fäulnisprozesse in den Eingeweiden und das Prinzip des Lebens innerhalb eines lebendigen Organismus eine Einheit bildeten; die Kehrseite der Medaille war allerdings, daß krankmachende Gerüche auch durch die Haut aufgenommen wurden. Man schrieb sogar dem letzten Atemzug eines Sterbenden eine tödliche Wirkung zu, wenn man ihn durch die Nase aufnahm, da das Gift angeblich sehr schnell den direkten Weg zum Gehirn fand.[7] Vorsicht war auch beim Einatmen der Atemluft von Rindern geboten, die Koliken und Übelkeit hervorrufen sollte. (Knoblauch wurde bis weit ins 19. Jahrhundert hinein zur Vertreibung böser Geister verwandt.) Ärzte untersuchten ihre Patienten vorzugsweise mit nur einer Hand, mit der anderen hielten sie sich ein Döschen unter die Nase, das mit Amber, Schwefel und einer Art Weihrauch gefüllt war. Familienangehörigen und andere Betroffenen wurde dringend empfohlen, sich bei einem Krankenbesuch in viele Schichten zu hüllen und ihren Speichel nicht herunterzuschlucken, sondern ihn auszuspucken.

Diese Gedankengänge resultierten in einer fieberhaften Suche nach »antimephitischen Mitteln«, mit deren Hilfe es gelingen sollte, sowohl den Gestank als auch den Ausbruch von Krankheiten in den Griff zu bekommen – eine Suche, die zunächst nur dazu führte, daß man Feuer entzündete, von denen man sich eine reinigende Wirkung versprach. Desinfektionsmittel wie Chlorwasser wurden erst sehr viel später (1788) entdeckt. Einige Chemiker trieben es sogar so weit, sich Vorratsgläser umzubinden, um ihre Körpergase für eine genauere Analyse aufzufangen; ein italienischer Kanonikus mietete sich zu diesem Zweck Bettler, die er bis zur Körpermitte in Ledersäcke steckte. Ferner machte man auch für das Kindbettfieber nicht die mit Mikroorganismen infizierten Hände, sondern wiederum die Atmosphare verantwortlich. Entsprechend verspottet wurde dann auch der ungarische Arzt Semmelweis, als er 1847 behauptete, das Kindbettfieber wäre vermeidbar, wenn sich Ärzte und Hebammen vor jeder Behandlung die Hände wüschen (der Kreißsaal lag häufig in der Nähe der Leichenhalle). Semmelweis war der Meinung, daß ein aus dem

Leichenhaus stammender »Ansteckungsstoff« diese schwere Krankheit verursachte. Obwohl die Sterberate bei den Gebärenden in seiner Klinik durch entsprechende Maßnahmen wie Händewaschen um 90 Prozent zurückging, wurden ihm so viele Hindernisse in den Weg gelegt, daß er sich gezwungen sah, Wien zu verlassen. Erst Jahrzehnte später (und nach dem unnötigen Tod Hunderter Frauen) fanden seine Erkenntnisse allgemein Anerkennung.

Da Gerüche enthüllen sollten, was im Innern des Körpers vor sich ging, wurde eine umfassende Diagnostik entwickelt, deren Ausgangspunkt der Geruch von Schweiß, Atem, Blut, von Urin, Kot, Schleim, Geschwüren, Eiter und sogar dem Aroma der Zehenzwischenräume und der Achselhöhlen war. (Die Basis für diese Praktiken wurde schon im 11. Jahrhundert durch den arabischen Arzt Avicenna gelegt.) Und was die medizinischen Instrumente anging: Das Stethoskop kam nicht in Mode, um dem Arzt genauere Untersuchungsergebnisse an die Hand zu geben – das eigentliche Motiv lag darin, ihn nicht unnötig allen möglichen Ausdünstungen auszusetzen. Auf der anderen Seite nutzten Ärzte Gerüche zu therapeutischen Zwecken (Aromatherapie, Osmotherapie, Kräuterbäder). Vor allem flüchtige, warme, ölige und aromatische Stoffe sowie »Luftkuren« in den Bergen sollten die verstörten »Lebensgeister« wieder frei durch die (hypothetischen) Röhren im Körper strömen lassen.[8]

Da man Körper- und Atemgerüche von den Lebensgewohnheiten und der Qualität der Körpersäfte ableitete, blieben auch andere Bereiche von rigorosen Aussagen nicht verschont. So wurden die Körpersäfte der Frau angeblich durch exzessiven Geschlechtsverkehr alias übermäßigen Spermaerguß verdorben. Hieraus erklärt sich auch die Bezeichnung *putains* (die Stinkenden) für Prostituierte (ein Begriff, den schon der antike Dichter Juvenalis geprägt hatte). Auch die Homosexuellen kamen nicht ungeschoren davon. Da man sie häufig in der Nähe öffentlicher Pissoirs antraf, wurde behauptet, sie seien, als Symbol der »Analität«, von einem animalischen Gestank umgeben. Des weiteren war aus ärztlichem Munde zu vernehmen, daß Sperma die Organe und Körpergewebe reize und der Samen »diesen stinkenden Geruch, der von kräftigen Männern ausgeht« produziere, auf den

Eunuchen verzichten müssen. Die Körper- und Atemluft des Mannes wurde daher als *aura seminalis* bezeichnet. Ein Wutanfall sollte den männlichen Atemgeruch noch intensivieren, was einer beschleunigten Freisetzung von Galle zugeschrieben wurde. Solche und ähnliche Ideen verleiteten einige Wissenschaftler dazu, vor allem Männern den Rat zu geben, auf das Waschen zu verzichten, da sie andernfalls Gefahr liefen, ihre sexuelle Anziehungskraft zu verlieren. Das Fluidum der Frau beschrieb man hingegen als von Milch durchtränkt: »Unsere Frauen schwitzen Milch, sie pinkeln Milch, kauen und schneuzen Milch, sie lassen Milch beim Stuhlgang«, so ein zeitgenössischer Arzt in einem Handbuch über chronische Erkrankungen.

Aus Furcht vor Krankheiten und Epidemien traten »Hygienisten« und städtische Gesundheitsräte (in England die Gesundheitspolizei) gegen den überall herrschenden bestialischen Gestank auf den Plan. Vielerorts war dieser Kampf der Hygienisten gegen den Gestank in Städten, Krankenhäusern, Gefängnissen und Wohnungen erfolgreich. In großangelegten Projekten wurden geschlossene Kanalisationssysteme angelegt, Ventilatoren und Blasebälge installiert, Fabriken geschlossen, Krankenhäuser mit Toilettenstühlen ausgestattet und auf Friedhöfen Salz, Kalk und Schwefelsäure ausgestreut, man legte Senkgruben an, schuf Verhaltenskodices für Brunnenbauer und legte stinkende Sümpfe trocken, Wände, Gewölbe und Holzverkleidungen wurden mit einer Mörtelschicht versehen, gespachtelt, verputzt und getüncht, zum Schutz gegen die Miasmen. Sogar Möbel behandelte man mit antimephitischen Lacken. Ein schottischer Hygienist ging in seinem Kampf gegen den übermäßigen Gestank sogar so weit, die Fensterscheiben von Arbeiterwohnungen einzuschlagen.

Die überwiegend negativen Assoziationen mit Gerüchen führten zwangsläufig dazu, daß die Gelehrten, nicht anders als zu Zeiten Platos, die Nase in der Hierachie der Sinnesorgane ganz unten einordneten: »Als das Sinnesorgan der Lust, der Begierde und des Triebhaften trägt es den Stempel des Animalischen«, war zu lesen. Die meisten Gerüche waren dazu da, *bekämpft* zu werden. Abgesehen vom medizinischen Aspekt wurde diese Assoziation auch wie folgt begründet: Schnüffeln ist oft bei Tieren zu beobachten, und außerdem ist der Mensch häufig nicht in der Lage, Gerüche sprachlich auszudrücken – ein Vermögen, das par excellence von Humanität und Zivilisation zeugt. Von daher besaß der Geruch mehr animalische als menschliche Züge. Spuren dieses Denkens sind auch heute noch in der Bewertung bestimmter Berufe zu erkennen. Wer bei seiner Arbeit viel mit Gestank in Berührung kommt, steht in der Regel auf einer unteren Sprosse der sozialen Stufenleiter: der Kanalarbeiter, die Klofrau, der Müllmann, der Landarbeiter.

Im Rahmen dieser Auffassungen führte die Frage der Körperpflege zu heftigen Kontroversen. Wenn man sich eine Schmutzschicht bewahrte, glaubte man die Ablagerung von Miasmen auf der ungeschützten Haut zu verhindern; zudem »verweichlicht der Organismus, wenn er zu oft mit Wasser in Berührung kommt«, so eine gängige Meinung. Zu häufiges Baden berge außerdem die Gefahr, sexuell unattraktiv zu werden mit der möglichen und dramatischen Folge der Unfruchtbarkeit. Von anderer Seite war zu hören, daß der Körper durch eine saubere Haut von krankhaften Ausdünstungen befreit würde. In diesem Zusammenhang wurde ein ganzes Regelwerk an Badevorschriften geschaffen.[9] Zumindest die sichtbaren Teile des Körpers mußten gereinigt werden. Eine perlmuttfarbene Haut, durch die das blaue Blut der Adern sichtbar strömte, entsprach dem Idealbild der Gelehrten. Ein transparent scheinender Körper war nicht nur frei von krankmachenden Stoffen, er wurde auch als Spiegel einer reinen Seele betrachtet. Auch die Triebe der Frau, insbesondere die sexuelle Begierde, sollten auf diese Weise gezügelt werden, verkündete P. J. Marie de Saint-Ursin zu Beginn des 19. Jahrhunderts. »Wenn ein bleiches Mädchen (…) die Einsamkeit aufsucht und sich melancholischen Träumereien hingibt, kann ein langes heißes Bad die Ursachen dieses erotischen Orgasmus abschwächen.« Darüber hinaus seien die Frauen gut beraten, ihr Leben so weit wie möglich in sitzender Haltung zu verbringen, kühle Orte aufzusuchen und zum Schutz ihrer Hände Handschuhe zu tragen. Nach dem Bad, einem Ritual, das gewiß nicht öfter als einmal in der Woche vollzogen werden durfte, mußten die Augen beim Abtrocknen der Genitalien geschlossen bleiben; jungen Mädchen wurde geraten, das Wasser aufzuwühlen, damit die Oberfläche nicht ihr Spiegelbild reflektierte, wenn sie ins Bad stiegen.

Kurz zurück zu den allgemeinen Betrachtungen der Wirklichkeit und des menschlichen Funktionierens: Nicht alle Wissenschaftler, Philosophen und Künstler haben die Rationalität in dem Maße zum non plus ultra erklärt und somit auch den Geruchssinn in Mißkredit gebracht, wie das die Philosophen der Aufklärung taten. Rousseau und Goethe erkannten die wesentliche Bedeutung von Intuition und Gefühl, auch in der wissenschaftlichen Praxis, und priesen den Geruchssinn. In der Romantik, die der Aufklärung folgte, entstand sogar eine kulturelle Bewegung, die sich gegen die beherrschende Rolle der Ratio wandte. Begriffe wie Sturm und Drang, Weltschmerz, literarische und musikalische Äußerungen wie die *Hymnen an die Nacht* von Novalis und die *Nocturnes* von Chopin sowie die starke Hinwendung zum Gefühlsleben, einschließlich einer intensiven Beschäftigung mit angenehmen Düften, entstammen dieser Zeit. Man versuchte, die bürgerliche Existenz durch ein Leben in Einsamkeit zu entgrenzen, die Welt seiner Gefühle zu ergründen, man suchte den Rausch (auch mithilfe stimulierender Mittel) und gab sich der Melancholie (den *paradis artifiels* eines Charles Baudelaire) hin. Auch die Erotik erhielt einen höheren Stellenwert.[10]

Unabhängig von diesen philosophischen Betrachtungen änderte sich im Laufe des 19. Jahrhunderts die Einstellung gegenüber dem Geruchssinn auch insofern, als Ärzte aufgrund der Entwicklungen in der Chemie und (später) der Bakteriologie ihre Nase nicht mehr so intensiv benutzten. Die Überzeugung, daß Gestank im allgemeinen frei von Krankheitskeimen ist, setzte sich jedoch erst um 1880 durch. Die Verklärung und Überhöhung der Sinne, einschließlich des Geruchs, wie sie Anfang des 19. Jahrhunderts bei den Romantikern zu finden war, blieb nicht auf Dauer allgemeiner Konsens. Erneut wurde das Geruchsorgan zunehmend mit der Sexualität verknüpft und in vielen westlichen Kulturen aufgrund der tradierten Assoziationen mit dem Animalischen wieder in die Nähe des Verwerflichen gerückt. Noch etwas später, im Zeitalter Freuds, trat das Riechen – zumindest in der Literatur – wieder (kurz) in Erscheinung, wenn auch überwiegend negativ besetzt (nach Freud steht der Geruch in erster Linie im Zusammenhang mit Fäkalien und somit mit der »analen« Phase). Ein anderer einflußreicher Mann in dieser Zeit, zu dem auch Freud engen Kontakt hatte, war der Hals-Nasen-Ohrenarzt W. Fließ. Fließ entwickelte eine ausführliche »Nasen-Theorie« über die Sexualität. So sollte es eine »Reflex-Neurose« geben, die auf Verbindungen zwischen der Nase und den Geschlechtsorganen beruhte. Fließ nahm kleine Operationen an der Innenseite der Nase vor, um psychische und gynäkologische Beschwerden zu heilen. Auch Kokain gehörte zu seinem therapeutischen Arsenal.[11]

In dieser Zeit wurden »tierhafte« Gerüche wie Leder oder Moschus durchaus als Aphrodisiaka betrachtet. E. de Goncourt beschreibt ein Mädchen, das dem Duftwahn verfallen ist und sich mit ein wenig Moschus verbotenen Genüssen hingibt. Sie hat die Angewohnheit, im Bett heimlich daran zu riechen, um sich zu berauschen, bis sie von orgiastischen Zuckungen überwältigt wird. Honoré de Balzac beschreibt in »Louis Lambert«, wie sich im Internat der Mephitismus der Wände, die Ausdünstungen des diensttuenden Personals, der Spermageruch des Aufsehers und der mastubierenden Schüler überlagern.

Dieser Gestank, der als typisch männlich erfahren wird, steigert das Verlangen nach weiblicher Gegenwart. Und à propos tierhafte Gerüche: 1855 herrschte am französischen Hof helle Empörung über Königin Victoria, die, glaubte man den feinen Nasen der Hofdamen, während eines Staatsbesuchs ein Parfüm getragen hatte, das einen Hauch von Moschus enthielt. Umgekehrt verfaßte Gustave Flaubert eine Reihe von ganz besonderen Geruchsregeln: «Kack in die Stiefel, piß aus dem Fenster, schrei Scheiße, laß den Dünnpfiff wäßrig sein und die Fürze eisern, rauche wie ein Schlot, rülpse den Leuten ins Gesicht«, so sein Rat an einen Freund.[12]

Kurzum, das Interesse am Geruchssinn war Haßlieben und einem komplizierten Auf und Ab unterworfen. Wenn man sich heutzutage die Fernsehreklame für Hygienebinden, Tampons, Windeln für Säuglinge und Erwachsene anschaut und an all die appetitlich riechenden Waschpulver, die Produkte zur Hautpflege, an Deodorants, Parfüms und vieles mehr denkt, darf man die Behauptung wagen, daß der Geruch in seinem Stellenwert durchaus wieder gestiegen ist.

Abschließend sei noch gesagt, daß sich die Geschichte bis zu einem gewissen Grad zu wiederholen scheint. Wurden früher die

Luft und die Gerüche aufgrund nahezu panischer Vorurteile für zahllose Krankheiten verantwortlich gemacht, ist heute eine ähnliche Reaktion im Verhalten gegenüber Seropositiven und Aidspatienten zu erkennen. Nicht wenige renommierte Wissenschaftler, einschließlich des Entdeckers des Virus, L. Montagnier, sind keineswegs davon überzeugt, daß das HIV-Virus allein ausreicht, um das Abwehrsystem des menschlichen Körpers zu zerstören (dazu bräuchte es einiges mehr). Zudem muß das Virus direkt oder indirekt in erheblichen Mengen in die Blutbahn gelangen.

Dennoch ist die Meinung recht verbreitet, daß man jede Berührung mit Seropositiven, selbst den Kontakt mit ihrer Kleidung, vermeiden und diese Menschen auf keinen Fall küssen sollte. Da es keinerlei Hinweise auf etwaige Risiken gibt, drängt sich eine Analogie zu den absurden Ratschlägen auf, die man vor einigen Jahrhunderten Krankenhausbesuchern mit auf den Weg gab.

Geruch und Wissenschaft

Aber wie dem auch sei, großes Interesse an unserem Geruchsorgan ist in der Welt der Forschung noch immer nicht zu entdecken. Weltweit beschäftigen sich höchstens ein paar hundert Wissenschaftler mit diesem Bereich. Dafür gibt es unterschiedliche Erklärungen.

Geruchsstoffe und die anschließenden Geruchsempfindungen sind bei weitem nicht so einfach zu dosieren bzw. zu strukturieren wie Reize und Wahrnehmungen, die auf Licht und Geräuschen beruhen. Ein Geruchsstoff hat schließlich keine Wellenlänge oder eine andere leicht meßbare Eigenschaft. Außerdem werden Geruchswahrnehmungen durch chemische Stoffe hervorgerufen, die in ihrer Unterschiedlichkeit nur sehr schwer auf einen gemeinsamen Nenner zu bringen sind.

Unser Wissen über die Funktionsweise des Geruchssinns ist so lückenhaft, daß wir nicht einmal zu sagen vermögen, welche Eigenschaften der chemischen Substanzen den entsprechenden Wahrnehmungen zugrunde liegen. Streng genommen ist nicht einmal die Frage geklärt, ob die chemischen Merkmale der Stoffe für die Geruchswahrnehmungen verantwortlich sind oder – um nur eine der weiteren Möglichkeiten zu nennen – die Form des Moleküls (das Schlüssel-Schloß-Prinzip bzw. die sogenannte stereochemische Theorie).[13] Ein Wissenschaftler drückte diese Unsicherheit so aus: »Noch immer ist es uns nicht möglich, genau vorauszusagen, ob eine chemische Verbindung einen Geruch besitzen wird und – sollte dies der Fall sein – welche qualitativen Eigenschaften diesen Geruch auszeichnen werden.«[14] Das ist – verglichen mit unserem Wissen über die anderen Sinnesorgane – erbärmlich wenig.

Zum zweiten hat die Geruchsforschung mit einer Reihe technischer Probleme zu kämpfen. Bevor wir sie wahrnehmen, können Geruchsstoffe bereits auf vielerlei Weise mit ihrer Umgebung reagieren. Das bedeutet, daß sowohl der Raum für die Probemessungen wie auch die benutzte Apparatur geruchsfrei sein müssen und die Dosis in vielen Fällen außerordentlich gut bekannt sein muß. Erst in der zweiten Hälfte unseres Jahrhunderts wurden gute »Olfaktometer« entwickelt, mit denen Riechstoffe in genau dosierten Mengen verabreicht werden können. Erschwerend kommt hinzu, daß Gerüche von Mensch zu Mensch höchst unterschiedlich wahrgenommen und bewertet werden. Diese Uneinheitlichkeit kann mit diversen Krankheiten, in Einzelfällen auch mit angeborenen Anomalien, zusammenhängen, aber auch bei normalen, gesunden Menschen sind die Unterschiede immens. Die beiden Extreme sind die sogenannte *Anosmie*, d. h., die völlige Aufhebung des Geruchsempfindens, und die *Hyperosmie*, eine Überempfindlichkeit für Geruchsreize. Zudem kann das Geruchsempfinden auch bei dem jeweiligen Individuum je nach den äußeren Gegebenheiten stark variieren; am Morgen nach einem rauschenden Fest wird man den Geruch gebratener Eier anders erfahren als wenn man am Abend desselben Tages von einem gesunden Waldspaziergang nach Hause kommt. 1815 äußerte sich Maine de Biran zu den Launen seines Riechorgans wie folgt: »Es gibt Tage, an denen die leichtesten Gerüche mich berühren, und andere (dies sind die häufigsten), an denen ich nichts rieche.« Die günstigen Tage schreibt er auf, so den 13. Mai 1815: »Ich bin glücklich über die wohlriechende Luft, die ich atme.«[15]

24

Im übrigen haben Frauen im allgemeinen ein besseres Geruchsvermögen als Männer; ältere Menschen gewinnen ihre Riechfähigkeit nach einem »Duftbombardement« weniger schnell zurück als jüngere. Gleichzeitig kann sich die »Duftkarte« von Land zu Land und von Stadt zu Stadt unterscheiden. Dies kann zur Folge haben, daß Menschen durch Gewöhnung ihr Differenzierungsvermögen für bestimmte Gerüche mehr oder weniger einbüßen. Andererseits ist es auch möglich, daß man in einer bestimmten Kultur eine extreme Sensibilität für bestimmte (gefährliche) Gerüche entwickelt. Schließlich ist der Welt der Düfte nur schwer mit einer konkreten Begrifflichkeit beizukommen. Unser Vokabular für Gerüche und Düfte ist sehr begrenzt. Häufig werden Gerüche auf ihre vermutete Quelle zurückgeführt. Wir begnügen uns dann mit einem Verweis auf bestimmte Substanzen oder Umstände: »Das duftet nach Kaffee« oder »es riecht hier wie nach einem Augustgewitter.« Eine Demonstration dieses relativen Unvermögens: Bei einem Test wurde der Geruch von Isobutyraldehyd als ›Schokolade‹, ›ein Butterbrot mit Erdnußbutter‹, ›eklig und trocken‹, ›sauer gewordene Milch‹, ›Kabeljau‹, ›Endiviengemüse‹ oder ›Kakao‹ bezeichnet. Auffallend ist, daß ein Drittel der Befragten den Geruch überhaupt nicht zuordnen oder beschreiben konnte.[16]

Teilweise kann dieses Phänomen auf dem Hintergrund der Evolution entschlüsselt werden. Entwicklungsgeschichtlich gesehen ist der Geruchssinn ein altes Organ, das relativ wenige Direktverbindungen zum jüngsten Teil des Gehirns, insbesondere zur linken Neocortex oder neuen Hirnrinde, besitzt, in dem unter anderem die »Sprachzentren« liegen. Demgegenüber gibt es zahlreiche und gut entwickelte Verknüpfungen mit den in einer frühen Phase der Evolution entstandenen Hirnstrukturen, die für die Steuerung der Emotionen und Motivationen verantwortlich sind und zu denen das sogenannte limbische System, der Hirnstamm oder das »neurale Chassis« ebenso gehören wie die »Große Vorsitzende« des Hormonsystems, die Hypophyse. Über die Hirnanhangdrüse beeinflußt der Geruch sogar die allgemeinen Körperfunktionen (wie die Hormonproduktion). Diese Konstruktion ist dafür verantwortlich, daß wir unsere Geruchswahrnehmungen nicht in erster Linie begründen und verbalisieren, sondern umgehend *subjektiv besetzen* und dementsprechend handeln wollen. Anders gesagt: Im allgemeinen werden unsere Geruchseindrücke zunächst nicht in ein ausgewogenes, rational begründetes Urteil umgesetzt, dem ein bewußt gesteuertes Verhalten folgt, sie lösen vielmehr oft emotional gefärbte, hin und wieder auch instinkthafte Verhaltensweisen aus.

Letztlich spielt ein Aspekt eine Rolle, dem man mit etwas gutem Willen das Etikett »wissenschaftsdynamisch« verpassen könnte. Die treibende Kraft der Forschung ist das kommerzielle Interesse der Kosmetik- und Nahrungsmittelindustrie; darüber hinaus sind wir gezwungen, uns mit der gesamtgesellschaftlichen Problematik der Geruchsbelästigung auseinanderzusetzen. Da die Forschung von lukrativen Aufträgen des Staates und der Industrie lebt, gibt es (folglich) keine nennenswerten Forschungsprojekte, die sich beispielsweise mit den diversen Störungen des Geruchssinnes beschäftigen – Störungen, die häufig schwerwiegende Folgen (wie Gedächtnisschwäche und Depressionen) haben. Auch die wissenschaftliche Auseinandersetzung mit Stoffen, die unsere Stimmung, unser Leistungsvermögen sowie mögliche Krankheiten beeinflussen können, fristet ein Schattendasein. So gibt es einige Anhaltspunkte dafür, daß die Alzheimer-Krankheit ihren Ursprung in einer Rückbildung des Geruchsorgans haben könnte, ein Prozeß, der eventuell aufzuhalten wäre. Ich halte es für sehr bedauerlich, daß bestimmte Fragen und Problemkreise so wenig Beachtung finden und meine damit: Geruch und Demenz, Riechstörungen sowie die Beeinflussung unseres Verhaltens, unserer sozialen Kontakte und unseres Wohlbefindens durch Gerüche (Parfüms einmal außer acht gelassen). Aus medizinischer und ökonomischer Sicht scheinen diese Themen momentan noch nicht interessant genug zu sein, eine Sichtweise, die ebenso kritikwürdig wie eigenartig ist. Schließlich weiß jeder, daß sich Faktoren wie Lärm, Belüftung, Farben sowie die Farbtemperatur des Kunstlichts auf unser Wohlbefinden auswirken – warum also werden die Wirkungsweisen von Gerüchen von der Forschung ignoriert?

Sinnesorgane in der Tierwelt

Gute Informationen sind für jedes Lebewesen von grundlegender Bedeutung. Da der Raum für Experimente begrenzt ist, besitzen die unterschiedlichen Tierarten dann auch ein recht ähnliches Instrumentarium. Die Übereinstimmung zwischen Ohren, Nasen, Geschmackspapillen, Tast- und Gleichgewichtsorganen ist relativ groß, wenn auch manche Tierarten über spezifische Hilfsmittel verfügen. So können Bienen die Polarisationsrichtung des Sonnenlichtes wahrnehmen, und Klapperschlangen haben in der Nähe der Augen gelegene Detektoren für Infrarotlicht, mit deren Hilfe sie die Außentemperatur registrieren und eine Beute entdecken können. Enorm unterschiedlich sind die Sinnesorgane jedoch in ihrer Sensibilität und in ihrem Anwendungsbereich.

Der Maulwurf ist so gut wie blind, obwohl er von der Anlage her dieselbe Art Augen besitzt wie der Adler. Im übrigen ist der Adler ein extrem weitsichtiger Vogel, der auf kurze Entfernung fast nichts sieht. Hinter der Netzhaut des Katzenauges befindet sich eine spiegelnde oder widerspiegelnde Zellschicht *(tunica luminosa)*, durch die das Licht die Sinneszellen zweimal passiert. Von daher können Katzen in der Dämmerung hervorragend sehen, während ihre Welt am Tag fast farblos ist. Im übrigen kann die Wahrnehmung von Farben auf nur zwei Pigmenten in der Netzhaut (Dichromaten) beruhen, aber auch auf drei, vier und sogar fünf Pigmenten (Pentachromaten, zum Beispiel Tauben). Tiere, die zu den Pentachromaten gehören, sind in der Lage, Farben und Farbschattierungen voneinander zu unterscheiden, von denen wir nicht einmal zu träumen wagen.

Wachteln sind völlig taub; gleiches gilt für Fische, auch wenn einige Süßwasserarten einigermaßen gut hören können (und einen recht gut ausgeprägten Geschmacks- und Geruchssinn besitzen). Fledermäuse »sehen« mit den Ohren. Sie stoßen hohe Töne aus, deren Reflektion ihnen die Möglichkeit gibt, Objekte zu lokalisieren. Dieses System ist sogar so präzise, daß die Fledermaus Nachtfalter aufspüren und fangen kann. Inzwischen haben viele dieser Falter Ohren entwickelt, mit denen sie die von den Fledermäusen ausgesandten Frequenzen auffangen können. Motten fallen sogar direkt zu Boden, wenn sie diese Frequenzen wahrnehmen und tauchen auf diese Weise buchstäblich unter dem »Radar« der Fledermäuse ab.

Je bedeutender die Rolle der Schwerkraft ist, desto wichtiger ist für das betreffende Tier ein intaktes Gleichgewicht. Katzen kommen immer auf den Pfoten auf und eine Spinne kann man ruhigen Herzens von einem Turm werfen – sie wird höchstens ein paar leichte Prellungen abbekommen. Eine weitere Funktion des Gleichgewichtsorgans ist das Navigationsvermögen. Die Stubenfliege bedient sich dabei eines Balancierstabes. Unter beiden ihrer Flügel ist ein dünner Draht eingepflanzt, an dem eine kleine Kugel hängt. Entfernt man dieses Drähtchen, verliert das Tier jegliche Orientierung, es fliegt wild hin und her und weiß nicht mehr, was oben und unten, rechts und links ist: sein Gleichgewichtsorgan ist zerstört.

Menschen und andere Säugetiere besitzen anstelle dieses Balancierstabes kleine Kalkkristalle, die sich an Scharnieren in den Gängen des Innenohres befinden. Diese Gänge sind mit einer viskosen Flüssigkeit gefüllt, die bei Bewegungen des Körpers Druck auf die Kalkkristalle ausübt. Bei Menschen mit empfindlichen Gleichgewichtsorganen schlagen diese Kristalle bei abrupten Bewegungen (Fahrstuhl, vehementer Fahrstil, Höhenverlust im Flugzeug, Schaukeln auf einem Schiff) zu heftig aus. In manchen Fällen ist diese Empfindlichkeit so groß, daß sogar das normale Laufen ein unangenehmes Gefühl erzeugt. Man sollte dann besser ein Fahrrad besteigen, da das Radfahren eine gleichmäßigere Bewegung mit wenig abrupten Übergängen ist.

Nun zum Geschmack. Kühe haben eine etwa daumendicke, nicht besonders feine Zunge. Dennoch reagieren ihre Geschmackspapillen durchaus nicht unempfindlich auf die Qualität einer Mahlzeit. So verdankt es die Butterblume der Produktion ranziger Stoffe, daß sie verschont bleibt. Demgegenüber besitzen die als äußerst wählerisch bekannten Katzen Geschmackspapillen, die anscheinend sogar den Geschmack von Wasser wahrzunehmen vermögen. Kurzum: Trotz ihrer relativ großen Übereinstimmungen in Form und Funktion sind die Sinnesorgane der Tiere hinsichtlich ihrer Sensibilität und ihres Anwendungsbereiches sehr unterschiedlich. Wir werden derartige Aspekte in die

Diskussion miteinbeziehen, auch wenn wir Mühe haben, uns in die Geruchswelt anderer Tiere einzuleben. So liegt der für das Fazettenauge der Honigbiene sichtbare Wellenbereich zwischen 300 und 650 Nanometern; dies bedeutet, daß die Biene zwar ultraviolette Strahlen wahrnehmen kann, gegenüber der Farbe rot jedoch unempfindlich ist. Der Bereich des menschlichen Auges liegt etwa zwischen 400 und 750 Nanometern (violett bis einschließlich rot). Kinder und Jugendliche können Töne zwischen 20 und 18000 Hz und darüber hören (den Piepton des Fernsehers), Fledermäuse haben ein Ohr für Laute zwischen 2000 und 250000 Hz. Andererseits ist die menschliche Stimme für die Fledermaus im allgemeinen nicht wahrnehmbar (bei einem normalen Gespräch liegen die Frequenzen großenteils um 1000 Hz.)

Da Gerüche in ihrer immensen Vielfalt nicht auf einen gemeinsamen Nenner gebracht werden können, sind Vergleiche dieser Art nicht ohne weiteres auf den Geruchssinn übertragbar. Allerdings ist es möglich, Schwellenwerte anzugeben, die etwas über die Empfindlichkeit für bestimmte Stoffe aussagen. So beträgt der Schwellen- oder Detektionswert für Tetrahydrothiophen – ein Stoff, der dem Erdgas als Signalstoff zugefügt ist – beim Menschen 0,4 Milliarden Moleküle pro Zentiliter. Beim Hund liegt dieser Wert bei 0,2 Millionen, also 2000 mal niedriger. Daher sind Hunde in der Lage, diesen Geruch wesentlich besser wahrzunehmen.[17] Dieser Unterschied ist noch relativ harmlos. Bei Buttersäure ist das Verhältnis 100 Milliarden Einheiten für den Menschen gegenüber 9000 für den Hund, was in der Differenz einen Faktor von 10000000 bedeutet. Sehr extreme Unterschiede tun sich bei Essigsäure auf: Beim Menschen liegt die Riechschwelle um die 50000 Milliarden Moleküle pro Zentiliter, während dem Hund schon 200000 Moleküle reichen. Alles in allem läßt sich sagen, daß die Nase eines Hundes um ein Hundertfaches empfindlicher ist als die des Menschen. Ein Gegenbeispiel wäre, daß wir Butylalkohol besser riechen können als die Ratte, ein Tier, das einen ansonsten sehr ausgeprägten Geruchssinn besitzt. Bei anderen Stoffen haben sich wiederum völlig andere Relationen gezeigt. Da wir schätzungsweise etwa 400000 Geruchsstoffe voneinander unterscheiden können, wäre es unmöglich und außerdem vollkommen sinnlos, die einzelnen Schwellenwerte all dieser Substanzen aufzuzählen.[18] Im Laufe der Zeit ist versucht worden, analog zu der Einteilung des Lichts in Farben auch die Geruchsstoffe zu klassifizieren. In Kapitel 3 werden wir uns zu einigen dieser Klassifikationssysteme äußern. Zunächst jedoch wollen wir uns damit begnügen, die Geruchsorgane, unter Einbeziehung ihrer Anatomie, in drei verschiedene Typen einzuteilen.

Gute Riecher, schlechte Riecher und Nicht-Riecher

Umfang und Ausmaß eines Geruchsorgans sagen nichts aus. Walfische haben ein enormes Geruchsorgan, mit dem sie jedoch so gut wie nichts wahrnehmen – im Gegensatz zu Mäusen, die von allen Säugetieren am kärglichsten ausgestattet sind, aber über ein ausgezeichnetes Geruchsvermögen verfügen. Auch für bestimmte Walfischarten hat das Geruchsorgan keine große Bedeutung und ist (daher?) nur mäßig entwickelt.

Ein Wal hat von anderen Tieren wenig zu fürchten und verläßt sich bei der Pflege seiner sozialen Kontakte vor allem auf seine beeindruckende »Stimme«.

Insbesondere Säugetiere (Nager, Graser, viele Raubtiere), aber auch Fische (Aale), Amphibien (Salamander), Reptilien (zum Beispiel Schlangen) und wenige Vogelarten (Tauben) haben ein im allgemeinen gut entwickeltes Geruchsvermögen. Aus diesem Grunde werden diese Tierarten als *Makrosmaten* (gute oder große Riecher) bezeichnet. Sie haben ein verhältnismäßig großes Geruchsorgan, dessen Epithel (die oberste Zellschicht, in der sich die Sinneszellen befinden) einen beträchtlichen Teil der Nasenhöhle auskleidet. Die Funktion eines gut entwickelten Geruchsorgans ist deutlich und von zwei Seiten zu interpretieren. Ein Beutetier hat bessere Chancen, dem Raubtier zu entkommen, während das Raubtier seine Beute mit Hilfe einer guten Nase besser aufspüren kann. Viele Säugetier-Makrosmaten haben die bekannte feuchte Nase, mit deren Hilfe sie die Windrichtung ausmachen und die in der Luft vorhandenen Geruchsstoffe einigermaßen lokalisieren können.

Auch Insekten können in der Regel gut riechen; sie nehmen Gerüche meistens mit ihren Fühlern wahr, in denen sich zahlreiche Poren befinden, in die auch die Nervenenden der Sinneszellen einmünden. Wahrscheinlich bestimmen Insekten die Richtung einer Geruchsquelle, indem sie ihre Fühler bewegen. Ein Meister auf diesem Gebiet ist vermutlich das Männchen des Seidenschmetterlings (*Bombyx*), das keine Mühe hat, ein sexuell bereites Weibchen auch über viele Kilometer durch den von ihm ausgeschiedenen Duftstoff *Bombykol* zu orten und zu finden. Die Konzentration eines einzigen Moleküls auf tausend Milliarden Einheiten Luft soll bereits ausreichen, um bei dem Männchen ein Suchverhalten auszulösen. Dieses Prinzip gilt auch für viele andere Tiere wie beispielsweise den Hecht: Auf der Jagd verläßt er sich auf seine Augen, bei der Partnersuche auf seinen Geruchssinn.

Bei den *Mikrosmaten* (schlechten oder kleinen Riechern) ist das Geruchsorgan nur von untergeordneter Bedeutung. Ihre Nase ist verhältnismäßig bescheidener als die der Makrosmaten, das Geruchsepithel kleidet nur einen kleinen Teil der Nasenhöhle aus, während auch die Anzahl der Sinneszellen relativ gering ist. Da die Nase nicht oder kaum feucht gehalten wird, ist es für diese Tiere auch schwerer, die Richtung einer Geruchsquelle zu bestimmen. So ist es zum Beispiel nicht verwunderlich, daß die meisten Vögel zur Kategorie der Mikrosmaten gehören. Im Leben eines Vogels spielt der Geruch keine besonders große Rolle. Etwas oberhalb des Bodens erreichen die meisten Geruchsstoffe ihre höchste Konzentration, einmal in der freien Luft verflüchtigen sie sich rasch. Hinzu kommt, daß sie sich überwiegend in horizontaler Richtung bewegen und an Objekte binden (siehe die Eingrenzung eines festen Territoriums bei bestimmten Tieren wie Katzen). Geräusche hingegen zirkulieren gerade in und ab einer großen Höhe wesentlich freier durch den Luftraum, da sie dort auf keine Hindernisse treffen.

Was hieraus folgt, ist deutlich: Eine Amsel hält ihre Konkurrenten wirkungsvoller auf Distanz, wenn sie im Gipfel eines Baumes ihr Lied singt, statt beispielsweise einige Zweige mit einem Riechstoff zu markieren (Nachtvögel sind vielleicht noch mehr auf ihr Gehör angewiesen – vielleicht auch auf den Geruch). Eine Ausnahme bildet in jedem Fall die Taube, die zur kleinen Gruppe der guten Riecher unter den Vögeln gerechnet wird und ihren Geruchssinn möglicherweise auch zur Orientierung nutzt. Einige Wissenschaftler vermuten, daß Tauben eine Art *olfactory map* von ihrer Umgebung anlegen.[19] Fundiertes Testmaterial, das diese Hypothese untermauern würde, gibt es allerdings nicht. Außerdem finden Tauben auch ihren Weg, wenn auch vielleicht unter etwas größeren Schwierigkeiten, wenn ihr Geruchssinn betäubt ist – ein kaum zu widerlegendes Argument gegen die Bemühungen und Ansätze, das rätselhafte Verhalten dieser Tiere mit ihrem Geruchssinn zu erklären.[20]

Tiere ohne funktionierendes Geruchsorgan bezeichnet man als *Anosmaten* (Nicht-Riecher). Sie leben in einer Welt ohne Gerüche, und ihr Geruchsorgan ist meistens – wie beim Zahnwalfisch – nur noch rudimentär vorhanden.

Die Frage, welchen Platz wir dem Menschen in diesem Kontinuum zuweisen sollen, ist schwer zu beantworten. Im allgemeinen werden wir als Mikrosmaten betrachtet. Dies will jedoch nicht besagen, daß es um unser Geruchsvermögen schlecht bestellt ist, gemeint ist damit vielmehr, daß wir uns vieler Geruchsreize nicht *bewußt* sind. Dies hat, wie schon gesagt, wesentlich damit zu tun, daß der Geruchsnerv viele Verbindungen zu dem evolutionär alten limbischen System hat, das unsere Gefühle und Empfindungen entscheidend reguliert und mit der rechten Gehirnhälfte eng verknüpft ist.[21] Das limbische System steht nur in einer begrenzten oder indirekten Beziehung zu Sprachzentren im jüngsten Teil der vornehmlich linken Gehirnrinde. Dies erklärt unter anderem, warum es vielen Menschen so schwer fällt, Gefühle und Empfindungen zu verbalisieren und warum wir nicht selten in unserem Verhalten durch Gerüche beeinflußt werden, ohne uns dessen bewußt zu sein.[22]

Evolutionsgeschichtlich stellt sich die Situation dennoch kompliziert und unübersichtlich dar. Dem heutigen Menschen gingen viele Menschenformen voraus, die als »Verästelungen« ausgestorben sind. Einige Forscher vermuten, daß der Neandertaler ebenso wie noch ältere Vorläufer ein besseres Riechvermögen hatten als der *Homo sapiens*.[23] Andererseits nimmt man jedoch an, daß der (umstrittene) »Amphibien- oder Wassermensch«, d. h., ein menschenähnliches Wesen, das als »tauchendes Säugetier« seine Nahrung hauptsächlich aus dem Meer geholt haben soll, ein weniger gut entwickeltes Geruchsvermögen besaß.[24] Ein möglicherweise mit diesem »Wassermenschen« oder »Wasseraffen« verknüpftes Phänomen besteht darin, daß unsere beiden Nasenkanäle in den seltensten Fällen gleichermaßen durchgängig sind. Manche Biologen vermuten, daß der Wassermensch nach dem Vorbild anderer Säugetiere, die ihre Nahrung aus dem Wasser holen, auf einer bestimmten Entwicklungsstufe einen Muskel besaß, der unter Wasser die Nasenlöcher verschloß, und machen ein Rudiment dieses Muskels für das eigenartige Verhalten unserer Nasenlöcher verantwortlich. Und schließlich wird von Anthropologen behauptet, daß primitive Völker einen ausgeprägteren Geruchssinn haben als wir. Allerdings liegen zu dieser These keine ausreichenden wissenschaftlichen Studien vor, so daß es sich dabei möglicherweise nur um solche Gerüche handelt, die für die jeweilige Kultur von größter Relevanz sind.

Die Nase als wichtiges Sinnesorgan

Unsere Erfahrungswelt besteht nicht allein aus Bildern und Tönen, sondern auch aus vielfältigen Geruchsempfindungen. In der Luft zirkulieren zahllose Aromagemische, die sich in ihrer Zusammensetzung, ihrem Charakter und in ihrer Intensität permanent verändern.

Die Feststellung, daß unser Lebensraum auch und sogar vor allem eine Welt der Gerüche ist, widerstrebt dem überkommenen Denken, das Auge und Ohr für so wichtig hält. In der Tat sind diese Sinnesorgane beim Menschen gut entwickelt und zudem auf vielfache Weise mit dem Gehirn verknüpft. Ferner werden die Informationen, die wir über unsere Augen und Ohren erhalten, bewußt aufgenommen. Was wir hören und sehen, beschäftigt uns unmittelbar, während Gerüche nur kurzzeitig Widerwillen oder Genuß hervorrufen bzw. nicht einmal zu uns durchdringen. Wir sollten uns jedoch absolut darüber im klaren sein, daß auch das, was wir nicht oder nur abgeschwächt bewußt erfahren, eine

33

durchaus wichtige Rolle für unser Verhalten und Funktionieren spielen kann. Zum Vergleich: Niemandem ist bewußt, *wie* er geht, aber die Fähigkeit zu gehen, nimmt in unserem Verhaltensrepertoire einen zentralen Platz ein.

Auch aus biologischer Sicht läßt sich der eher bescheidene Status des Geruchs aufpolieren. Zum ersten weiß man, daß viele Tierarten über ein gut entwickeltes Geruchsorgan verfügen. Bei den Makrosmaten umfaßt das olfaktorische System einen wesentlichen Teil des (gesamten) Hirngewebes, und der Geruch hat – direkt oder indirekt – einen prägenden Einfluß auf das Verhalten. Zum zweiten hat sich ein großer Teil der Hirnrinde, der die Wahrnehmung von Gerüchen regelt, in einem frühen Stadium der Evolution herausgebildet. Die Gesamtheit der Hirnstrukturen, die mit dem Geruch in Verbindung stehen, wird als *Rhinencephalon* (als Riechhirn) bezeichnet. Interessanterweise unterscheidet sich das menschliche Riechhirn in seinem Bau kaum von dem anderer Säugetiere, nur ist unser olfaktorisches System im Verhältnis zur gesamten Hirnmasse relativ klein. Anders gesagt: Das Riechhirn ist evolutionär betrachtet alt, an seinem nachweislichen Wert und seiner Wichtigkeit gibt es keinen Zweifel, die Natur hat es aus der Tierwelt sozusagen in unser Gehirn kopiert oder, wenn man so will, dort rekonstruiert. Wie unterschiedlich die Sinnesorgane die Umwelt auch für uns entschlüsseln mögen, so grundlegend und (vermutlich) relativ gleichartig nimmt jedes Wirbeltier Gerüche wahr. Von daher könnte man sagen, daß die (Säuge-)Tiere im Bereich des Geruchs im großen und ganzen eine gemeinsame Sprache sprechen.

Folgendes sei noch gesagt: Es ist ebenso bekannt wie umstritten, daß sich der Evolutionsprozeß in der embryologischen Entwicklung des Individuums mehr oder weniger im Zeitraffer wiederholt (das sogenannte Haeckelsche Gesetz). Entsprechend ähneln frühe Stadien eines menschlichen Embryos bestimmten Phasen in der Entwicklung niedriger Tiere. Diese »Rekapitulation« gilt auch bei der Herausbildung von Sinneszellen und ihrer Verbindungen zum Gehirn. Der Geruchssinn ist nicht nur alt, er wird auch schon in einem frühen Stadium im Gehirn angelegt. Beim Fötus entsteht schon sehr rasch das Geruchsepithel, dem direkt anschließend die Verbindungen zum Hirngewebe folgen.

Die anderen Sinnesorgane bilden sich erst später heraus. Im Verhalten des Neugeborenen wird die zunächst vorherrschende Rolle des olfaktorischen Systems nach und nach zu wesentlichen Teilen von den Funktionen der anderen Sinnesorgane übernommen; ein identischer Prozeß ist auch bei zahlreichen anderen Funktionen der Neocortex oder des neuen Großhirns, wie dem Denken und der Sprache, zu beobachten.

Kurz und gut, es gibt Gründe anzunehmen, daß die erste Empfindung eines Kindes im Bereich des Geruchs liegt. Unsere Existenz beginnt nicht damit, daß wir das Licht der Welt erblicken, sondern eine Art »Lebensgeruch« wahrnehmen, der in der Gebärmutterflüssigkeit diffundiert ist. Dafür gibt es eine ganze Reihe von Hinweisen. So weiß man, daß Ratten bereits in der Gebärmutter über das Fruchtwasser den mütterlichen Geruch auf- und wahrnehmen. Dies scheint sogar die Voraussetzung dafür zu sein, daß sie nach der Geburt ihre Mutter erkennen und ein vollwertiges Saugverhalten entwickeln. Darüber hinaus ist bekannt, daß dieses Einprägen des Fruchtwassergeruchs bei Ratten auch für die Identifikation ihrer Verwandten wichtig ist[25], ein Prinzip, das auch bei anderen Tierarten beobachtet werden kann. Da Neugeborene den Körpergeruch der Mutter über das Saugen an den Zitzen aufnehmen, können junge Mäuse die Brustwarzen nicht finden, wenn sie gewaschen wurden. Auch junge Totenkopfaffen lassen eine deutliche Bindung an ihre Mutter erkennen, die jedoch aufgehoben wird, wenn die Affenmutter ihren Geruch nach einer Wäsche verliert. Umgekehrt werden junge Lämmer, die man gewaschen hat, häufig vom Mutterschaf nicht mehr akzeptiert, und kleine Kaninchen, die man mit dem Geruch eines anderen Karnickelweibchens eingerieben hat, laufen Gefahr, von der eigenen Mutter angegriffen zu werden.[26] In der Tierwelt wird also die Eltern-Kind-Bindung wesentlich durch den Geruch gesteuert.

An dieser Stelle könnte man einen (vorsichtigen) Schluß auf den spektakulären Zug der Lachse wagen. Wahrscheinlich nimmt der Lachs den Geruch der Laichgründe schon in seiner Embryonalphase wahr und prägt ihn sich so genau ein, daß er das Gebiet auch später wiederfindet.[27]

2. Aufbau und Funktion des Geruchsorgans

Die Nase wird durch eine Scheidewand (*das Septum*) in zwei Höhlen getrennt, die jeweils durch drei Nasenmuscheln (*conchae nasales*) in diverse Kammern aufgeteilt sind. Siehe dazu Abb. 1[28]. Aufgrund der komplizierten Struktur ihrer Öffnung entstehen im Naseninneren Luftturbulenzen[29] – einer der Gründe, die die präzise Dosierung eines Geruchsstoffs so erschweren. Man könnte annehmen, daß es für eine richtige Verabreichung und Messung günstig ist, wenn ein konstanter Luftstrom an dem Geruchsepithel vorbeizieht. Dieser Gedanke ist jedoch nicht richtig. Das Geruchsorgan funktioniert nur dann gut, wenn es bis

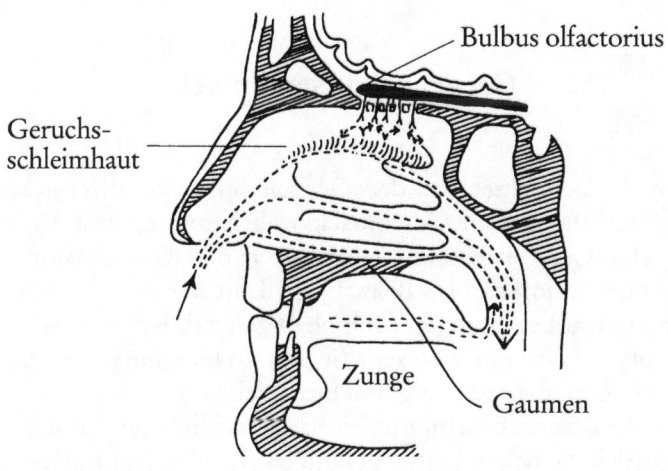

Abbildung 1. Querschnitt durch einen Teil des Kopfes. Das Geruchsorgan liegt im oberen Bereich der Nasenhöhle. Die Pfeile bezeichnen die Richtung des Luftstroms bei der Nasenatmung. Beim Essen strömt auch Luft aus der Mundhöhle zum Geruchsorgan.

zu einem gewissen Grad *wechselhaften* Stimuli ausgesetzt wird. Dies erklärt vielleicht auch die angesprochenen Turbulenzen. Beim Geruch kommt diese Abwechslung auf zweierlei Weise zustande. Zum einen herrschen in den Nasenhöhlen Turbulenzen, zum anderen schnüffeln wir, wenn wir etwas (zu) riechen (glauben), ein Prinzip, das auf das Sehvermögen übertragbar ist. Wenn die spontanen, minimalen Augenbewegungen, die für eine wechselhafte Stimulanz der Netzhaut sorgen, blockiert werden (wie beispielsweise mit Hilfe sogenannter stabilisierter Bilder), ist die betreffende Person fast blind.[30]

Im übrigen wird das Geruchsorgan über zwei, theoretisch sogar drei, unterschiedliche »Routen« stimuliert: die Nasenhöhle steht durch die Nasenlöcher mit der Außenluft und über die Kehle mit der »Innenluft« (dem *Nasenrachen*) in Verbindung. Gerüche bahnen sich also auch über den Mund einen Weg zum Riechorgan, beispielsweise während des Essens. Schließlich ist es auch möglich, Stoffe über Injektionen riechen (und schmecken) zu lassen, die dann zu einem geringen Teil über die Blutbahn zum Geruchsorgan gelangen.

Geruch und Geschmack

Allgemein betrachtet hat der Geruchssinn eine offensichtlich starke Wirkung auf die Geschmackswahrnehmung und -beurteilung. Der Geschmackssinn wird durch den Geruchssinn verstärkt und beeinflußt. Da beim Essen Luft aus dem Mundraum durch die Kaubewegungen nach oben gelangt, hat man bei einer verstopften Nase nur eine sehr begrenzte Geschmacksskala, die von süß über sauer zu salzig und bitter reicht. Für eine umfassende Geschmackswahrnehmung ist hauptsächlich der Geruch verantwortlich. So haben Untersuchungen ergeben, daß Kaffee stark an Geschmack einbüßt und sogar nicht mehr als Kaffee wahrgenommen wird, wenn der Zugang zum Geruchsorgan blockiert ist.[31] Auch bei anderen Nahrungsmitteln, Getränken und Gewürzen wie Wein, Zuckerwasser, Kirschen, Aprikosen, Ananas,

Schokolade, Sirup, Zimt und Knoblauch kann das Identifikationsvermögen bis auf unter 10 Prozent des optimalen Wertes sinken. (Abb. 2).[32] Sogar bei Wasser ist es, wenn auch begrenzt, rückläufig.

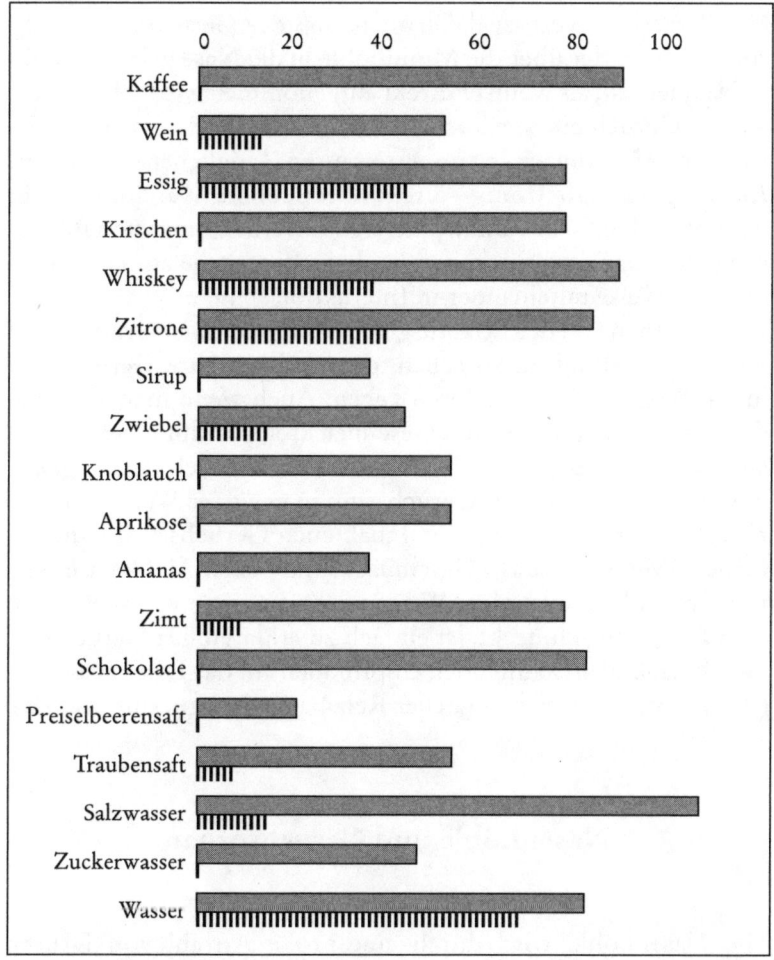

Abbildung 2. Grad der Identifizierung von Stoffen bei Tests mit und ohne Einschaltung des Geruchsorgans. Wenn der Zugang zum Geruchsorgan blockiert ist (die unteren Schraffierungen), geht das Identifikationsvermögen bei fast allen Stoffen erheblich zurück.

Hieraus läßt sich auch ableiten, warum eine Erkältung den Geschmack von Essen und Trinken negativ beeinflußt. Mit dem Anschwellen der Schleimhaut des Nasenepithels wird der Luftstrom blockiert, der am Geruchsorgan vorbeizieht, so daß die Gerüche weniger gut zu den Sinneszellen gelangen. Von daher ist eine gute Luftzufuhr für den optimalen Genuß einer Mahlzeit unabdingbar. Bemerkenswert ist dabei auch, daß der Geruch eines Nahrungsmittels, der über die Mundhöhle in die Nase gelangt, qualitativ anders ist, als wenn er direkt aufgenommen wird. Man denke an den Geruch eines gekochten Eis im Vergleich zu seinem Geruch und Geschmack, wenn wir es essen. Möglicherweise ist die *Richtung* des Luftstroms – direkt oder über die Mundhöhle – für das unterschiedliche Funktionieren des Geruchssinns von Bedeutung, denkbar wäre auch, daß beide Sinnesorgane auf eine komplizierte Weise miteinander in Interaktion stehen.[33]

Abgesehen von der Etikette gibt es einen weiteren Grund, nicht mit vollem Mund zu sprechen, da dabei kostbare Gerüche auf ihrem Weg zur Nase verloren gehen. Auch wenn man während des Essens raucht, wird die Geschmacksempfindung negativ beeinflußt, da bestimmte Substanzen im Tabakrauch den *Trigeminusnerv* reizen und den Geruchssinn in gewisser Weise blockieren. Andererseits enthält der Tabak auch Geruchsstoffe, die für manche Menschen das »Geschmacksbild« einer Mahlzeit in seiner Gesamtheit abrunden. Warum eine Zigarette vor allem *nach* dem Essen gut schmeckt, ist einfach zu erklären. Da Geruch und Geschmack dann kaum noch empfindlich auf das Essen reagieren (Adaption), kann sich ein neuer Reiz besonders gut durchsetzen.

Nasenhöhle und Geruchsorgan

Die Nasenhöhle wird durch eine große Anzahl von Drüsen feucht gehalten, deren größte die laterale Nasal- oder Stenodrüse ist. Sie mündet über einen kleinen Kanal in die Nasenspitze.[34] Eine schleimartige Absonderung der Drüsen sorgt dafür, daß die Nase ständig feucht bleibt. Dies hat nicht nur einen positiven Effekt beim Einatmen (kleine Stoffpartikel werden eingefangen), hinzu kommt, daß das Geruchsvermögen in feuchter Luft, die mehr Geruchsstoffe aufnehmen kann, besser ist. Vermutlich hat dieses Sekret die weitere Funktion, Geruchsstoffe zu lösen, bevor sie dem Geruchsorgan zugeführt werden. Auf diese Weise kann gleichzeitig die wahrnehmbare Konzentration erhöht werden, da eine wässerige Lösung viel mehr Geruchsmoleküle aufnehmen kann als Luft.

Das eigentliche Geruchsorgan liegt im oberen Bereich der Nase, etwas unterhalb der Augenhöhe, in etwa auf gleicher Höhe mit dem Gaumen, in einem Abstand von ungefähr 7 cm zu den Nasenlöchern einer normalen Nase.[35]

Unser Wissen von der Anatomie, der Physiologie und der Funktionsweise des Geruchsorgans ist recht begrenzt. Der Hauptgrund liegt darin, daß ihm mit chirurgischen Instrumenten nur schwer beizukommen ist. Mit einer gekrümmten Nadel lassen sich Zellen des Epithels abkratzen – ein Eingriff der jedoch aufgrund der Lage des Epithels direkt unter dem perforierten Siebbein des Schädels keineswegs ohne Risiken ist und nur erfahrenen Chirurgen vorbehalten sein sollte. Entsprechende Tierversuche werden meistens an Fröschen und Ratten durchgeführt, da ihre Nasen mit einem Seziermesser verhältnismäßig gut zu erreichen sind. Frösche werden bei gröberen Versuchen wie Amputationen verwendet, an Ratten werden eher Verhaltensexperimente durchgeführt.[36]

Präzise Daten zur Anatomie des Geruchsorgans basieren in erster Linie auf Untersuchungen an Leichen und auf Tierversuchen. Statistisches Material zum menschlichen Geruchsorgan, wie zur Größe des Epithels, zur Dicke der Schleimhaut, zur Anzahl der Nervenzellen etc., hat sich als nicht zuverlässig erwiesen und bedarf regelmäßiger Korrekturen. Gesichert ist jedoch die Erkenntnis, daß unser Geruchsorgan klein ist und seine Oberfläche pro Nasenloch nur ca. 1 cm^2 bedeckt (die Netzhaut des Auges ist demgegenüber wesentlich größer).[37] Bei Jugendlichen und Kindern ist diese Oberfläche möglicherweise etwas ausgedehnter, da das Geruchsorgan mit zunehmenden Alter schrumpft.

Das Geruchsepithel enthält ungefähr 30000 Neuronen pro mm^2, die in einem sehr regelmäßigen Abstand von 3 bis 5 Mikrometern verteilt sind. In Anbetracht seiner Oberfläche pro Nasenloch enthält das Epithel schätzungsweise 3 bis 5 Millionen Sinneszellen; links und rechts zusammen also rund 6 bis 10 Millionen.

Obwohl diese Anzahl recht hoch erscheint, ergibt sich bei einem Vergleich unserer Nase mit der von Makrosmaten ein anderes Bild. Die Nase des Hundes enthält je nach Rasse etwa 150 Millionen (Foxterrier) bis 220 Millionen Zellen (Schäferhund), während es eine Kaninchennase auf rund 50 Millionen bringt.[38] (Die Netzhaut unserer Augen hat insgesamt über 200 Millionen lichtempfindliche Stäbchen und Zapfen.) Aus diesem Grund werden Hunde unter anderem auch eingesetzt, um die genaue Stelle einer unterirdischen Gasleckage aufzuspüren.

Das Geruchsorgan besteht in seiner Gesamtheit aus einer Schleimschicht *(Mucus)*, dem Geruchsepithel (dem eigentlichen Sinnesorgan) und einer Stützschicht. Über die genaue Zusammensetzung des Schleims wissen wir nicht allzuviel. In jedem Fall hat er jedoch nichts mit dem weißen oder grünen Nasenschleim zu tun, der aus den Nasendrüsen und dem Atmungsepithel stammt. Die Schleimschicht des Geruchsorgans besitzt eine braungelbe Färbung, die durch ein bestimmtes Pigment entsteht; über seine Funktion ist allerdings nichts bekannt. Sowohl die Dicke als auch die Viskosität dieser Schicht kann recht unterschiedlich sein. Diese ungleichen Gegebenheiten beeinflussen die quantitative Aufnahme von Geruchsstoffen aus der inhalierten Luft. Wie bereits gesagt, können wesentlich mehr Moleküle in Wasser als in der Luft gelöst werden; dies gilt sogar für »wasserscheue« (hydrophobe) Stoffe. Bei den meisten Geruchsstoffen ist der sogenannte Löslichkeitskoeffizient im Wasser um einen Faktor von 10 bis 1000 größer als in Luft.[39] Die Zusammensetzung und somit auch das geruchsauflösende Vermögen der Schleimhaut wird von einer Vielzahl Faktoren beeinflußt. Eine simple Erkältung blockiert durch die angeschwollene Schleimheit nicht allein den an der Nase vorbeiziehenden Luftstrom, auch die Haut selbst wird, bei einer gleichzeitigen Veränderung ihrer Viskosität, dicker. Damit fällt auch die Möglichkeit weitgehend weg, Moleküle auf diesem Weg zum Geruchsorgan zu transportieren. Denkbar ist auch, daß die geruchsbindende Fähigkeit des Schleims in Mitleidenschaft gezogen wird. Und nicht zuletzt unterliegt die Hautdicke auch hormonellen Einflüssen – was möglicherweise unter anderem erklären würde, warum Frauen während ihres Menstruationszyklus so schwankend und wechselhaft auf Geruchsstoffe reagieren.[40]

Das Epithel des Geruchsorgans besteht aus unterschiedlichen Zelltypen, und zwar aus Riechzellen, Stützzellen und Basalzellen (siehe Abb. 3).[41] Die Riechzellen sind *naked neurons*, das heißt,

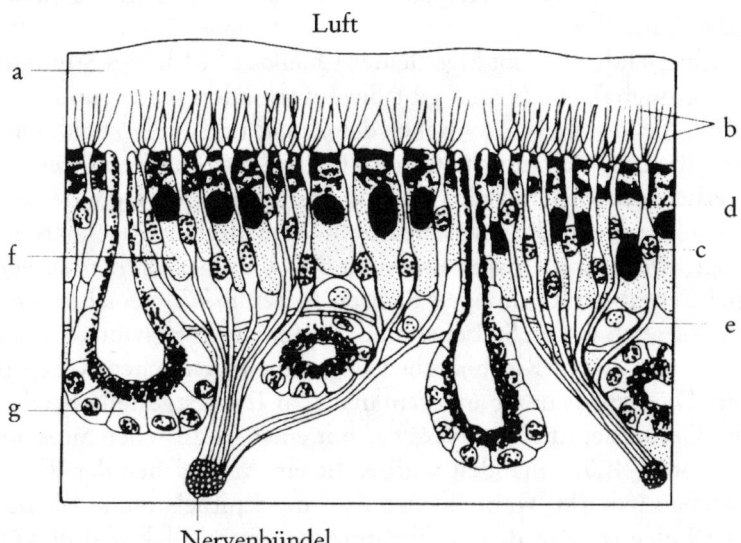

Abbildung 3. Schematischer Aufbau des Geruchsorgans. In der Schleimhaut (a) liegen die Riechhärchen (b) der Sinneszellen. Diese Zellen bestehen aus einem Zellkörper (c), einem Dendriten (d) und einem Neuriten oder Axon (e). Sie werden von Stützzellen (f) eingeklemmt. Die Schleimhaut wird durch die Bowman-Drüsen (g) unterhalten.

sie stehen, wenn auch in Schleim eingebettet, über Rezeptordendrite in einem direkten Kontakt zur Außenwelt (der Nasenhöhle). Da sie der Außenluft unmittelbar ausgesetzt sind, ist solchen Zellen kein sonderlich langes Leben beschieden. Sie sind nach vier bis acht Wochen verschlissen und werden durch ein neues Exemplar ersetzt. Dieser Prozeß birgt zudem das Problem, daß bestimmte krankheitserregende Viren oder giftige Stoffe über die Nervenzellen ins Gehirn gelangen und dort nicht selten Schaden anrichten können. Dies war, wie gesagt, auch schon zu früheren Zeiten ein Diskussionsthema.[42]

Bei der länglich geformten Riechzelle handelt es sich um ein sogenanntes bipolares Neuron oder, anders ausgedrückt, um eine Zelle mit zwei Ausläufern: einem Dendriten und einem Neuriten (Axon). (Zum Vergleich: die sogenannten unipolaren Stäbchen und Zapfen in der Netzhaut besitzen keine solchen Dendriten oder Ausläufer.)

Ein Dendrit nimmt Signale der Quelle auf (d. h. des Stimulus, der Ursache), ein Neurit gibt die Information weiter und stellt somit die Verbindung zwischen der Quelle und der letztendlichen Verarbeitung der Information im Gehirn her. Die Dendriten des Geruchsneurons münden in ein knopfförmiges Gebilde, den Axonhügel ein, der zwischen zehn und dreißig Riechhärchen trägt. Riechhärchen sind mit einer Art Flimmerhärchen zu vergleichen, die mit winzigen Röhren *(Mikrotubili)* versehen sind, wie sie auch in den Stäbchen und Zapfen der Netzhaut vorkommen. Auf diesen Riechhärchen liegen die eigentlichen Rezeptoren. Dies wurde unter anderem in einem Test festgestellt, bei dem das Geruchsepithel des Frosches mit einer spezifischen Substanz (Triton X-100) behandelt wurde, die ein Aufweichen der Riechhärchen bewirkt, während der Rest des Epithels intakt bleibt.[43] Die Folge ist, daß die auf einem sogenannten Elektro-Olfaktogramm (EOG) wiedergegebene elektrische Aktivität des Sinnesorgans vollkommen verlischt, was den Schluß zuläßt, das die Riechhärchen eine offensichtlich notwendige Voraussetzung für das Riechen sind.

Auf zehn bis zwanzig Sinneszellen kommt eine birnenförmige Büschelzelle. Auffälliges Merkmal dieser Büschelzellen sind ihre vielen sogenannten *Mikrovilli*, mikroskopisch kleine Ausstülpungen, denen sie auch ihren Namen verdanken. Über ihre Funktion ist nichts bekannt; möglicherweise sind sie aufgrund ihrer Position im Geruchsorgan an der Abfuhr von Schleim und der Vernichtung abgestorbener Sinneszellen beteiligt (derartige Büschelzellen sind auch im Atmungsepithel zu finden). Bei Ratten und anderen Nagetieren kommen diese Büschelzellen im *Vome-*

44

ronasalorgan, das ebenfalls in der Nasenhöhle liegt, in großer Häufigkeit vor. Wir werden darauf noch an anderer Stelle zurückkommen.

Den größten Teil der Epithelmasse nehmen die flaschenförmigen Stützzellen ein, was bedeutet, daß die Zellen im Geruchsorgan mehrheitlich nicht zum Riechen im eigentlichen Sinne beitragen. Die Stützzellen bilden eine Matrix, in welche die Neuronen in regelmäßigen Abständen – wie Maiskolben auf einem Feld – eingebettet sind. Sie tragen ebenso wie die Büschelzellen eine Vielzahl von Mikrovilli. Darüber hinaus produzieren auch sie eine Art Schleim und sind wahrscheinlich ebenfalls an der Abfuhr schädlicher Stoffe beteiligt. Vermutlich spielen diese Zellen auch bei der Herstellung und beim »Recycling« der sogenannten geruchsbindenden Eiweiße eine Rolle.

Die kleinen Basalzellen auf der Unterseite des Epithels besitzen die Fähigkeit, degenerierte Sinneszellen zu ersetzen. Zwar besitzen die Geschmacksknospen in den Papillen der Zunge diese Fähigkeit auch, aber sie sind keine Neuronen. Beim Geruchsorgan läßt sich von einer echten *Neurogenese* sprechen, das heißt, es ist in der Lage, altes Nervengewebe durch die Bildung von neuem zu ersetzen. Dies ist beileibe kein überflüssiger Luxus, denn wie wir bereits sagten, befindet sich eine Geruchssinneszelle in der direkten Schußlinie. Da sie den eingeatmeten, körperfremden und hin und wieder auch schädlichen Stoffen unmittelbar ausgesetzt ist, ist ihr nur eine kurze Lebensdauer beschieden. Der Austauschprozeß vollzieht sich in groben Zügen wie folgt (Abb. 4).[44]

Die Basalzelle wird zu einem bestimmten Zeitpunkt stimuliert, sich zu teilen. Die sogenannten Tochterkerne rücken langsam in Richtung Schleimhaut auf, es kommt zur Bildung eines Dendriten und Neuriten. Wenn es dem Neuriten gelingt, über andere Nerven Kontakt zum Riechhirn herzustellen, beginnt der Dendrit Riechhärchen auszubilden und die neue Sinneszelle wird operationell.

Wie der Kontakt zwischen der Zelle und dem Hirn geschlossen wird, ist ein Rätsel, das die Neurobiologie noch immer nicht lösen konnte.[45] Vielleicht haben wir es mit einem Prozeß von *trial and error* zu tun, nach dem Prinzip, etwas so lange zu versuchen, bis

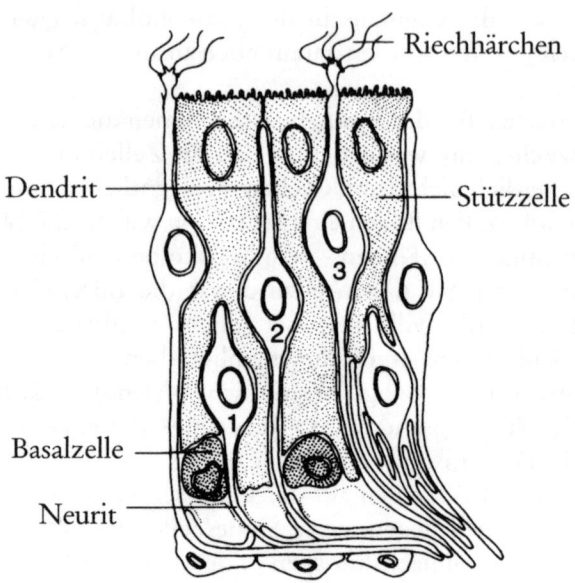

Riechhärchen

Dendrit

Stützzelle

Basalzelle

Neurit

Abbildung 4. Neurogenese der Riechzellen. Durch die Teilung einer Basalzelle entstehen neue Neuronen (Stadium 1). Wenn die Zellen eine Verbindung mit dem Riechnerv eingehen (Neurit), verschieben sie sich in Richtung Schleimhaut und bilden auch einen Dendriten (Stadium 2). Anschließend entsteht allmählich eine neue Sinneszelle mit Riechhärchen (Stadium 3).

es klappt. Erhalten bleiben nur die Zellen, denen es gelingt, die richtigen Verbindungen herzustellen, die anderen sterben ab. Dank dieses außergewöhnlichen Regenerationsvermögens kann ein beschädigtes Riechorgan wieder funktionsfähig werden und auch die Verbindungen zu den jeweiligen Teilen des Gehirns wiederherstellen. Die Basalzellen produzieren neue Neuronen, die Verbindungen zu anderen Zellen eingehen. Es ist sogar gelungen, Basalzellen im Kulturversuch zu züchten, die dort eine Entwicklung zur Riechsinneszelle durchlaufen haben.

Auch wenn ein wesentlicher Bestandteil des Riechhirns, der *Bulbus olfactorius*, entfernt wird, sind die Sinnesorganzellen nach einem gewissen Zerfallszeitraum in der Lage, sich zu regenerieren, vorausgesetzt, die Nervenenden des Riechepithels sind nicht gekappt. Wenn es den Fasern der Sinneszellen gelingt, erneut Verbindungen zum Gehirn zu knüpfen, stellt sich das Geruchsvermögen nach einiger Zeit wieder ein. Soweit uns bekannt ist, besitzen nur die Geruchssinneszellen diese Fähigkeit zur Neurogenese. Die Plastizität des olfaktorischen Systems ist sogar so groß, daß selbst bei einer teilweisen Beschädigung des Riechhirns bei einigen Tieren wie Mäusen und Ratten eine Regeneration des Hirns möglich ist, was bei den Teilen des Gehirns, die im Zusammenhang mit anderen Sinnesorganen stehen, nicht der Fall ist.[46] Selbst Transplantationen des Geruchsepithels in einen anderen Bereich des Gehirns (wiederum z. B. im Falle einer Beschädigung) sind möglich.

Das implantierte Gewebe wächst weiter und die Zellen erhalten Ausläufer, die sich mit dem umliegenden Hirngewebe verbinden, so daß bestimmte Funktionen wiederhergestellt werden können.[47] Mit anderen Worten, das Geruchsorgan ist so multifunktional, daß Geruchssinneszellen Aufgaben in beschädigten Teilen des Gehirns übernehmen können. Dies bedeutet gleichzeitig, daß die Zellen in der Lage sind, auch in veränderten Positionen ihre Funktion zu erfüllen. Diese Erkenntnisse sind bemerkenswert, wenn man bedenkt, daß bis vor kurzem noch davon ausgegangen wurde, verlorengegangene Gehirn- und Sinneszellen könnten nicht ersetzt werden.

Aus Sicht der Evolution erscheinen diese Prozesse dennoch durchaus nachvollziehbar. Je tiefer ein Tier auf der phylogenetischen Leiter steht, desto mehr und stärkere Beschädigungen hält es aus – man denke nur an einen in zwei Hälften zerschnittenen Wurm, der sich zu zwei vollwertigen Exemplaren entwickeln kann. Vielleicht ist die Regenerationsfähigkeit des Geruchssinns und des Riechhirns der Tatsache zuzuschreiben, daß dieses Sinnesorgan mit den dazugehörigen Bereichen des Gehirns evolutionär betrachtet so alt ist.

Unter dem Epithel des Sinnesorgans liegt noch eine Stützschicht, die *Lamina propria*, ein Bindegewebe, das die Verbindung des Geruchsorgans mit dem Siebbein bildet. Hier liegen die sogenannten *Bowman-Drüsen*, deren Sekretkanal durch das Epithel hindurch verläuft. Die Funktion dieser Drüsen ist nicht deutlich, möglicherweise sind sie, ebenso wie die Stützzellen an der Produktion der sogenannten geruchsbindenden Eiweiße beteiligt. Die Lamina propria wird auch von Blutgefäßen durchzogen, und die Axonen der Sinneszellen fügen sich hier zu Bündeln, die zusammen den Riechnerv oder ersten Gehirnnerv bilden.

Die Funktionsweise einer Sinneszelle

In der Literatur der Wahrnehmungspsychologie wird zwischen externen Ereignissen und Prozessen, die auf ein Sinnesorgan einwirken (*perireceptor events*) und Prozessen, die sich im Sinnesorgan selbst abspielen (*receptor events*) unterschieden.[48]

Bei der Aufnahme von Gerüchen durch die Schleimhaut des Riechepithels spielt eine Vielzahl von Faktoren eine Rolle. Zum ersten ist die Löslichkeit des Geruchsstoffes von Bedeutung. Hydrophobe Stoffe oder fetthaltige Substanzen wie beispielsweise Moschus lösen sich nur schwer in der Schleimhaut. Zum zweiten ist das Molekulargewicht der Riechstoffe wichtig, große Moleküle lassen sich durch einen Luftstrom schwerer bewegen und werden weniger rasch von der Schleimhaut aufgenommen. Drittens ist die Aufnahme von Riechstoffen auch abhängig von der Viskosität des Schleims. Ein weiterer Faktor ist die Dicke der Schleimhaut. Je umfangreicher diese wird, desto größer ist auch der Abstand zwischen den Rezeptoren und dem Riechstoff, während die Reaktionsgeschwindigkeit des Geruchsorgans dementsprechend abnimmt. Da eine dickere Schleimhaut jedoch auch eine größere Dichte von Riechhärchen besitzt, stehen den Riechstoffen andererseits mehr Anbindungsstellen zur Verfügung.

Streng genommen hat das Geruchsorgan mit der gleichen Problematik zu kämpfen wie das Immun- oder Abwehrsystem des Körpers. Wie lassen sich körperfremde von körpereigenen Stoffen unterscheiden, welche Geruchsstoffe verweisen auf etwas Nützliches und welche sind schädlich? Dies herauszufinden, ist alles andere als simpel. Wie gesagt, stoßen die fettartigen, schweren Moleküle auf ihrem Transportweg in Richtung Nervenzelle auf viele Probleme, obwohl sie häufig wichtige Informationen, wie beispielsweise über Körpergerüche, bergen.

Folglich muß der Organismus ein Interesse daran haben, diesen Molekülen beizustehen.

Diese Überlegungen haben dazu geführt, daß man sich in den letzten Jahren auf eine intensive Suche nach Bestandteilen im Schleim und im Epithel begeben hat, die in ihrer Funktionsweise dem Immunsystem gleichen. Dabei hat man vor einigen Jahren entdeckt, daß die Schleimhaut und die Zellmembran der Riechhärchen ein Protein enthalten, das in der Lage ist, Geruchsstoffe an sich zu binden. Da man auf ein solches Eiweiß oder Protein zunächst nur im Geruchsorgan stieß, gab man ihm die Bezeichnung *odorant binding protein* oder obp (manchmal auch omp/*olfactory marker protein*). Ein mittlerweile identifiziertes, geruchsbindendes Protein besteht aus 172 Aminosäuren und hat ein Molekulargewicht von rund 18 000. Angesichts der Tatsache, daß beim Menschen häufig spezifische, nur bei bestimmten Stoffen auftretende Anosmien beobachtet werden, vertreten verschiedene Forscher die These, daß im Schleim und in der Zellmembran mehrere dieser Proteine wirksam sind. Bis jetzt wurden allerdings keine anderen geruchsbindenden Proteine gefunden. Außerdem hat es sich als sehr mühsam und problematisch erwiesen, potentielle chemische Kandidaten als spezifische Geruchsbinder zu identifizieren.[49]

Dem momentanen Anschein nach hat ein geruchsbindendes Protein zwei Funktionen. Zum ersten vereinfacht es das Lösen von Geruchsstoffen in der Schleimhaut, während gleichzeitig dafür gesorgt wird, daß es nicht zu einer Übersättigung kommt. Das Protein fungiert also auch als eine Art Schutzsystem. Die gemäßigte Produktion dieses Proteins durch Drüsen in der Nase – ein Prozeß, der vor der tatsächlichen Aufnahme in der Schleimhaut abläuft – kann diese Hypothese möglicherweise stützen.

Denkbar ist auch, daß das Protein zur Eliminierung von Riechstoffen dient, nachdem diese ihre Wirkung ausgeübt haben. Die Produktion von geruchsbindendem Protein durch die Stützzellen und durch Drüsen, die in der Stützschicht des Geruchsorgans liegen, könnte in diese Richtung weisen. Ferner scheint das Protein an der Erzeugung elektrischer Aktivität, die mit der Funktion der Neuronen verknüpft ist, beteiligt zu sein. Genau genommen fällt dieser Prozeß unter die *receptor events*, auf die wir uns nun etwas genauer konzentrieren wollen.

Wie ein Geruchsstoff eine Sinneszelle genau stimuliert, ist faktisch noch immer unklar. Mit der Entdeckung des geruchsbindenden Proteins meinte man ein spezifisches Rezeptorenmolekül gefunden zu haben, das in der Membran der Riechhärchen angesiedelt ist und dort Riechstoffe an sich bindet. Diese »Rezeptorprotein-Hypothese« geht davon aus, daß die zwischen den Riechstoffen und dem geruchsbindenden Protein eingegangenen Verbindungen Auswirkungen auf die enzymatischen Eigenschaften dieses Proteins haben (d. h., Eigenschaften, die chemische Reaktionen stimulieren; Abb. 5).

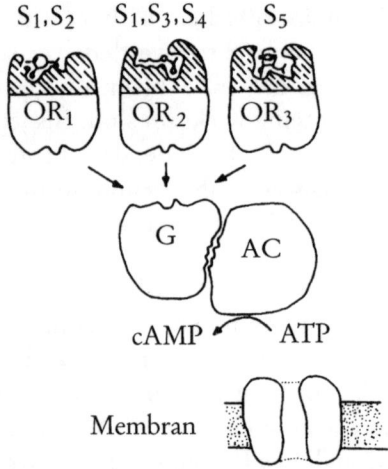

Abbildung 5. Es gibt Riechzellen eines bestimmten Typus (S), in denen vermutlich unterschiedlich geruchsbindende Proteine (hier als OR bezeichnet) tätig sind. Wenn ein solches Protein ein Geruchsmolekül an sich bindet, wird es aktiviert. Es greift ein G-Protein an, wodurch es letztlich zu einer Umwandlung von ATP in cAMP kommt. Dieser Stoff öffnet die Ionenkanäle der Zellmembran, der Nerv wird aktiv, und die Geruchsempfindung entsteht.

Das durch den Riechstoff aktivierte, geruchsbindende Protein bindet ein sogenanntes G-Protein, das seinerseits die katalysierende Funktion des Enzyms Adenylatcyclase (AC) positiv beeinflußt. Dieses Enzym verwandelt ATP (Adenosintriphosphat, ein molekulares Energiepaket, das in vielen Zellen vorhanden ist) in zyklisches AMP (Adenosinmonophosphat): cAMP, das als ein zweiter Informationsträger (second Messenger) fungiert und seinerseits andere Proteine verändert. Darunter befinden sich Proteine in den Ionenkanälen der Zellmembran, die durch die Reaktion mit cAMP geöffnet werden, wodurch die positiv geladenen Ionen (Natrium und Kalium) Eingang in die Zelle finden.

Geschieht dies an unterschiedlichen Stellen, depolarisiert die Riechhärchenmembran. Da das cAMP auch die Wirkung des geruchsbindenden Proteins blockiert, muß es innerhalb des Systems eine Rückkopplung geben. Um eine komplizierte Geschichte auf den Punkt zu bringen: Diese Überlegungen gehen davon aus, daß ein Riechstoff das Protein aktiviert, es anschließend zu einer Kettenreaktion kommt, die zu einer elektrischen Entladung der Riechhärchenmembran führt, wobei die Aktivierung letztendlich wieder durch das geruchsbindende Protein gestoppt wird.

Leider gibt es eine ganze Reihe von Phänomenen, die sich mit der Rezeptorprotein-Hypothese nicht vereinbaren lassen.[50] Da es Geruchsstoffe gibt, die eine *Verringerung* der elektrischen Aktivität der Neuronen bewirken, kann es auch zu weniger Entladungen als im Ruhezustand kommen (jede Sinneszelle besitzt auch in Ruhestellung eine spontane elektrische Spannung). Darüber hinaus kann diese Hypothese zwar glaubhaft machen, wie ein Riechstoff Ionenkanäle öffnet, nicht jedoch wie er sie schließt. Auch die Wirkung von Geruchsmischungen läßt sich auf diese Weise nicht erklären, da die einzelnen Bestandteile eines Gemischs die wechselseitige Wirkung auch verstärken können und die Anzahl der Entladungen in einem solchen Fall größer sein müßte als die Summe der Entladungen bei einer getrennten Präsentation von Riechstoffen.

Diese Tatsache läßt sich mit der Vorstellung einer verhältnisgleichen Bindung durch die Rezeptorproteine nicht vereinbaren, da die Anzahl der Entladungen schließlich nicht die Summe der separaten Einflüsse übersteigen kann.

Problematisch ist auch, eine einleuchtende Erklärung für die extreme *Variation* in der Empfindlichkeit des Geruchsorgans zu finden. Während ihres viertägigen Fruchtbarkeitszyklus ist die maximale Empfindlichkeit für Buttersäure bei der weiblichen Maus eine Million Mal so hoch wie ihre minimale, obwohl die Menge des Rezeptorproteins fast konstant bleibt. Vermutlich spielen also abgesehen von den geruchsbindenden Proteinen noch andere Mechanismen eine Rolle. Um nur eine Möglichkeit aufzuzeigen: Da ein Geruch die Zusammensetzung der Schleimhaut verändern kann, beeinflußt dies eventuell die elektrische Aktivität der Neuronen. Ferner reagieren die Blutgefäße in der Stützschicht manchmal auf bestimmte Gerüche, so daß auch dieser Aspekt das Entladungsmuster der Nervenfasern (indirekt) beeinflussen kann. Schließlich ist es möglich, daß der Stoffwechsel der Epithelzellen durch bestimmte Riechstoffe beeinflußt wird. Über den spezifischen Ablauf all dieser Prozesse liegen jedoch keine genauen Erkenntnisse vor.

Einer der sparsamen Hinweise darauf, daß vielleicht nicht nur die geruchsbindenden Proteine eine Rolle spielen, ist folgender. Der Stoff Adenylatcyclase (AC), der normalerweise die Umsetzung von ATP nach cAMP katalysiert, ist offensichtlich in den Riechhärchen ganz besonders aktiv, und zwar fünfzehn Mal so stark wie in Membranen von Gehirnzellen. Das AC in den Riechhärchen übt einen spezifischen Einfluß aus, indem es nicht auf das ATP, sondern auf das GTP (Guanosintriphosphat) einwirkt, eine Substanz, die auch in anderen Sinnesorgansystemen vorkommt. Indem das AC das GTP in cAMP verwandelt, öffnet dieses die Ionenkanäle und entlädt so indirekt die Membran. Setzt man die Riechhärchen eines Frosches Geruchsstoffen aus, nimmt die Aktivität des AC bei höheren Konzentrationen nachweislich zu, vorausgesetzt GTP ist vorhanden.

Bei den Membranen der Gehirnzellen zeigt ein identischer Versuch hingegen keinerlei Wirkung. Auf den Punkt gebracht bedeutet dies, daß die Aktivität des AC in den Membranen der Riechhärchen von den aufgenommenen Riechstoffen abhängt und die Umwandlung der Geruchsmoleküle in elektrische Signale nicht allein das Werk der Rezeptorproteine ist. Letztlich werden die Membranentladungen integriert; jede Sinnesorganzelle besitzt Riechhärchen, deren Signale im Axonhügel zusammentreffen. Je mehr Ionenkanäle der Riechhärchen geöffnet werden und je mehr Entladungen folglich stattfinden, desto größer wird auch die Anzahl der leichten Stromimpulse sein, die von der Sinneszelle abgegeben werden (das sog. »Feuern«). Auf diese Weise wird das Signal über die Nervenfasern an die nächstfolgende Verbindung weitergeleitet, die wir im Gehirn, und zwar im sogenannten olfaktorischen Bulbus, finden.

Das Riechhirn

Der ursprüngliche Bauplan des Gehirns besteht aus einer Röhre, die an einer Seite geschlossen ist und im Zuge der Evolution Ausstülpungen herausgebildet hat. Zum Riechhirn zählt man die beiden olfaktorischen Bulbi sowie den olfaktorischen Cortex oder die Riechhirnrinde. Gebildet haben sich die olfaktorischen Bulbi am Ausgang dieser »Röhre« in einem frühen Stadium der Evolutionsgeschichte – man findet sie bereits bei Insekten. Während diese Konstruktion beim Hai noch deutlich erkennbar ist, sind beim Menschen die jüngsten Teile des Großhirns (der Neocortex) sozusagen über die Überreste dieser Röhre hinweggewachsen. Die Bulbusteile nehmen beim Menschen im Durchschnitt nur zehn Prozent des Gehirnvolumens ein; dies bedeutet bei einem Inhalt von ca. 1,4 Litern nicht mehr als 1,4 ml.

Über Perforationen im Siebbein des Schädels stellen die Geruchssinneszellen mit Hilfe von Neuriten Kontakt zum Bulbus olfactorius her. Hier kommt es zu einer ersten Verarbeitung der von den Sinneszellen ausgehenden Signale; ein Prozeß, der sich anschließend auch im olfaktorischen Cortex vollzieht, wo die Signale analysiert und in Zusammenhang mit anderen Informationen gebracht werden. Im Neocortex beeinflußt der Geruchssinn in erster Linie die allgemeine Aktivität der rechten Gehirnhälfte – auf die entsprechenden Implikationen werden wir noch zu sprechen kommen. Es sei an dieser Stelle noch gesagt, daß das Riechhirn nicht nur früh angelegt wird, sondern daß die *Reizung* des Geruchsorgans, wie man zu wissen glaubt, auch für die Entwicklung des damit korrespondierenden Teils des Gehirns von essentieller Bedeutung ist.[51]

Der fingerförmige Bulbus olfactorius besteht aus sechs Schichten (Abb. 6)[52], die in ihrer Struktur und Organisation starke Übereinstimmungen mit der Netzhaut aufweisen.[53] Die Nerven-

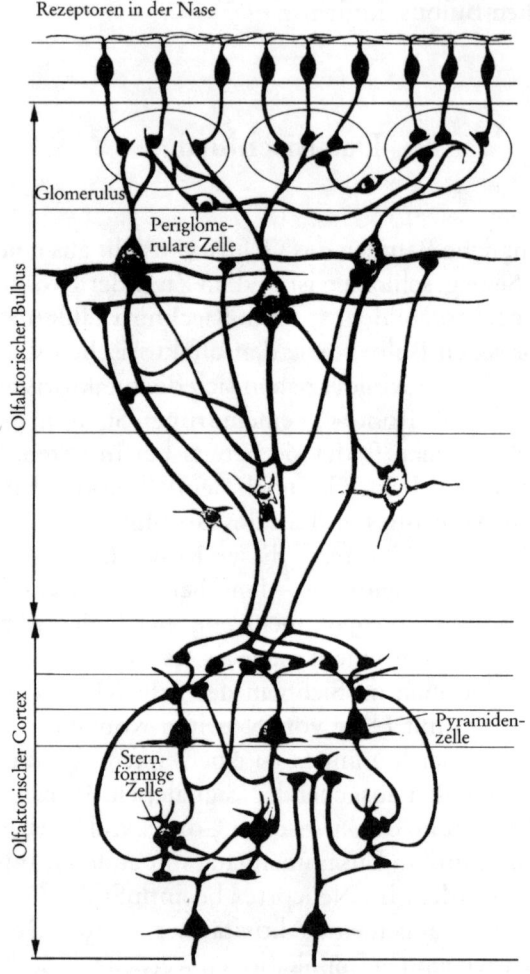

Rezeptoren in der Nase

Glomerulus

Periglome-
rulare Zelle

Olfaktorischer Bulbus

Olfaktorischer Cortex

Pyramiden-
zelle

Stern-
förmige
Zelle

Abbildung 6. Schematischer Aufbau des olfaktorischen Bulbus und des Cortex. Die Integration der Signale geschieht in den Glomeruli. Die periglomerularen Zellen werden für die Bremsprozesse verantwortlich gemacht. Anschließend werden die Signale über einige andere Zelltypen an die Pyramidenzellen im Cortex weitergeleitet. Den sternförmigen Zellen wird die Bildung oder Verknüpfung von Assoziationen zugeschrieben.

gewebe treffen in den Glomeruli zusammen, Schaltzentralen, in denen die Signale aneinander gekoppelt werden. Der menschliche Bulbus olfactorius kennt ungefähr tausend dieser kleinen Bereiche. Da man von etwa 3 Millionen Sinneszellen pro Geruchsorgan ausgeht, müssen bei jeder Geruchsempfindung im Durchschnitt nicht weniger als dreitausend Signale in einem einzigen Glomerulus verarbeitet werden. Da dies alles mehr oder weniger räumlich organisiert ist, gibt es die These, daß beim Riechen eine Art »Geruchsraum« im Bulbus entstehe, der möglicherweise bis zu einem gewissen Grad die Position der Sinneszellen im Geruchsorgan widerspiegele – ein Prinzip, das auch für andere Sinnesorgane Gültigkeit hat.

Man hat erfolgreich nachgewiesen, daß die Sinneszellen auf verschiedene Gruppen von Geruchsstoffen je nach der *Stelle*, an dem die betreffenden Stoffe das Geruchsorgan reizen, unterschiedlich reagieren, auch wenn von einer auf den Punkt genauen Korrespondenz zwischen der Position der Sinneszelle und der Eintrittsstelle des Signals in den olfaktorischen Bulbus nicht gesprochen werden kann.[54] Die Hinweise auf die Existenz eines solchen Geruchsraums sind insofern spärlich, als es technisch gesehen äußerst schwierig ist, die Signale der einzelnen Gruppen von Sinneszellen im Bulbus zu verfolgen.[55]

Der olfaktorische Cortex (OC) besteht aus mehreren Teilen, deren wichtigster der im vorderen Bereich liegende olfaktorische Nucleus ist. Der olfaktorische Cortex ist aufgrund seiner geringeren Dicke und seines weniger komplizierten Baus von den benachbarten Strukturen in der Neocortex gut zu unterscheiden. Auch er weist eine Schichtstruktur auf, die jedoch weniger ausgeprägt ist als die des Bulbus olfactorius. Die topographisch recht gut geordneten Informationen aus dem Bulbus olfactorius werden wie ein buntes Mosaik über den olfaktorischen Cortex ausgeschüttet, so daß der Eindruck entsteht, als würde der Zusammenhang zwischen der räumlichen Organisation auf dem Riechepithel und dem Ordnungsprinzip der Signalkodes wieder zunichte gemacht. Man vermutet, daß bei der Geruchsverarbeitung neben der räumlichen Ordnung auch eine zeitliche Dimension eine Rolle spielt. Möglicherweise formt der olfaktorische Bulbus die Geruchsempfindung zu einem dreidimensionalen (Raum-Zeit-) Modell um.[56] Von der sehr strengen hierarchischen Organisation im Bulbus olfactorius ist im olfaktorischen Cortex wenig übriggeblieben[57], obwohl auch hier selbstverständlich ein gewisses System oder eine bestimmte Ordnung zu erkennen sind.

Die an der Oberfläche gelegenen Neuronen schalten vor allem an den Neocortex weiter, während die tiefer gelegenen Nervenzellen hauptsächlich Verbindungen zum Thalamus, zum Hypothalamus, zu Teilen des limbischen Systems (das in engem Zusammenhang mit Gefühlen und Emotionen steht) sowie zu den Amygdala herstellen. Die Verknüpfungen zwischen dem olfaktorischen Cortex und dem Neocortex sind relativ spärlich; zu den entsprechenden Konsequenzen mehr in Kapitel 5.

Bei Untersuchungen zur Informationsverarbeitung im olfaktorischen Cortex verwendet man gegenwärtig radioaktive Stoffe, um die Nervenverknüpfungen verfolgen und strukturieren zu können, allerdings sind die so erworbenen Erkenntnisse bis jetzt leider noch sehr begrenzt. Gesichert ist jedoch, daß es im olfaktorischen Cortex vier Arten von Schaltmechanismen gibt, auf die wir hier nicht im einzelnen eingehen wollen.[58] Vereinfachend läßt sich sagen, daß es bestimmte Schaltmechanismen gibt, die den Geruch analysieren und (de-)kodieren, während andere dafür zuständig sind, daß es zu einer eigentlichen Geruchs*wahrnehmung* – bewußt oder unbewußt – kommt.

Der Trigeminusnerv

Das Geruchsorgan besitzt nicht das Monopol auf die Wahrnehmung von Gerüchen, sondern hat zwei ernstzunehmende Konkurrenten. Der sogenannte Drillingsnerv (der fünfte Gehirnnerv oder *Nervus trigeminus*) ist primär verantwortlich für das »Gefühl« im Gesichtsbereich. Bei Säugetieren reagiert dieser Nerv auch auf bestimmte chemische Stoffe, einschließlich der Gerüche.[59]

Darüber hinaus besitzen viele Säugetiere ein sogenanntes *Vomeronasalorgan*, das im vorderen Nasenbereich liegt und über einen Kanal mit der Mundhöhle verbunden ist. Auch dieses Organ verfügt über ein bestimmtes Geruchsvermögen – dazu an anderer Stelle mehr.[60] Menschen, die aufgrund einer Beschädigung oder einer mangelhaften Funktion des Geruchsorgans nicht oder kaum riechen können, sind im allgemeinen durchaus in der Lage, zum Beispiel den beißenden Geruch von Ammoniak wahrzunehmen – verantwortlich dafür sind die Ausläufer des Trigeminusnervs. Wie der Name bereits sagt, besitzt dieser Nerv drei Hauptbahnen, die sich in Höhe der Ohren im Gesicht befinden. Die Hauptverästelungen laufen auf die Stirn, die Wangen und die Nase, einschließlich der Nasenhöhlen zu sowie in Richtung Mundhöhle und Kinn. In den Nasenhöhlen und im Mund spaltet sich der Nerv in eine große Anzahl kleiner Ausläufer, die vor allem (Zahn-)Schmerzen, Wärme und Kälte registrieren; die Enden dieser Verästelungen sind mit Rezeptoren verbunden, die temperatur-, druck- und berührungsempfindlich sind. Viele dieser Enden sind jedoch »frei«, das heißt, nicht mit spezifischen Rezeptoren versehen. Bei hohen Konzentrationen werden diese Ausläufer (auch) durch Geruchsstoffe stimuliert. Dies geschieht vor allem bei einer Konfrontation mit *gefährlichen* Stoffen, die Irritation oder Schmerzen hervorrufen. Der Trigeminus hat also allgemein die Funktion, uns vor schädlichen Einflüssen von außen zu schützen. Aus diesem Grund folgt auf die Wahrnehmung eines Stoffes wie Ammoniak eine allgemeine Abwehrreaktion.

Untersuchungen des Geruchssinns lassen den Einfluß dieses Nervs häufig zu Unrecht außer acht, indem sie das Zusammenspiel zwischen dem olfaktorischen System und dem Trigeminus übersehen.[61]

Zahlreiche Stoffe, wie Alkohol, Terpentin, Amylbuttersäure, aber auch weniger scharfe Substanzen wie Kohlendioxyd, werden von beiden Systemen wahrgenommen. Bemerkenswert ist, daß das Geruchsorgan auch und vor allem auf *niedrige* Geruchskonzentrationen reagiert. Nachdem ein Schwellenwert überschritten ist, wird das trigeminale System aktiviert, und es ist zu beobachten, daß das Geruchsorgan den Geruch trotz der stark erhöhten Quantität nicht oder nur noch sehr schwach bemerkt. Man könnte auch sagen, daß das eigentliche Riechen bei zunehmender Stimulanzstärke oft zugunsten einer Art Alarmfunktion zurücktritt,

57

die sich als Schmerz und/oder Irritation äußert. In einem solchen Fall schwächt das trigeminale System die Signale des Geruchsorgans etwas ab, möglicherweise, weil es sonst beschädigt würde. Auch die Tatsache, daß ein nicht aggressiver Geruch die Aktivität des trigeminalen Systems abbremst, unterstreicht die Warnfunktion des Trigeminusnervs bei Gefahren. Im übrigen sollten wir aus eben diesem Grund vorsichtig sein, wenn es um die Interpretation von Unterschieden im Geruchsvermögen von Männern und Frauen, älteren und jüngeren Menschen, Rauchern und Nichtrauchern geht: Die Interaktion zwischen dem olfaktorischen und dem trigeminalen System kann ein mitbestimmender Faktor sein.

Eine merkwürdige Eigenschaft des Trigeminusnervs ist seine Sensibilität für »Süchte und Abhängigkeiten«, die sogar so weit führen kann, daß sich bestimmte Aversionen in Präferenzen umkehren. Beispiele sind Kokain, Tabakrauch, Pfeffer, Senf, Curry, Ingwer, Meerrettich und Essig, ausnahmslos Stoffe, die den Trigeminusnerv intensiv stimulieren. Auch das Schnüffeln von Lösungen (Leim) muß wahrscheinlich dazugezählt werden.

Kinder und Erwachsene, die zum ersten Mal in ihrem Leben beispielsweise Pfeffer riechen, werden sich abwenden. Nach wiederholten Konfrontationen schlägt die anfängliche Abneigung jedoch nicht selten in eine Vorliebe um. Dies läßt sich vielleicht damit erklären, daß Pfeffer die Verdauung stimuliert und faktisch keinerlei Schaden anrichtet, auch wenn der Körper zunächst abwehrend reagiert.

Bei Kokain und in abgeschwächterer Form auch bei Tabakrauch sind hingegen andere Aspekte im Spiel. Während die nicht inhalierten Gerüche häufig eklig sind, erzeugt der eingeatmete Rauch auf zentraler Ebene im Gehirn eine euphorische Wirkung. Die im Laufe der Zeit auftretenden schädlichen Auswirkungen werden nicht sinnlich oder unmittelbar mit dem Schnupfen oder Rauchen verknüpft. Zunächst erzeugen diese Stoffe angenehme Empfindungen, die eventuelle Strafe folgt erst viele Jahre später. Ein Stimulus, der in erster Linie angenehme Wirkungen erzeugt, kann über die »Suche nach dem Kick« eine starke Präferenz bekommen.[62] Die neurophysiologische Entstehung dieser Phänomene liegt noch im Dunkel. Zudem ist ein solcher Umschlag in der Akzeptanz eines Geruchs ein in der Tierwelt nicht allgemein gültiges Prinzip. So ist es beispielsweise nicht gelungen, bei Ratten eine Vorliebe für Pfeffer zu erzeugen.

Das Vomeronasalorgan

Das zigarrenförmige, im vorderen Bereich der Nasenhöhle gelegene Vomeronasalorgan (auch als Jacobsonsches Organ bezeichnet) hat bei Nagetieren, Gras- und Fleischfressern eine wichtige Funktion. Bei Hunden und Pferden befindet sich zwischen der Oberlippe und den Vorderzähnen eine Öffnung, die in den sogenannten nasopalatinen Kanal *(Canalis nasopalatinis)* einmündet, der die Verbindung zwischen dem Vomeronasalorgan und dem Mund bildet.

Bei der Maus wie auch bei anderen Nagetieren liegt diese Öffnung direkt hinter den Schneidezähnen im Gaumen. Bei Katzen, wo wir auf dieselben anatomischen Verhältnisse treffen, wird es sehr gut sichtbar, wenn man das Maul ein wenig aufsperrt und hinter die kleinen Schneidezähne schaut. Im Gaumen selbst befindet sich eine kleine Vertiefung mit einem etwas angehobenen Deckel. Dies ist die Öffnung des Verbindungskanals.

Katzen dient dieses Organ unter anderem dazu, Körpergerüche und Urin genauer zu untersuchen. Dazu ziehen sie ihre Oberlippe und den Oberkiefer nach oben, so daß die Geruchsstoffe leichter aufgenommen werden können. Auf diese Weise werden Urin und andere Stoffe, die schlecht oder gar nicht verdampfen, eingesogen, um anschließend vom Vomeronasalorgan auf ihre Beschaffenheit und Zusammensetzung überprüft zu werden. Es gibt nicht zu übersehende Anzeichen dafür, daß dieses Organ in der Tierwelt eine wichtige Rolle spielt, wenn es um die Wahrnehmung von Reizen mit einer ausgesprochenen sozialen oder sexuellen Bedeutung geht (Kapitel 6). Das Vomeronasalorgan wird auch in der Embryonalentwicklung des Menschen angelegt, bildet sich jedoch nach einigen Monaten wieder zurück und ist letztlich nur noch rudimentär vorhanden. Allerdings besitzen wir hinter den vorderen Schneidezähnen noch den bereits erwähnten kleinen Kanal, durch den ein Nerv verläuft, der mit dem Gefühl im Gaumenbereich in Beziehung steht.

Das Sinnesorganepithel des Vomeronasalorgans gleicht in seiner Struktur in etwa dem des Geruchsepithels. Allerdings sind seine Sinneszellen nicht mit Riechhärchen, wohl aber mit Mikrovilli besetzt, die eine große Ähnlichkeit mit den Büschelzellen im Geruchsepithel haben.

Dies läßt jedoch nicht den Schluß zu, daß das Vomeronasalorgan evolutionär vom Geruchsorgan abstammt. Man nimmt vielmehr an, daß sich beide Organe über einen langen Zeitraum getrennt voneinander entwickelt haben. Ein entsprechender Hinweis könnte sein, daß das Jacobsonsche Organ bereits bei Reptilienarten wie beispielsweise der Schlange vorkommt.

Über die Funktionsweise dieses Organs herrscht noch immer Unklarheit. Abgesehen von seinen Verbindungen mit dem Geruchsorgan besitzt das Vomeronasalorgan auch eigene Verbindungen zum Riechhirn. Gleichzeitig verlaufen eine Reihe von Nervenbahnen über kleine Öffnungen im Siebbein zu anderen Strukturen im Gehirn. In einem diesem Organ spezifisch vorbehaltenen Teil des olfaktorischen Bulbus werden die Signale verarbeitet und weitergegeben, unter anderem an den Hypothalamus und andere Bereiche, die für die (Äußerung von) Emotionen wie Aggressivität und das Sexualverhalten von Bedeutung sind. Das Vomeronasalorgan hat, wie schon gesagt, primär die Funktion, einen ersten schnellen und oft auch entscheidenden Eindruck von Gerüchen zu gewinnen, die in einem sozialen und sexuellen Kontext stehen. Derartige Gerüche prägen sich schon relativ früh ein. Wenn das Organ nach dieser Einprägungsphase entfernt wird, zeigt sich, daß die Nase diese Funktionen allein bewältigt. Zumindest sind bei Ratten keine auffälligen Veränderungen des Sozialverhaltens beobachtet worden.[63] Entfernt man bei Mäusen sowohl das Geruchsorgan als auch das Vomeronasalorgan, paaren sich die Tiere nicht mehr, während es bei den Weibchen gleichzeitig zu einer Degeneration der Gebärmutter kommt.[64]

3. Allgemeine Eigenschaften des Geruchssinns

Die Frage, wie sich Geruchsstoffe und deren Wahrnehmungen zueinander verhalten, muß in zwei Teilfragen gegliedert werden. Der quantitative Bezug beschreibt den Grad, in dem die Stärke eines Geruchseindrucks mit der zunehmenden Intensivierung eines Stimulus zunimmt. Diese Relation kann sich theoretisch in vielen Formen ausdrücken und sowohl gerade wie logarithmisch, exponentiell oder willkürlich usw. sein.

Qualitative Relationen hingegen beschäftigen sich mit der Frage, wie sich ein Geruchseindruck zu unter anderem den chemischen Eigenschaften eines Stoffes bzw. eines Stoffgemisches verhält. Zur Verdeutlichung: Die Farbe Rot korrespondiert im Lichtbereich mit einer Wellenlänge von ungefähr 700 Millimikron, und ein Pfeifton basiert auf Luftvibrationen mit einer Frequenz von rund 10000 pro Sekunde. Es geht also darum, welche physischen oder chemischen Faktoren für die Eigenschaften einer Geruchswahrnehmung verantwortlich sind. So soll unter anderem die Form des Moleküls für die Geruchsempfindung mitentscheidend sein.

Psychophysik

Diese Art von Fragen stellen sich bzw. werden bei jedem Sinnesorgan gestellt. Wir betreten damit das Gebiet der Psychophysik. Diese Teildisziplin der Wahrnehmungspsychologie systematisiert die Verknüpfungen zwischen den verschiedenartigen Reizen und den daraus resultierenden Empfindungen. Bis jetzt hat sich die Forschung in erster Linie auf das Auge und das Ohr konzentriert, da bei diesen Sinnesorganen sowohl der Stimulus als auch die Reaktion verhältnismäßig gut meßbar sind (außerdem genießen diese Sinnesorgane ein traditionell hohes Ansehen, siehe Kapitel 1).

Auf dem Gebiet der Psychophysik des Geruchs gilt der Ende des letzten Jahrhunderts bekannt gewordene Niederländer P. Zwaardemaker als Pionier. Ein anderer bedeutender niederländischer Forscher war M. Stuiver – er baute den ersten fortgeschrittenen Olfaktometer, ein Instrument, in dem sich ein konstanter, reiner Luftstrom erzeugen läßt und mit dessen Hilfe ein Geruchsstoff in einer genau regulierbaren Konzentration verabreicht werden kann.[65]

Ein Olfaktometer ist ein wichtiges Hilfsmittel in der Geruchsforschung. Das Gerät besteht aus einem komplizierten System von Röhren, Schläuchen und Druckflaschen, die es ermöglichen, das einzelne Nasenloch mit einem exakt dosierten Geruch zu konfrontieren. Die Konstruktion eines Olfaktometers ist nicht zuletzt deshalb schwierig, weil das Gerät von innen geruchlos sein und bleiben muß.[66]

Einer der ersten Schritte, die in dieser Zeit unternommen wurden, führte allerdings in eine ganz andere Richtung, und zwar in die der Klassifikation von Gerüchen. Innerhalb des Instituts de France wurde 1803 die Abteilung »Erforschung der sinnlichen Wahrnehmungen und Ideen« gegründet.[67] Von der Schaffung einer Sprache, die Geruchsempfindungen beschrieb, erhoffte man sich die Möglichkeit, den Geruch von den Assoziationen des Tierhaften im Menschen zu befreien. Der Unternehmung war kein großer Erfolg beschieden. Die Klassifikation von Gerüchen erwies sich als schwierig und problematisch. Im Gegensatz zu den visuellen und auditiven Reizen, die in Wellenlängen, der Anzahl Schwingungen pro Sekunde (Nanometer oder Millimikron, Hertz) oder in ihrer Intensität (Lux, Dezibel) ausgedrückt werden, können Gerüche nicht aufgrund einer gemeinsamen physischen oder chemischen Eigenschaft auf einen Nenner gebracht werden.

Weitere Themen, mit denen wir uns noch befassen werden, betreffen die Adaption oder auch die Gewöhnung an Gerüche sowie die damit zusammenhängende Sensibilitätsvarianz des Geruchsorgans. Zur Sprache kommt auch die Habituation an Gerüche, unter der ein bestimmter Gewöhnungsprozeß verstanden wird, der bis zum Überdruß führen kann. Darüber hinaus werden wir auf die Wahrnehmung von Geruchsmischungen, auf den Gestank und das sogenannte »Richtungs-Riechen« eingehen.

Zur Klassifikation von Gerüchen

Will man Gerüche bestimmten Kategorien zuordnen, so kann man dies entweder anhand der Eindrücke oder der chemischen Eigenschaften bzw. der Molekularstruktur oder Form eines Stoffes tun. Obwohl sich diese beiden Ausgangspunkte prinzipiell nicht widersprechen müßten, führen sie in der Praxis häufig zu sehr unterschiedlichen Ergebnissen. Natürlich hofft man, zu gegebener Zeit die verschiedenen Klassifizierungsmodelle harmonisieren zu können, vorläufig ist man davon noch weit entfernt.

Pflanzen und Tiere tragen eine Doppelbezeichnung, und zwar einen Gattungs- und einen Artnamen. Diese sogenannte binäre Nomenklatur wurde von dem schwedischen Arzt und Naturforscher Carl von Linné (Linnaeus) (1707–1778) eingeführt, der eine systematische Taxonomie der Pflanzen entwickelte, die bis heute Verwendung findet. Von Linné war aufgefallen, daß Pflanzen auch aufgrund ihres Geruches unterschieden werden können. Er teilte die Geruchsimpressionen in sieben unterschiedliche Klassen ein, die er nach ihrer abnehmenden angenehmen (»hedonischen«) Qualität hierarchisch ordnete:[68]
– aromatisch
– (wohl-)riechend
– ambrosianisch oder moschusartig
– scharf oder knoblauchartig
– stinkend oder ziegenartig, Schweißgeruch
– ekelerregend
– widerwärtig

Von Linné stellte auch die These auf, daß bestimmte Pflanzendüfte an Körpergerüche erinnern und bezog dies in erster Linie auf den Geruch der Geschlechtsorgane und ihrer Ausscheidungsprodukte. Seiner Meinung nach strömen der Rotdorn ebenso wie verschiedene Rosenarten denselben Geruch aus wie die weibliche Scham, deren Sekret, je nach der Phase des Menstruationszyklus, nicht sehr wohlriechend sein kann. Von Linné assoziierte diesen Geruch mit dem des stinkenden Gänsefußes, der von ihm dann auch die Bezeichnung *Chenopodium vulvaria* erhielt (manche vergleichen den Geruch dieser Pflanze auch mit dem verwesender Heringe).[69] Ferner haben die Blüten der Holunderbeere, des Lindenbaums und der Kastanie einen süßlichen, etwas faden Duft, der nach Auffassung Linnés mit dem Spermageruch verwandt ist. Angeblich machte man seine Heiratsanträge in jener Zeit bevorzugt unter einem Kastanienbaum. Auch die Pollenkörner vieler Grasarten verbreiten seiner Meinung nach einen solchen Duft.

Assoziationen dieser Art haben auch in die Literatur Eingang gefunden. In einer Erzählung des Marquis de Sade spricht ein wohlanständiges und sehr behütet aufgewachsenes Mädchen mit seiner Mutter über den Duft von Kastanienblüten[70] – ein Duft, der ihr zwar vertraut ist, den sie aber nicht recht einzuordnen vermag – dies zum Entsetzen eines jungen Priesters, der zu Besuch ist und mit dem sie ein Verhältnis hatte.

Zwaardemaker hat die von Linné übernommenen Kategorien verfeinert und erweitert. Er unterschied neun Hauptklassen, die er wiederum in Unterklassen einteilte.[71] Wir nennen hier nur die Hauptklassen mit einigen Beispielen:
- Ätherisch: Azeton, Chloroform, Äther.
- Aromatisch: Kampfer, Lavendel, Menthol, Lorbeer, Zitrone.
- Balsamisch: Vanille, Lilie, Jasmin und andere frische Blumendüfte.
- Amberartig: Moschus, sogenannte Pheromone wie Androstenol und Copulin (Kapitel 6).
- Alliziös (von *allium*, Knoblauch): Thiolverbindungen, Amine (Ammoniakverbindungen), faule Eier, Bromide.
- Empyreumatisch (von *empureus*, feurig): Kaffee, geröstetes Brot, Tabakrauch, Teer, Naphtalin, Benzin.
- Hirziös (von *hircus*, Bock): Käse, Schweiß, Urin, insbesondere von Katzen.
- Repulsiv oder erstickend: Bestimmte Arten der Nachtschattengewächse wie Tollkirsche, Stechapfel, Kartoffel, Tomate, Pfef-

fer, Tabak (Blatt und Beeren dieser Pflanzen sind häufig giftig), Koriander, bestimmte Orchideen, Wanzen (die Stinkdrüsen besitzen), narkotisierende Stoffe.
- Ekelerregend: Verwesendes Fleisch und Leichenluft, Indol (eine organische Verbindung, die unter anderem in Steinkohleteer vorkommt), Skatol (entsteht beim bakteriellen Abbau von Eiweißen und befindet sich auch in Fäkalien), Aasblumen (aus der Gattung der *Stapelia*, zur Familie der Seidenpflanzen gehörig), die durch eine Art Aasgeruch Insekten zur Befruchtung anziehen.

Auch diese Einteilung wird heute noch verwendet. Ein nach wie vor ungelöstes Problem liegt darin, daß man über eventuelle Verbindungen zwischen Zwaardemakers Einteilung und den Prozessen, die sich im Riechhirn abspielen, so gut wie nichts weiß. Letztere sind, allen Bemühungen zum Trotz, auch in anderen Zusammenhängen noch kaum erforscht.

Abschließend muß noch das Geruchsmodell von Henning genannt werden, in dem die Geruchseindrücke quasi geometrisch dargestellt werden.[72] In diesem System wird jeder Geruch als Punkt auf einem Prisma abgebildet, das durch die Achsen blumigwürzig, verwesend-verbrannt und fruchtig-herzhaft definiert ist. In der Praxis hat es sich jedoch als sehr schwierig herausgestellt, jedem Geruch seinen Platz auf einer der Achsen zuzuordnen. Manche Forscher sind sogar ausgewiesene Gegner aller Klassifikationsmethoden, die auf Geruchsimpressionen beruhen, da sie davon überzeugt sind, daß die qualitative Wahrnehmung in hohem Maße kulturell geprägt ist. Andere vertreten den entgegengesetzten Standpunkt.[73] Neueren Untersuchungen zufolge gibt es bei der Wahrnehmung von Gerüchen auffallende Übereinstimmungen zwischen unterschiedlichen Kulturen. Wir werden auf diesen Aspekt noch zu sprechen kommen.

Zur Namensgebung von Gerüchen

Eine Methode, die mit der Klassifikation von Gerüchen verwandt ist, geht von einer Begrifflichkeit aus, die unter anderem auch von Parfümeuren zur Charakterisierung von Duftstoffen verwendet wird. Arctander hat dazu ein Standardwerk verfaßt.[74] In diesem Buch werden über zweitausend Duftstoffe, wie sie in der Kosmetik- und Nahrungsmittelindustrie benutzt werden, in der Terminologie vertrauter Blumen, Kräuter, Gewürze, Getränke etc. beschrieben. So kann man den Duft der Geliebten andeuten, indem man ihn mit dem von Rosen, Honig oder Aprikosen vergleicht – plus einem Hauch Geranie. Amber und Zibet sind ebenfalls sehr aussagekräftig. Insgesamt benutzte der Verfasser dreihundert verschiedene Ausdrücke, um die von Duftstoffen erzeugten Impressionen zu beschreiben.

Häufig vorkommende Begriffe (etwa siebzig an der Zahl) wurden einer Faktoranalyse unterzogen. Diese statistische Bearbeitungstechnik bietet die Möglichkeit zu überprüfen, ob es zusammengehörige Begriffe gibt – das heißt, Bezeichnungen, die oft in einem wechselseitigen Zusammenhang benutzt werden. Wenn es nur wenige große Gruppen gibt, die sich zudem überschneiden, läßt sich mit Fug und Recht behaupten, daß die verwendete Terminologie kaum etwas Spezifisches zum Ausdruck bringt. In einem solchen Fall wäre die Terminologie von Arctander redundant, da sich mit vier oder fünf Begriffen im Prinzip genausoviel ausdrücken ließe wie mit hundert. Gibt es viele kleine Gruppen sowie die nötigen isolierten Bezeichnungen, ist der Umkehrschluß möglich: Die Terminologie funktioniert in dem Sinne gut, daß sie die einzelnen Gerüche wirklich voneinander zu unterscheiden vermag. Das Ergebnis einer solchen Analyse widerstrebt der Intuition von Menschen, die daran gewöhnt sind, viel und gut zu riechen, und meinen, daß man gar nicht erst damit beginnen sollte, Tausende von Gerüchen auf eine linguistisch verantwortbare Weise zu unterscheiden. Die 74 häufig vorkommenden Begriffe konnten zu 27 Gruppen gebündelt werden, die selten mehr als drei Begriffe enthielten. Eine solche Bündelung besteht zum Beispiel aus »Birne/Banane/Ananas«, eine andere aus »Wäsche/Öl/Fett«. Da die Elemente der letzten Gruppe in keinem Zusammenhang mit denen der Gruppe »Butter/Sahne« stehen, kann statistisch zu Recht behauptet werden, »Fett« besitze eine andere Geruchsqualität als »Butter«. Nun wird es wohl niemanden geben, der dies nicht akzeptieren würde – ein Brot mit Fett riecht und schmeckt schließlich anders als eines mit Butter. Etwa 14 Begriffe, darunter Mandel, Tee und Karamell, paßten in keine einzige Gruppe und nahmen von daher eine Sonderstellung ein.

Die Bedeutung dieser Untersuchung liegt darin, daß viele der von Arctander verwendeten Begriffe sich nicht allzu stark überlappen. Das bedeutet, daß sie tatsächlich eine gewisse Aussagekraft hinsichtlich der Wahrnehmungseigenschaften eines Duftstoffes haben. Wenn wir davon ausgehen, daß jeder Geruchsforscher die Terminologie übernehmen und nach einer gewissen Schulung auch anwenden kann, könnte sich die Suche nach Primärgerüchen so gesehen eines Tages als überflüssig erweisen. Bis jetzt wird diese Suche durch ein Denken beherrscht, das sich an den chemischen Eigenschaften oder der Form des Moleküls orientiert. Es ist jedoch fraglich, ob an dieses Vorgehen hohe Erwartungen geknüpft werden sollten. Vielleicht wäre es vernünftiger, wenn man versuchen würde, die Geruchs*impressionen* in dem offenkundig doch recht exakten Vokabular von Arctander etwas genauer zu beschreiben, um auf diese Weise die wesentlichen Eigenschaften von Gerüchen zu entschlüsseln. Wenn Primärgerüche überhaupt existieren, wird es sich wahrscheinlich nur um einige Dutzend handeln.

Einteilungen aufgrund der chemischen Struktur

Zurück zu dem großen, noch immer nicht gelösten Problem. Welcher Faktor bzw. welche Faktoren sind für die Eigenschaften einer Geruchsempfindung verantwortlich?

Chemiker waren eine Zeitlang der Meinung, daß die Form des Moleküls für die Geruchsempfindung entscheidend wäre; das heißt, man legte eine Art Schlüssel-Schloß-System zugrunde.[75]

Kennzeichnend für diese sogenannte stereochemische Theorie ist, daß man von den beiden Faktoren Form und Größe ausgeht. So kam man beispielsweise zu dem Schluß, daß ein kampferartiger Geruch auf runden Molekülen mit einem Durchschnitt von 7 Ångström beruhen müsse, ein moschusartiger Duft sollte durch scheibenförmige Moleküle von 10 Ångström erzeugt werden, während flügelförmige Moleküle für Pfefferminzgeruch verantwortlich sein sollten usw. Der Erfinder dieser Theorie ging anfänglich von der Existenz sieben unterschiedlicher Primärgerüche aus: Fisch, Sperma, Schweiß, Urin, Malz, Minze und Moschus, und gründete diese Vorstellung unter anderem auf spezifische Formen der Geruchsblindheit. Obwohl sich andere Wissenschaftler bemühten, diese Kategorien zu erweitern, gelang es nicht, eine große Anzahl von Geruchswahrnehmungen auf diese Weise zu erklären; zudem hatte man bei den »primären Gerüchen« schon sehr schnell die dreißig, das heißt eine nicht mehr praktikable Anzahl, überschritten.[76]

Mit gleichfalls wechselndem Erfolg bemühte man sich, die Duftstoffe nach ihren chemischen Eigenschaften einzuteilen. Die Entdeckung geruchsbindender Proteine und die Existenz spezifischer Anosmien ließ den Gedanken aufkommen, daß man, analog zu den Primärfarben – und den spezifischen Formen der Farbenblindheit – auch Primärgerüche entdecken würde. In diesem Rahmen liegen ausführliche Studien zu den sogenannten *structure-odor-relationships* (SOR) vor,[77] die sich der Erforschung sogenannter funktionaler chemischer Verbindungen oder Konfigurationen innerhalb des Moleküls widmeten, die für die Geruchsempfindung von essentieller Bedeutung sein sollten.

Ein Beispiel: Wir nehmen eine einfache Kohlenwasserstoffkette, in die ein Sauerstoffatom eingebaut ist. Denkbar ist, daß die Stelle, an der sich dieses Atom befindet, das Wesen des Geruches bestimmt. Dieses Prinzip wird als Regioselektivität bezeichnet: Die Position einer für den Geruchssinn funktionalen Gruppe diktiert den Geruch, wobei geringe Positionsverschiebungen die Geruchsempfindung stark verändern können.

Ein Beispiel: Vanillin ist chemisch betrachtet fast identisch mit Iso-Vanillin (nur eine OH- und eine OCH_3-Gruppe haben andere Positionen eingenommen). Vanillin gibt dem Pudding seinen spezifischen Geruch, das Iso-Vanillin hingegen ist völlig geruchlos.

Abgesehen von der eventuellen Bedeutung funktionaler Gruppen und der Form und Größe des Moleküls, können noch verschiedene andere Faktoren innerhalb eines solchen SOR-Systems wichtig werden. Zum ersten ließe sich an die Position ungesättigter Verbindungen innerhalb des Moleküls denken. Der Geruch ungesättigten Jasmons, eines Bestandteils von Jasmin, besitzt eine Subtilität, die der gesättigten Form fehlt. Auch über den Abstand zwischen funktionalen Gruppen innerhalb eines Moleküls wurde nachgedacht. Ist dieser Abstand größer als 0,3 Nanometer, kann das Rezeptor-Protein das Geruchsmolekül nicht mehr an genügend Stellen gleichzeitig angreifen und der Geruch infolgedessen nicht mehr wahrgenommen werden. Schließlich kann auch die Chiralität des Moleküls eine Rolle spielen. Dies bedeutet, daß Moleküle, die ihr gegenseitiges Spiegelbild formen, in ihrer wahrgenommenen Intensität und Qualität erheblich differieren können.[78] So verbreitet Androstadinon, einer der männlichen pheromonartigen Stoffe (Substanzen, die Tier und Mensch sexuell erregen können) einen Uringeruch, während sein chemisches Spiegelbild vollkommen geruchlos ist.

Zusammenfassend ist zu sagen, daß die Erkenntnisse und Daten über den Zusammenhang zwischen der Struktur eines Stoffes und seinem Geruch alles andere als eindeutig sind. Offenbar ist es äußerst schwierig, einen konsistenten Zusammenhang zwischen dem molekulären Bau und den daraus resultierenden Geruchsempfindungen herzustellen. Eine der wenigen konkreten Erkenntnisse ist die »triaxiale Regel«. Große Moleküle müssen – soll eine Geruchsempfindung ausgelöst werden – an mindestens drei Stellen von dem Rezeptor-Protein angegriffen werden. Geschieht dies nur an einer oder an zwei Stellen, wird das Rezeptor-Protein nicht genügend aktiviert und eine Geruchsempfindung bleibt aus. Dieses Prinzip macht deutlich, warum eine Substanz wie Androstenol eine starke Geruchswahrnehmung auslöst, während ein aus denselben Atomen aufgebautes Molekül (in diesem Fall das sogenannte 3 Beta-Epimer) geruchlos ist. (Da in diesem Epimer ein H-Atom eine OH-Gruppe ersetzt hat, liegt die erforderliche Anzahl an Angriffspunkten nicht mehr auf einer Ebene.) Schließlich kann auch die Ketten*länge* von Geruchsstoffen eine Rolle spielen. Wenn Menschen mit einer Serie einwertiger Alkohole (also Methanol, Ethanol, Butanol, Pentanol u. ä.) und einwertiger Azetate konfrontiert werden, bringen sie vor allem die Stoffe mit gleicher Kettenlänge durcheinander.[79]

Diese Untersuchungen haben auch deutlich gemacht, daß die Geruchswahrnehmung ein äußerst komplizierter Prozeß ist, der zudem willkürlich und sprunghaft verläuft. Wie wir bereits sahen, gehen manche Forscher sogar so weit, die Eigenschaften des Geruchssinnes mit denen des menschlichen Abwehrsystems zu vergleichen. Auch das Immunsystem ist nicht nur kompliziert, sondern von Mensch zu Mensch höchst unterschiedlich.

Ein Beispiel: Setzt man eine Gruppe von Menschen dem Erkältungsvirus aus, wird in der Regel nur ein verhältnismäßig kleiner Teil erkranken (und zwar diejenigen, die einige Tage zuvor »etwas Ärgerliches« erlebt haben: sogenannte *daily hassles* greifen die Abwehr an).

Auch zu Zeiten, wo Studenten die Nacht zum Tag machen, um sich auf ein Examen vorzubereiten, sinkt die Qualität der Abwehr, und nach dem Verlust eines geliebten Menschen oder eines kostbaren Besitzes bleibt sie über Monate erheblich unter ihrem normalen Niveau.

Obwohl die Erforschung des Zusammenhangs zwischen der Wahrnehmung und der chemischen Struktur von Duftstoffen nur mühsam und in kleinen Schritten voranschreitet, gibt es inzwischen doch eine ganze Reihe nützlicher und brauchbarer Erkenntnisse. So ist man beispielsweise jetzt in der Lage, künstliche Aroma- und Geschmacksstoffe herzustellen. In der Parfümindustrie arbeitet man im Vergleich zu früher weitaus weniger mit Moschus oder Amber (wertvolle Stoffe tierischen Ursprungs), sondern ersetzt diese Substanzen häufig durch synthetische Stoffe mit geeigneten funktionalen Gruppen wie Aldehyde. Durch Experimente mit verschiedenen Varianten ergeben sich immer wieder neue Duftstoffe, die ihrerseits neue oder bisher nicht bekannte Geruchsimpressionen hervorrufen. Aus kommerziellen Interessen sind viele dieser synthetischen Stoffe mittlerweile zu eingetragenen Handelsmarken geworden.

Aufgrund der chemischen Struktur läßt sich also hin und wieder zumindest *etwas* zu einer eventuellen Zusammengehörigkeit von Duftstoffen sagen. Im allgemeinen müssen wir jedoch feststellen, daß die Geruchswahrnehmung durch eine Vielzahl anderer, überwiegend unbekannter Faktoren bestimmt wird. Kurz gesagt: Stoffe, die sich in ihrer chemischen Struktur kaum gleichen, können fast dieselbe Geruchsempfindung auslösen und umgekehrt – ein Phänomen, das sich durch keine molekulare oder chemische Eigenschaft zufriedenstellend erklären läßt.

Die Messung von Geruchsempfindungen

Diverse Eigenschaften der Geruchsempfindung, wie die subjektive Intensität, lassen sich auf unterschiedliche Weise ausdrücken und messen. Etwa quantitativ, mittels einer Werteskala, die von 1 bis 10 reicht *(magnitude estimation)*. Eine andere, eher qualitativ orientierte Methode geht von einer Verknüpfung mit der Terminologie eines anderen Sinnesorgans aus. Demnach kann ein Geruch als scharf, hoch, warm oder süß bezeichnet werden.[80] Hier hängt ein scharfer, hoher, warmer und süßer Geruch im Raum, muß keinen Unsinn bedeuten, wenn die Begriffe scharf, hoch, warm und süß etwas über die Intensität oder Qualität einer sinnlichen Impression aussagen. In der Praxis sieht das natürlich ganz anders aus. Bei einem entsprechenden Test wird die Intensität von Gerüchen beispielsweise mit Hilfe einer regulierbaren Lichtquelle, der Stärke eines Geräusches u.ä. ausgedrückt (was, nebenbei bemerkt, auch nicht unproblematisch ist).

Auch in dieser Hinsicht sind Untersuchungen des Geruchsvermögens nicht einfach, selbst wenn es sich um unkomplizierte Messungen handelt. Will man etwas über den Zusammenhang zwischen der Konzentration eines Geruchsstoffes und der Intensität seiner Wahrnehmung erfahren, ist es nicht ratsam, einer Testperson einfach einen Geruchs-Strip, d.h., ein imprägniertes Stück Papier, in unterschiedlichen Entfernungen unter die Nase zu halten.

Um den sogenannten Schwellenwert – die Konzentration eines Geruches, der von mindestens 50 Prozent der Bevölkerung mit einem normalen Geruchsvermögen wahrgenommen wird – festlegen zu können, sind verfeinerte Methoden und eine gute Dosierungsapparatur erforderlich. Auch statistisches Material sollte berücksichtigt werden, da sich Messungen der Riechschwelle durch eigenartige Begleiterscheinungen auszeichnen. So kommt es immer wieder vor, daß Menschen angeben, etwas zu riechen, während die angebotene Duftstoffkonzentration gleich null ist (»falscher Alarm«); umgekehrt löst eine relativ hohe Konzentration manchmal überhaupt keinen Respons aus (»misser«). Es müssen also Auswertungstechniken und Bearbeitungsmethoden angewandt werden, die diese Fehler einkalkulieren.[81] Darüber hinaus können Falschmeldungen auch auf unbeabsichtigten Geruchsmischungen beruhen: Das Material der Testanordnung kann einen Geruch verbreiten, die Atmosphäre im Labor ist nicht immer geruchlos, auch die Versuchsperson im Untersuchungsraum kann mit einem Geruch behaftet sein. Ein wenig konstanter Faktor ist auch die am Geruchsorgan vorbeiströmende Luft. In der Praxis bedeutet dies, daß die genau bekannte Konzentration eines Stoffes bei weitem nicht immer auf eine gleichmäßige Weise gerochen wird und gerochen werden *kann*.

Wie bereits angemerkt, wurden im letzten Jahrhundert Olfaktometer entwickelt, die diese Probleme möglichst weitgehend aus der Welt schaffen sollten. Diese Geräte bestehen aus geruchsfreiem Material, die Menge des verwendeten Stoffes ist gut zu kontrollieren. Es ist sogar möglich, die an der Nase entlangströmende Luft einigermaßen konstant zu halten, beispielsweise mit Hilfe von Teflonröhrchen in den Nasenlöchern.

Für eine einfache quantitative Untersuchung genügen im übrigen einfache Riechfläschchen und Riechstreifen – dies hat eine Untersuchung ergeben, in der es um die Fähigkeit ging, Gerüche zu benennen oder sich an sie zu erinnern.

Obwohl wir dem Olfaktometer viele Erkenntnisse zu verdanken haben, sei die Frage erlaubt, ob die Wirklichkeit mit dieser Methode immer in ausreichendem Maße simuliert wird. Schließlich kennen wir im täglichen Leben so viele Variationen eines Schnupperverhaltens, wie sie bei Tests mit einem solchen Gerät kaum oder gar nicht wiederholbar sind. Untersuchungen an anderen Sinnesorganen, zum Beispiel am Auge, haben gezeigt, daß ein *Wechsel* des Reizes für die Wahrnehmung von essentieller Bedeutung ist. Auf den Geruch übertragen bedeutet dies, die Luftturbulenzen in den Nasenlöchern mit einem Schnupperverhalten zu kombinieren (Kapitel 2). Auch Faktoren wie das durch die Nase inhalierte Luftvolumen als Reaktion auf eine Geruchswahrnehmung finden in der Regel keine Beachtung, ebenso wie das Phänomen der Schwellenwertreduktion durch »üben« (siehe nachfolgend). Schließlich bleibt auch die große intraindividuelle Variation der Geruchssensibilität unberücksichtigt – obwohl diese natürlich durchaus mit dem Olfaktometer festgestellt wird bzw. festgestellt werden kann. Kurzum, auch diese Methode hat ihre Grenzen. Man hat zwar mit Hilfe dieses Instrumentes viel in Erfahrung bringen können, manche Daten sind jedoch nicht direkt übertragbar, weil der Geruchssinn unter Alltagsbedingungen auf eine Weise funktioniert, die sich nicht immer mit den Eigenschaften dieses Gerätes deckt. Oft reicht schon ein kurzer Reiz, um eine Geruchswahrnehmung auszulösen, Substanzen wie Mandel, Eukalyptus oder Nelkengewürz werden häufig schon mit einem einmaligen Schnuppern erkannt.

Selbst wenn Menschen aufgefordert werden, den Geruch möglichst kurz zu inhalieren, gelingt es ihnen häufig, ihn richtig zu bezeichnen. Die kürzeste Schnupperzeit beträgt beim Menschen ungefähr 400 msek; eine noch kleinere Zeitspanne ist aus atmungstechnischen Gründen nicht möglich. Vor allem wenn die Konzentration des Geruchsstoffes weit über dem Schwellenwert liegt, reicht ein solch kurzes Inhalieren für seine Wahrnehmung aus. Wiederholtes Inhalieren ist nötig, wenn die Konzentration knapp darüber liegt.

Wir haben es gerade kurz gestreift: Gerüche beeinflussen auch das inhalierte Luftvolumen.[82] Erhöht man die Konzentration von Essigsäure, wird die von der Nase geprüfte Luftmenge geringer. Dies steht natürlich im Zusammenhang mit der Irritation, die der oder die Betreffende beim Riechen empfindet. Andererseits ist allgemein bekannt, daß angenehme Düfte häufig das eingeatmete Luftvolumen erweitern.

Auch die Tatsache, daß der Schwellenwert mit zunehmender Testdauer sinkt, stellt die Forschung vor Probleme.[83] Anders ausgedrückt: Ist ein Geruch bekannt, benötigt die Testperson bis zu einer gewissen Grenze immer weniger von dieser Substanz, um sie erkennen zu können. Diese gesteigerte Sensibilität hat jedoch keinen Einfluß auf die Schwellenwerte anderer Geruchsstoffe, wenn diese dem getesteten Stoff nicht sehr ähnlich sind.

Unterschiede in der Sensibilität

Bei den Schwellenwerten hat sich gezeigt, daß die professionellen Nasen der Parfümeure keine qualitativ besseren Leistungen erbringen als untrainierte Riechorgane. Dies gilt mit Sicherheit bei Stoffen, mit denen sie nicht vertraut sind.

Auch bei der Identifikation von Düften, mit denen sowohl Laien wie auch Experten wenig Erfahrung haben, zeigen sich keine Unterschiede.[84] Dies bedeutet jedoch nicht, daß es keine erheblichen Diskrepanzen beim individuellen Riechvermögen gäbe. In einem der folgenden Kapitel werden wir auf die Faktoren eingehen, die dabei eine Rolle spielen. So kann die Riechschwelle für einen bestimmten Stoff, zum Beispiel Limonen (eine Flüssigkeit mit einem Zitronen- oder Apfelsinengeruch), bei einer Person etwa 4000mal höher liegen als bei einer anderen. Relativ geringe Variationen wurden bei Toluol beobachtet, bei dem man einen Faktor von 5 ermittelte. Es ist nicht bekannt, ob derart individuelle Unterschiede mit einem systematischen Faktor in Zusammenhang stehen, wie beispielsweise mit der Giftigkeit eines Riechstoffes. Aus Sicht der Evolution könnte man annehmen, daß das Geruchsvermögen bei *gefährlichen* Substanzen relativ wenig Diskrepanzen aufweist, denn schließlich hat jeder ein wesentliches Interesse daran, einen solchen Stoff schnell und richtig zu entdecken und ihn nicht in einer übermäßig hohen Konzentration einzuatmen. Dies bedeutet auch, daß der Schwellenwert für gefährliche Stoffe im allgemeinen relativ niedrig angesiedelt sein müßte. Dies ist häufig auch der Fall. Man weiß, daß viele dieser Stoffe bereits zu einem Zeitpunkt wahrgenommen werden, wo sie noch nicht schädlich sind. Es gibt allerdings Ausnahmen, wie das geruchlose und tödlich wirkende Kohlenmonoxyd oder hoch konzentrierter Schwefelwasserstoff.

Wir können diese Diskrepanzen auch auf andere Weise zum Ausdruck bringen. Bei der Empfindlichkeit gegenüber den (meisten) Geruchsstoffen gilt die Faustregel, daß 96 Prozent der Versuchspersonen zwischen 1/16 und 16mal den Durchschnittswert erreichen.

Diese erhebliche Varianz spiegelt nicht nur die Unterschiede zwischen den einzelnen Personen wider, sondern auch Differenzen in der Geruchssensibilität des einzelnen, da Schwellenwerte auch bei ein und derselben Person enorm fluktuieren können.[85] Es ist möglich, daß jemand an einem Tag einen bestimmten Stoff ausgezeichnet riecht, während er am darauffolgenden Tag eine beträchtlich höhere Dosierung benötigt bzw. umgekehrt – dies ungeachtet der Tendenz, daß die Geruchswahrnehmung im Verlauf eines Experimentes (mit demselben Stoff) im allgemeinen besser wird. Anders ausgedrückt, können *inter*-individuelle Differenzen zwischen Schwellenwerten zum Teil der *intra*-individuellen Varianz zugeschrieben werden. In dieser Hinsicht funktioniert die Nase ganz anders als beispielsweise das Auge: Wäre das Auge wie die Nase, müßte man sozusagen jeden Tag eine andere Brille aufsetzen, um andere Farben zu sehen. In der psychophysischen Geruchsforschung findet dieses Phänomen nicht immer Beachtung; man geht in der Regel davon aus, daß das Geruchsvermögen des Einzelnen recht stabil ist. Die mühsam entwickelten »sauberen« Meßmethoden sind so gesehen zwar brauchbar und nützlich, aber angesichts des launischen Charakters des Geruchssinns doch auch begrenzt.

Natürlich sollte man aus diesen Anmerkungen nicht den Schluß ziehen, daß die Erforschung von Schwellenwerten keinerlei Bedeutung habe. Es wurden wichtige Entdeckungen gemacht. So ist eine bemerkenswerte Regelmäßigkeit oder Ordnung bei den Schwellenwerten für Kohlenwasserstoffketten (d.h. Alkanen) wie Methan, Äthanol, Propan, Butan, Pentan festzustellen. Je länger die Kette wird, desto mehr sinkt der Schwellenwert. Das bedeutet, daß die Empfindlichkeit mit zunehmender Länge oder Schwere der Kette größer wird.[86] Für eine Kette mit acht Kohlenstoffatomen (Octan) beträgt der Schwellenwert etwa 10 ppb (10 Moleküle pro eine Milliarde Einheiten) und für ein einziges Kohlenstoffatom (Methal) 1000 ppm

(1000 Moleküle pro eine Million Einheiten) – also ein gewaltiger Unterschied. Rechnet man den Schwellenwert in Prozente gesättigten Dampfes um, ist der Bereich wesentlich kleiner: von 0,01 Prozent für die Kette mit acht Atomen bis zu 1 Prozent für eine »Kette« mit einem einzigen Atom. Eine andere Berechnungsmethode hat also einschneidende Folgen für die beobachtete Varianz der Schwellenwerte – dennoch bleiben die Unterschiede eindrucksvoll.

Menschen, die gegen Alkane anosmisch sind, können diese Stoffe dennoch wahrnehmen, und zwar über das trigeminale System. In diesem Fall kommt eine ähnliche Gesetzmäßigkeit zum Tragen. Ein Unterschied liegt jedoch darin, daß der Schwellenwert beim trigeminalen System etwa um den Faktor 1000 höher liegt, so daß die Luft, in Prozenten gesättigten Dampfes, 10 bis 60 Prozent Kohlenwasserstoffdampf enthalten muß. Abgesehen von der Erforschung der Zusammenhänge zwischen der Molekülstruktur und dem Geruch versucht man, auch für diese Beziehungen zwischen der Struktur und der Aktivität ein Ordnungsprinzip zu finden – in der Hoffnung, daß die Psychophysik des Geruchs nicht in einer Phase des reinen Faktensammelns steckenbleibt, sondern eines Tages auf die entsprechenden Erklärungen stoßen wird.

Gewöhnung an Gerüche

An Gerüche gewöhnt man sich schnell, vor allem dann, wenn sie nicht alarmierend oder sehr unangenehm sind. Das Alltagsleben liefert dazu zahllose Beispiele. Beim Betreten einer Bäckerei oder eines Grillrestaurants werden wir von Geruchseindrücken überflutet, die wir nach eine Weile jedoch kaum noch registrieren. Bei Besitzern von Hunden, Katzen, Meerschweinchen oder anderen Haustieren hängt manchmal ein typischer Tiergeruch in der Wohnung, der dem Besucher allerdings oft schon nach einer Minute gar nicht mehr auffällt. Im allgemeinen führt die anhaltende Wahrnehmung eines Geruchs zu einer Verminderung der empfundenen Intensität. Aber auch der umgekehrte Fall gilt: Ein Geruch, dem man eine Weile nicht mehr begegnet ist, fällt bei einer neuerlichen Konfrontation besonders auf.

Dieses für alle Sinnesorgane geltende Phänomen wird als Adaption bezeichnet. Es bedeutet, daß sich die Sensibilität eines Sinnesorgans auf die jeweiligen Umstände, das heißt auf die Dauer und die Intensität des Reizes, »einpendelt«. So kann die Lichtempfindlichkeit des Auges um einen Faktor von zehn Millionen differieren, für das Gehör liegt er ungefähr bei hunderttausend. Mit diesem Aspekt des Geruchssinns hat man sich immer schon intensiv befaßt. Einen regelrechten Adaptionseffekt können wir beim Essen beobachten: Von Ausnahmen einmal abgesehen, werfen wir nicht alles durcheinander, sondern nehmen nacheinander verschiedenartige Bestandteile einer Mahlzeit zu uns. Indem wir Geruch und Geschmack durch eine bestimmte Varianz stimulieren, erreichen wir ein optimales Geschmackserlebnis und halten auch den Adaptionsgrad beider Sinnesorgane in gewissen Grenzen.

Der Geruchssinn kennt zwei Formen der Adaption. *Selbstadaption* bedeutet, daß die Geruchsempfindung sowohl vom Zeitfaktor der Wahrnehmung als auch von der Intensität des Reizes abhängig ist. Der Begriff *Kreuzadaption* besagt, daß die Gewöhnung an einen bestimmten Geruch die Sensibilität für andere Gerüche beeinflussen kann.

Bei Adaptionstests läßt man die Versuchsperson einen Geruch über einen bestimmten Zeitraum und in einer bestimmten Konzentration riechen. Dieser Geruch wird als adaptierender Stimulus bezeichnet. Anschließend ermittelt man den Schwellenwert für denselben Geruchsstoff (Selbstadaption) oder für einen anderen (Kreuzadaption). Es liegt auf der Hand, daß sich die Schwellenwerte bei der Selbstadaption proportional zur Wirkungsdauer und Intensität des adaptierenden Stimulus erhöhen. Ein gradliniger Zusammenhang ist hier jedoch nicht zu erkennen, zudem sind die Reaktionen von Substanz zu Substanz unterschiedlich.[87] Wenn ein adaptierender Geruch lange inhaliert wird, schwächt sich die Wirkung auf den Schwellenwert ab einem bestimmten Zeitpunkt ab. Zudem erzeugen kurzfristige und starke Reize im allgemeinen einen relativ großen Sensibilitätsverlust. Demgegenüber stellt sich die Sensibilität in den ersten Minuten am schnellsten wieder ein (ein Prinzip, das auch für andere Sinnesorgane gilt). Die Adaptionskurve macht also sozusagen einen Knick, was bedeuten könnte, daß hier zwei unterschiedliche Mechanismen einwirken. Möglicherweise handelt es sich dabei um einen schnell ablaufenden zentralen Prozeß im Gehirn und eine wesentlich langsamere Veränderung im Geruchsorgan selbst (bzw. umgekehrt), aber das muß nicht per se der Fall sein. Auch die Adaptionskurve des Auges an Dunkelheit weist einen solchen Knick auf. Dieser ist allerdings durch die unterschiedlichen Adaptions- und Regenerationstechniken lichtempfindlicher Zellen auf der Netzhaut bedingt.

Durch Untersuchungen im Bereich der Adaption und Kreuzadaption will man nicht nur weitere Erkenntnisse über die Funktion des Geruchsorgans und des Riechhirns sammeln, sondern auch mehr über die wechselseitigen Übereinstimmungen und Unterschiede zwischen den Geruchsstoffen erfahren.[88]

Wenn ein Stoff die Wahrnehmung eines anderen abschwächt, scheint die Annahme begründet, daß diese Stoffe auf eine vergleichbare Art und Weise vom Geruchsorgan verarbeitet werden, auch wenn sie in ihrer chemischen Struktur unterschiedlich sind. Wenn die Kreuzadaption und die Selbstadaption fast gleich stark sind, könnte man eventuell davon ausgehen, daß dieselben Rezeptoren bei der Wahrnehmung des fraglichen Stoffes eine Rolle spielen und die betreffenden Stoffe einander vielleicht sehr ähnlich sind. Leider sind die auf diesem Gebiet vorliegenden Befunde alles andere als eindeutig. Kurz einige Forschungsergebnisse, die im übrigen teilweise umstritten sind.

Die Wirkung, die der Geruch A auf die Wahrnehmung von B ausübt, ist in vielen Fällen ganz anders als der Effekt von B auf die Perzeption von A; die meisten kreuzadaptiven Beziehungen verlaufen also nicht symmetrisch. Außerdem ist es möglich, daß der eine Stoff die Wahrnehmung des anderen stärker adaptiert als die eigene; in einem solchen Fall ist die Kreuzadaption ausgeprägter als die Selbstadaption. Schließlich scheint bei der Kreuzadaption in sehr seltenen Fällen eine Verstärkung vorliegen zu können, bei der die Konfrontation mit einem bestimmten Geruch die Sensibilität für einen anderen Stoff *verbessert*. Auch in diesem Bereich steckt die Forschung noch in einer Sammelphase, und die beobachteten Phänomene sind zur Zeit kaum ausgewertet und interpretiert. Es ist sogar größtenteils nicht deutlich, welche Mechanismen für die (Selbst-)Adaption verantwortlich sind. Sowohl auf der peripheren (Sinneszellen) wie auch auf zentraler (Riechhirn) Ebene wird die Geruchswahrnehmung durch zahllose Faktoren beeinflußt.

Im Riechorgan selbst brauchen die geruchsbindenden Proteine in den Membranen der Sinneszellen eine gewisse Zeit der Regeneration, nachdem sie mit einem Geruchsstoff in Kontakt waren, und auch die Sinneszellen selbst sind nicht in der Lage, eine erhöhte elektrische Aktivität über einen längeren Zeitraum zu erhalten. Nach einer Entladung müssen sie wieder ein Ruhepotential aufbauen, indem sie Ionen nach außen pumpen. Diese chemischen Prozesse verlaufen jedoch so schnell, daß die Adaption nicht auf diese Weise erklärt werden kann. Eine andauernde Stimulierung durch ein und denselben Geruch verzögert zwar in gewisser Weise diverse chemische Prozesse in den Sinneszellen, aber einige Geruchsrezeptoren funktionieren auch bei Adaption normal weiter. Man hat dies anhand des folgenden Versuchs nachweisen können.[89]

Einem schlafenden Kind wird einige Sekunden lang ein Tuch mit einem Geruchsgemisch (Heptanal und Amylacetat) vor die Nase gehalten. Das Kind wird daraufhin unruhig, und sein Atemrhythmus verändert sich, aber es schläft normal weiter, wenn der Geruch nicht zu stark ist. Wenn man diesen Vorgang nach einer halben Minute wiederholt, wird die Reaktion des Kindes schwächer, bis daß es nach weiteren Wiederholungen überhaupt nicht mehr reagiert. Läge in diesem Fall eine allgemeine Ermüdung und Erschöpfung auf der Ebene chemischer Prozesse innerhalb der Sinneszellen vor, müßte man erwarten, daß das Kind auch anschließend nicht mehr auf einen der Bestandteile des Gemisches reagieren würde. Dies ist jedoch nicht der Fall. Tränkt man das Tuch nur mit Amylacetat, reagiert das Kind erneut so, als würde es sich um einen neuen Stimulus handeln.

Eine weitere Frage lautet, ob die Stimulierung des einen Nasenlochs die Geruchswahrnehmung und den Adaptionszustand des Riechorgans auf der anderen Seite beeinflußt.

Dazu die kurze Wiedergabe eines komplizierten Versuchs. Nachdem die Testperson einen sehr hoch konzentrierten Stimulus eingesogen hatte, wurde der Adaptionsgrad gemessen. Dasselbe geschah auf der Basis wechselnder, wesentlich niedrigerer Konzentrationen. Bei dem eigentlichen Experiment mußten Kombinationen zweier Reize, bestehend aus einem starken und einem der schwachen Reize, von beiden Nasenlöchern in einem Atemzug aufgenommen werden. Dadurch sollte so weit wie möglich ausgeschlossen werden, daß der Stimulus auf der einen Seite über den Nasenrachen (die Verbindung zwischen Mund- und Rachenraum) das Geruchsorgan auf der anderen Seite wesentlich beeinflussen konnte. Anschließend wurde der Adaptionszustand der Riechorgane getrennt ermittelt. Wenn sie einander nicht beeinflußten, hätte ihr Sensibilitätsverlust sehr unterschiedlich sein müssen. Dies war jedoch nur teilweise der Fall. Zwar war das stark stimulierte Riechorgan stärker adaptiert, aber ein nicht unwesentlicher Prozentsatz des Sensibilitätsverlustes des einen Riechorgans war der Adaption des anderen zuzuschreiben. Kurzum, ein stark stimuliertes Geruchsorgan beeinflußt seinen schwach stimulierten Nachbarn (und bis zu einem gewissen Grad umgekehrt). Da dies auch mit anderen Stoffen nachgewiesen werden konnte, läßt sich sagen, daß die beiden Riechorgane einander wechselseitig beeinflussen.[90]

Verantwortlich für derartige Verknüpfungen sind die olfaktorischen Bulbi, wo die Geruchssignale eintreten. Wenn diese gut miteinander kommunizieren können, wirkt sich die Aktivität in dem einen Geruchsorgan auf die Sensibilität des anderen aus. Untersuchungen bei Ratten haben (tatsächlich) ergeben, daß das soeben beschriebene Phänomen fast vollständig aufgehoben wird, wenn die vordere Querverbindung zwischen den Großhirnhälften *(Commissura anterior)* durchtrennt wird.

Damit ist die Geschichte jedoch noch nicht zu Ende. Die Riechorgane beeinflussen sich auch aufgrund der Architektur der Nasen- und Rachenhöhle. Dies konnte durch einen Versuch nachgewiesen werden, bei dem einer Ratte einer der olfaktorischen Bulbi durch einen operativen Eingriff entfernt wurde, während man gleichzeitig das gegenüberliegende Nasenloch abschloß. Auch durch das verbliebene Nasenloch war das Tier noch in der Lage, Gerüche wahrzunehmen.[91] Dies läßt sich nur dadurch plausibel erklären, daß der Riechstoff das unbeschädigte Geruchsorgan über den Nasenrachen erreicht.

Im übrigen sollten wir uns davor hüten, das Ausbleiben einer wahrnehmbaren Verhaltensänderung auf die Adaption zurückzuführen und davon auszugehen, daß die Wahrnehmung in ihrer Gesamtheit nicht durchgedrungen wäre. Es gibt nämlich Hinweise darauf, daß Geruchsstoffe, die aufgrund der Adaption oder aus anderen Ursachen (wie eine Anosmie) nicht wahrgenommen werden, in manchen Fällen den elektrischen Widerstand der Haut beeinflussen, so daß die Information letztendlich doch im (autonomen) Nervensystem verarbeitet wird.

Obwohl noch vieles im Dunklen liegt, nimmt man an, daß sich der Adaptionsprozeß sowohl im Sinnesorgan als auch (auf verschiedenen Ebenen) im Gehirn abspielt.[92] Adaption kann vielleicht nicht ausschließlich als eine verminderte Reaktion von Sinneszellen der Nase infolge eines Erschöpfungszustands angesehen werden. Beim Geruch hat dieser Sensibilitätsverlust auch mit Habituation bzw. Gewöhnung oder »Überdruß« auf der Ebene des Gehirns zu tun. Auf Dauer werden die Geruchssignale ignoriert, auch wenn sie fast noch ebenso klar und deutlich eindringen wie in der ersten Phase der Stimulation. Die fraglichen Stoffe werden erst dann wieder bewußt wahrgenommen, wenn sich ihre Zusammensetzung ändert oder der Betroffene sich auf den Geruch konzentriert. In dieser Hinsicht ist der Geruch mit dem Gehör vergleichbar. Auf Dauer ist man sich des Tickens einer Uhr nicht mehr bewußt, man hört es jedoch wieder, wenn man nach der Uhrzeit gefragt wird oder wegen eines Termins auf die Zeit achten muß.

Zusammenfassend läßt sich sagen, daß Adaption und Habituation beim Geruch nicht leicht voneinander zu unterscheiden sind, da die Geruchsorgane auf unterschiedliche Art miteinander kommunizieren, und dies sowohl über den Nasenrachen als auch über Querverbindungen im Gehirn. Im übrigen ist dies ein Problem, das sich nicht bei allen Tierarten stellt. So ist beim Krebs Gewöhnung ausschließlich ein Merkmal des Geruchsorgans selbst. Untersuchungen zur Adaption bei den Chemorezeptorzellen des Krebses *Homarus americanus* haben gezeigt, daß eine wichtige

Funktion seines Sinnesorgansystems im Reagieren auf *Veränderungen* der Stimulusstärke liegt.[93] Dieses Tier besitzt Rezeptoren in den Füßen, die in der Lage sind, Ammoniumverbindungen zu entdecken, und weniger auf die Stärke der Konzentration als auf deren Veränderungen reagieren. Bei einer allmählichen Erhöhung der Konzentration von Ammoniumchlorid (Salmiak) »feuern« die Sinneszellen im allgemeinen ebenso häufig wie im Ruhezustand. Ähnliches ist beim Reaktionsmuster des Frosches auf Temperaturschwankungen zu beobachten. Setzt man einen Frosch in einen Topf mit warmem Wasser, wird er versuchen zu flüchten, wenn man das Wasser hingegen langsam erwärmt, wird er nichts bemerken und sich zu Tode kochen lassen.

Die Quantität beeinflußt die Qualität

Bei allen Sinnesorganen bleibt eine Veränderung der quantitativen Eigenschaften eines Stimulus nicht ohne Folgen für die qualitativen (psychologischen) Merkmale der anschließenden Wahrnehmung. So kennen wir im Bereich der optischen Wahrnehmung das *Bezold-Brücke-Phänomen*, demzufolge eine wahrgenommene Farbe auf einer gleichbleibenden Wellenlänge mit der Lichtintensität variiert. Analog dazu treten beim Hören bei wechselnder Lautstärke Variationen in der wahrgenommenen Tonhöhe auf (der *Zurmühl-Stevens-Effekt)*. Dies macht deutlich, daß Sinnesorgane keineswegs starre oder »objektive« Registrationsinstrumente sind, sondern biologische Systeme, die – in Wechselwirkung mit den betreffenden Bereichen des Gehirns – nicht nur Informationen einholen, sondern ihnen auch unterschiedliche Formen oder Inhalte geben.

Dieses Prinzip ist auch auf den Geruch anwendbar. Je nach dem Grad seiner Konzentration kann ein und derselbe Geruchsstoff sehr unterschiedliche Geruchsempfindungen auslösen. Typisches Merkmal vieler Stoffe ist ein zweifacher (oder selbst dreifacher) Eindruck. Dies bedeutet, daß ungleiche Mengen auch unterschiedliche Impressionen erzeugen.[94] Darüber hinaus läßt sich sagen, daß nicht wenige üble Gerüche bei abnehmender Konzentration nicht nur erträglicher werden, sondern allmählich sogar einen angenehmen Duft verbreiten können – ein Phänomen, für das man bis jetzt noch keine Erklärung gefunden hat. Nachfolgend einige Beispiele für einen solch qualitativen Umschlag bei einer veränderten Konzentration.

In der Parfümindustrie findet das Indol reichlich Verwendung, eine Verbindung, die die Grundlage des nach Fäkalien riechenden Stoffes Skatol bildet, in niedrigen Konzentrationen jedoch einen Blumenduft ausströmt. Das recht aggressiv riechende Tetrahydrothiophen, das auch Erdgas zugefügt wird, beginnt bei starker Verdünnung einen Kaffeegeruch zu entwickeln. Zibet, das Ausscheidungsprodukt einer Drüse an den Geschlechtsorganen der Zibetkatze, hat in hohen Konzentrationen einen durchdringenden und unangenehmen Geruch, während es bei niedrigen Konzentrationen einen herrlichen Duft besitzt und aus diesem Grunde vor allem im Fernen Osten sehr beliebt ist. Amber stammt aus dem Darm des Pottwals. Bei dieser Substanz handelt es sich vermutlich um verwesendes oder pathologisches (krebsartiges) Gewebe, das in kleinen Klumpen im Meer treibt. Früher pflegte man daraus kleine Kugeln, sogenannte *Pomanders*, zu formen, die man zum Schutz gegen Krankheiten wie die Pest und selbst als Aphrodisiakum an einer Halskette trug.[95]

Heptanol, das in hohen Konzentrationen einen erstickenden Geruch verbreitet, wird in kleinen Mengen in Parfüms verarbeitet und strömt dann einen sehr angenehmen Duft aus. Ozon reizt die Atemwege und ist in großen Mengen in der Luft sogar giftig (zu dichter Verkehr an einem heißen, windstillen Tag), in niedrigen Konzentrationen hingegen riecht es frisch und angenehm.

Kurzum, es gibt nicht wenige notorische Luftverpester, die bei geringerer Intensität nicht nur weniger unangenehm riechen, sondern sogar sehr angenehm duften können. Ausnahmen gibt es allerdings auch hier. So nimmt der aromatische, ein wenig nach Holz duftende Kampfer bei Verdünnung zunehmend einen urinartigen Geruch an.

Ein gefährliches Beispiel ist der giftige Schwefelwasserstoff. In geringen Mengen haftet ihm der Geruch fauler Eier an, während er in einer hohen Dosierung geruchlos ist.

In Ölraffinerien kann Schwefelwasserstoff unbemerkt in hohen Konzentrationen freikommen; dies hat im Laufe der Zeit nicht wenige Menschen das Leben gekostet.[96]

Eine andere Regel besagt, daß man einen angenehmen Duft in Maßen genießen soll, da er in hoher Intensität den Trigeminusnerv überreizt und damit für die Geruchsempfindung das genaue Gegenteil bewirkt. Die äußere Nase beginnt zwar nicht zu schmerzen, aber das Atmen durch die Nase wird unangenehm, die Augen beginnen zu tränen, die Wangen spannen sich. Meistens beginnt man dann durch den Mund zu atmen oder weicht, solange der Reiz einwirkt, ein paar Schritte zurück beziehungsweise schlägt eine andere Richtung ein. Kleine Kinder, die den Duft von Blumen lieben und möglicherweise noch kein optimal entwickeltes trigeminales System besitzen, neigen dazu, die Dose mit dem Toilettenspray sehr verschwenderisch zu benutzen.[97] Möglicherweise wirkt ein solches Spray auf Kinder weitaus weniger atemberaubend, und sie mögen diesen Duft auch in hoher Konzentration. Die Sprühdose auf der Toilette funktioniert übrigens nicht nach dem Prinzip, daß man »etwas anderes« riecht. Wenn Geruchsstoffe in sehr *ungleichen* Mengen vermischt werden, wird der eine Geruch durch den anderen mehr oder weniger überdeckt (Maskierung, im Gegensatz zu Synergie oder wechselseitiger Verstärkung – auf die verschiedenen Geruchsmischungen werden wir noch zu sprechen kommen).

Geruchsbelästigung und Gemische

Das Aroma von frisch gebrühtem Kaffee und Tee oder von geröstetem Brot mit zerschmelzender Butter und Käse wird im allgemeinen als angenehm empfunden, sogar in Kombination mit dem Duft von Aftershave und Parfüm, während der Qualm chemischer Fabriken und die Abgase rasender Autos wenig angenehme Empfindungen auslösen. Fast alle Alltagsgerüche haben trotz ihrer Verschiedenartigkeit eine Eigenschaft gemein: Es sind keine reinen Geruchsstoffe, sondern Gemische.

Ein mit der traditionellen Geruchsforschung verbundenes, immer wiederkehrendes Problem liegt darin, daß im allgemeinen mit reinen Geruchsstoffen gearbeitet wird, während diese in der Natur kaum vorkommen. Gerüche sind fast immer unrein und bis auf seltene Ausnahmen Bestandteile von Gemischen mit vielfältigen Komponenten, die ihren jeweils spezifischen Beitrag zu der jeweiligen Melange liefern. So ist das Aroma von Kaffee oder Cognac, von Apfelsinenschalen und gebratenem Fleisch aus Hunderten von Stoffen aufgebaut, und der widerwärtige »Cocktail«, der sich in den sogenannten »sick buildings« zusammenballt, besteht sogar aus über tausend Substanzen (Tabakrauch, Körpergerüche, Parfüms, Ausdünstungen von Teppichböden, schlecht gefilterte Luft usw.). Da wir zwei Riechorgane haben, mischt die Nase in gewisser Weise auch noch mit. Dennoch haben wir nicht den Eindruck einer »gespaltenen« Geruchsempfindung, so wie uns auch beim Sehen und Hören nicht permanent bewußt ist, daß wir dies mit zwei Augen und zwei Ohren tun.

Die wahrgenommene Intensität eines Gemisches ist so gut wie nie die Summe der Intensität seiner Bestandteile – eine Erkenntnis, die unter anderem bei der Bekämpfung von übermäßiger Geruchsbelästigung wichtig ist. Gestank wird selten durch nur einen Stoff in einem Gemisch verursacht, viel ausschlaggebender ist die Interaktion zwischen den unterschiedlichen Substanzen. Ferner ist es möglich, daß ein übelriechendes Gemisch einen noch schlimmeren Gestank verbreitet, wenn man einen der Übeltäter entfernt, da sich die Stoffe auch wechselseitig kompensieren oder neutralisieren können. So kann es im Prinzip durchaus gelingen, Gestank mit Gestank zu bekämpfen. Ein Luftverpester kann die Wirkung des anderen ungeschehen machen, vorausgesetzt, die jeweiligen Konzentrationen sind sehr *un*gleich. Zu allem Unglück ist es möglich, daß sich der Gestank eines Gemisches verschlimmert, wenn ein Chemiker der Gesamtmischung in guter Absicht einen angenehmen Geruch zusetzt, und selbst geruchsneutrale Stoffe können die subjektiven Eigenschaften des Ganzen verstärken. Die wahrgenommene Intensität eines Gemisches hat also ihre Tücken und ist selten vorab einzuschätzen.

Ein Zahlenbeispiel, um zu verdeutlichen, was alles möglich ist: Beim Mischen zweier Geruchsstoffe a (fiktive Intensität 5) und b

(Intensität 7) sind folgende Ergebnisse möglich: Summe (ab = 12), Teilsumme (zum Beispiel ab = 10), ein Kompromiß (ab = 6), Neutralisation oder teilweise Auslöschung (ab = 0 oder ein anderer Wert unter 5) und Verstärkung oder Synergie (wie beispielsweise ab = 15). In vielen Fällen ist die Intensität eines Gemisches eine Teilsumme der Intensität seiner Bestandteile. Für diese Erscheinungen wurde ein mathematisches Modell entwickelt, das hier jedoch nicht zur Sprache kommen soll. Das Modell ist zutreffend, wenn es um die Bestimmung des allgemeinen Eindrucks geht, den Geruch und Geschmack zusammen zu erzeugen.[98]

Als eine Art Faustregel kann gelten, daß Addition und Synergie vor allem bei geringen Konzentrationen vorkommen. So ist die Intensität eines Pyridingemisches, eines Stoffes, der insbesondere im Zusammenhang mit der Erhebung von Alkoholsteuern dem Brandspiritus zugesetzt wird, sowie der Geruch fauler Eier schon in kleinen Mengen synergetisch. Zu Kompromißbildungen und Neutralisierungen kommt es hingegen hauptsächlich bei höheren Konzentrationen und einem sehr *un*gleichen Mischungsverhältnis.

Manche Wissenschaftler vertreten die These, daß die Gerüche eines Gemisches von derselben Rezeptorengruppe des Riechorgans wahrgenommen werden.[99] Wenn die Kapazität der betreffenden Sinneszellen bei einer hohen Konzentration optimal genutzt ist, wird es bei noch höheren Konzentrationen problematisch, da die Stoffe dann miteinander »konkurrieren« müssen, um sich an die Rezeptor-Proteine binden zu können. Theoretisch kann dies zu einem Kompromiß bis hin zur völligen Ausschaltung von Gerüchen führen. Diese Erklärung ist allerdings nur teilweise befriedigend. So maskiert ein Zitronengeruch bei ausreichender Konzentration den Geruch von Essig. Umgekehrt ist dies jedoch nicht der Fall; Essiggeruch ist nicht in der Lage, Zitronengeruch zu vertreiben. Viele Tarneffekte sind asymmetrisch. Wieso dies so ist, ist bei weitem nicht in allen, jedoch in einigen Fällen bekannt.

Man hat Testpersonen an Fläschchen riechen lassen, in denen sich ein Stoff befand, den man zunehmend höher konzentrierte. Nach jedem Inhalieren wurde eine relativ lange Pause gemacht, um den Sensibilitätsverlust wieder aufzuheben. Die Versuchspersonen wurden aufgefordert, die wahrgenommene Intensität anzugeben, um aus diesen einzelnen Einschätzungen den Zusammenhang zwischen der Konzentration und der subjektiven Intensität zu ermitteln. Diese Relation wird in einer Graphik durch eine »Anstiegsfunktion« dargestellt (die meistens ein exponentielles Aussehen hat). Im Endeffekt erhält man für jeden Stoff eine Anstiegsfunktion.

Bei den einwertigen Alkoholen haben Propanol und Dodecanol etwa dieselbe Anstiegsfunktion. Bei Heptanol nimmt die wahrgenommene Intensität bei proportionaler Erhöhung der Dosis hingegen erheblich langsamer zu. Angenommen, man würde aus Propanol und Heptonal ein Gemisch herstellen und dieses, um seinen Gestank abzuschwächen, verdünnen, so würde der Geruch von Heptanol relativ stärker, und das ganze Unterfangen bliebe recht wirkungslos. Hinzu kommt das Problem, daß die Adaptionsgeschwindigkeit der Nase nicht bei allen Stoffen gleich ist. Beispielsweise verläuft die Gewöhnung an Propanol in einem höheren Tempo als die an Naphtalen. Bilden diese beiden Stoffe ein Gemisch, so werden wir nach einer Weile nur noch den Geruch von Naphtalen wahrnehmen.[100]

So ist es kaum möglich, allgemeine Regeln zur Bekämpfung übermäßiger Geruchsbelästigung aufzustellen. In vielen Fällen wird man erst durch Schaden klug werden müssen, es sei denn, alle Stoffe, ihre Komponenten sowie die Adaptionsgeschwindigkeit und die Anstiegsfunktionen wären bekannt. Meistens kann man auf ein solches Wissen jedoch nicht zurückgreifen.

Die Industrie wäre von daher besser beraten, die Quellen der Geruchsbelästigung so weit wie möglich selbst zu bekämpfen, statt beispielsweise zu versuchen, die Luftverpester mit anderen Geruchsstoffen zu maskieren – ein solch unbekümmertes Zusammenwürfeln der unterschiedlichsten kaschierenden Stoffe kann immer wieder neue Probleme produzieren. Im Falle unterschiedlicher Adaptionsgeschwindigkeiten wird sich ein Gestank letztendlich mit einer kleinen Verzögerung erneut breitmachen.

Ferner ist es möglich, Räume mit Hilfe von Oxydationsmitteln wie Wasserstoffperoxyd und Chlor bzw. mit Asorptionsmitteln auf der Basis von Silicagel, Aluminiumhydroxyd oder Porzellanerde geruchsfrei zu machen.

Diese Stoffe haben allerdings den Nachteil, daß sie üblen Gestank und angenehme Düfte gleichermaßen vertreiben. Als Alternative wäre folgendes denkbar: Methanbakterien können organisches Material abbauen und in Biogas umwandeln – ein Prozeß, bei dem allerdings der stinkende und giftige Schwefelwasserstoff freikommt. Dieser Stoff kann mit Hilfe von Natronlauge zwar neutralisiert werden, aber diese Substanz ist wiederum umweltschädlich. Die Zwischenlösung sieht so aus, daß man den Bakterien größtenteils den Abbau des Schwefelwasserstoffs überläßt, während eine kleine Menge Natronlauge den Rest besorgt. Es gibt einige Kläranlagen, die sich diese Technik zunutze machen.

Als letztes wäre in diesem Zusammenhang folgendes Problem zu nennen. Mit der zunehmenden Konzentration von Geruchsstoffen wird auch das trigeminale System stärker stimuliert. Chlor, um ein extremes Beispiel zu nennen, vertreibt zwar alle möglichen Gerüche, ist jedoch selbst im wahrsten Sinne des Wortes atemberaubend. Raumsprays sind vor allem bei nicht sehr intensiven Gerüchen, die sich auch von selbst wieder verflüchtigen würden, effektiv. In Olfaktometern verwendet man aktivierte Holzkohle zur Reinigung der Luft, bevor man diese mit einem Geruchsstoff mischt.[101] Holzkohle filtert jedoch alle Gerüche, also auch unschädliche oder angenehme. Außerdem wäre es ein ausgesprochen kostspieliges Unterfangen, wenn man Holzkohle zur Geruchsbekämpfung im großen Maßstab verwenden würde.

Eine Variante der Geruchsbelästigung kann auch bei billigen Parfüms auftreten. Viele dieser Riechstoffe bestehen aus Stoffgemischen deren Komponenten sich in unterschiedlicher Geschwindigkeit verflüchtigen und/oder in ihrer Adaptionsgeschwindigkeit nicht übereinstimmen. Dies kann recht dramatische Folgen haben.

Verströmt das Gemisch zunächst einen angenehmen Duft, beginnt es nach einer Weile aufdringlich zu riechen. Abgesehen davon kann ein Parfüm durch seine Verbindung mit dem jeweiligen Körpergeruch, durch chemische Reaktionen mit Stoffen, die sich auf der Haut befinden u.ä. bei unterschiedlichen Personen auch sehr andersartige Duftnoten entwickeln.

Analyse und Identifizierung von Gemischen

Das Geruchsorgan kann einige hunderttausend Gerüche voneinander unterscheiden, wenn diese einzeln präsentiert werden. Aber aufgepaßt: Unterscheiden ist nicht gleichbedeutend mit erkennen oder benennen. Den Unterschied zwischen trans–2-Hexenal (fruchtig) und trans–2-Dezenal (ranzig) zu erkennen, ist kein Problem, auch wenn man nicht weiß, um welche Stoffe es sich handelt.[102] Aber was geschieht, wenn Hexenal und Dezenal vermischt werden? Wie gut kann die Nase verschiedene Komponenten in einem Gemisch erkennen? Zu dieser Frage können wir uns kurz fassen. Was das betrifft, sind die Leistungen unseres Riechorgans nicht sehr überzeugend. Man hat festgestellt, daß Gemische von zwei bekannten und vertrauten Gerüchen (verwendet wurden unter anderem Kampfer, Zitrone, Mandel, Essig und Pfefferminze) nur von 12 Prozent der Testpersonen richtig identifiziert wurden.[103] Bei aus fünf Gerüchen bestehenden Gemischen sank dieser Prozentsatz sogar bis null. Auch Profis, beispielsweise Parfümeure, erzielen kaum bessere Leistungen. Hier gelingt es nur 3 Prozent, alle Bestandteile eines fünfteiligen Gemisches richtig zuzuordnen. Auffallend ist auch, daß alle Gemische mit drei oder mehr Komponenten als gleich schwierig oder »nicht identifizierbar« beurteilt werden. In der Regel werden unangenehme Gerüche in einem Gemisch jedoch eher bemerkt und erkannt als angenehme.

Möglicherweise orientiert sich das Geruchsorgan bei einem Gemisch in erster Linie an nur einem Geruch, denn immerhin 80 Prozent der Versuchspersonen sind in der Lage, zumindest einen ausgeprägten, meist unangenehm riechenden Stoff, in einem Gemisch zuzuordnen. Die Dominanz eines bestimmten Geruchs kann damit zusammenhängen, daß die Identifikation von Gerüchen mit unterschiedlichen Reaktionszeiten einhergeht. Stoffe, die »unterdrückt« werden, benötigen vielleicht mehr Zeit, um erkannt werden zu können, so daß die Substanz, die buchstäblich den ersten Eindruck macht, die Bewertung des Gesamtgemisches wesentlich bestimmt. Allerdings hat sich diese Begründung als zweifelhaft erwiesen, da die Reaktionszeiten zwar unterschiedlich sind, aber nicht anzeigen, welche Stoffe bei der Identifizierung den Vorzug genießen.[104]

Bringen uns Gerüche in einem Gemisch in Verwirrung, weil wir nicht wissen, worauf wir achten sollen? Wird es für uns leichter, wenn wir unsere Aufmerksamkeit auf einen bestimmten Bestandteil begrenzen? Diese Möglichkeit wurde untersucht, indem man Versuchspersonen im Verlauf der ersten Testwoche aufforderte, sich auf einen Mandelgeruch zu konzentrieren und anzugeben, wann dieser in dem betreffenden Gemisch enthalten war. In der zweiten Woche wurde dies mit Pfefferminzgeruch gemacht, in der dritten mit Apfelsine usw.[105] Es zeigte sich, daß sich Leistungen zwar leicht verbesserten, die Ergebnisse insgesamt jedoch noch immer nicht sehr ermutigend waren. Offensichtlich weiß das Riechorgan mit der Analyse von Gemischen nicht recht umzugehen. Selbst wenn man zwei Riechfläschchen mit demselben Gemisch anbietet, werden sie in vielen Fällen unterschiedlich wahrgenommen. Noch häufiger ist der umgekehrte Fall zu beobachten. Läßt man aus einem Gemisch dreier Komponenten (zum Beispiel Linalol, Cineol und Carvon) eine Substanz weg, findet rund ein Drittel der Testpersonen, daß sich die Gemische nicht oder kaum unterscheiden.[106] Gemische werden also, kurz gesagt, meistens wie ein Geruch wahrgenommen.

Dennoch wäre es falsch, die analytischen Fähigkeiten der Nase zu unterschätzen. Es gibt auf diesem Gebiet einige Dinge, die schlichtweg nicht bekannt sind, weil die angewandten Untersuchungsmethoden nicht immer entsprechend sind, denn schließlich geht es um das Erkennen von *Bestandteilen* und nicht um den allgemeinen Eindruck einer Melange. Aus diesem Grunde wurden anhand einer Liste von 152 Beschreibungen (wie grasartig, aromatisch, fruchtig, ranzig, seifig, scharf, stinkend) Geruchsprofile verschiedener Stoffe erstellt.[107] Gleiches wurde bei Gemischen gemacht, die aus unterschiedlichen Konzentrationen diverser Komponenten bestanden. Ein solches Geruchsprofil muß als eine Frequenzverteilung von Beschreibungen gesehen werden, die Testpersonen von einem Geruch geben. Ein Vergleich von Geruchsprofilen gibt Aufschluß über den Grad der Übereinstimmung hinsichtlich des Eindrucks, den Gerüche hinterlassen. Die Ergebnisse zeigen, daß wir durchaus in der Lage sind, bestimmte Bestandteile von Gemischen zu erkennen. Eine Regel lautet: Je höher konzentriert eine der Komponenten wird, desto mehr wird das Profil der Gesamtmelange den Merkmalen dieses Stoffes gleichen. Der häufig zu beobachtende, abrupte Übergang zwischen einzelnen Profilen bedeutet, daß die Wahrnehmung von einem anderen Bestandteil beherrscht wird. Wenn sich die Untersuchungsmethoden stärker an der normalen Alltagspraxis des Identifizierens und Analysierens von Gerüchen und Geruchsmischungen orientieren, schneiden wir also offensichtlich gar nicht so schlecht ab und sind unter bestimmten Gegebenheiten in der Lage, Komponenten eines Gemisches zu erkennen.

Im übrigen ist diese Diskussion nicht ganz fair, stellt sich die gleiche Problematik doch auch bei den anderen Sinnesorganen. Nur musikalisch sehr geschulte Menschen sind in der Lage, einen auf dem Klavier angeschlagenen fünftonigen Akkord zu zergliedern; daß die Farbe Lila aus rot und blau besteht, haben wir in der Schule gelernt, und den meisten Menschen wird es nicht gelingen, ein Gemisch aus süß, salzig, sauer und bitter (den Grundgeschmacksrichtungen) zu entwirren.

Eine halb verstopfte Nase

Es kommt vor, daß beide Nasenkanäle verstopft sind, meistens ist dies jedoch nur bei einem der Fall. Nur ganz selten können wir durch beide Nasenlöcher gleichzeitig gut einatmen. Hierbei handelt es sich um einen Prozeß, der im zeitlichen Rhythmus einiger Stunden verläuft. Der Hintergrund dieses eigenartigen Phänomens ist rätselhaft. Wir hatten schon an anderer Stelle die Hypothese angesprochen, daß der Mensch eine »Wasseraffenzeit« durchlaufen haben soll, in der sich einer unserer Vorfahren – watend und tauchend – von Meerestieren und Pflanzen ernährt hat und analog zu anderen tauchenden Säugetieren einen kleinen Muskel besaß, mit dessen Hilfe er seine Nasenlöcher im Wasser verschließen konnte.[108] Vielleicht beruht die abwechselnde

Durchlässigkeit der Nasenöffnungen auf dem Rudiment dieses kleinen Muskels, was allerdings nicht erklären würde, warum dieser Prozeß rhythmisch verläuft. Ein anderer Erklärungsversuch hält diesen gleichmäßig verlaufenden Wechsel für nötig, um schädliche Einflüsse von außen einzudämmen. Wenn der eine Nasenkanal frei ist und »Dienst tut«, kann der andere eine Ruhepause einlegen, die der Schleimhaut die Gelegenheit gibt, sich zu erholen.[109]

In einem ungeklärten Zusammenhang damit steht auch das Phänomen, daß die Aktivität der beiden Hemisphären oder Gehirnhälften mit der Durchlässigkeit der Nasenlöcher mehr oder weniger korrespondiert. Wenn der rechte Nasenkanal geöffnet ist, entwickelt die linke Gehirnhälfte eine relative Aktivität und umgekehrt. Anatomisch läßt sich dies nicht erklären. Während die meisten Verbindungen zwischen dem Körper und dem Gehirn überkreuz verlaufen, sind die Verknüpfungen zwischen dem Gehirn und den Sinnesorganen anders strukturiert. Möglicherweise hat dieses Phänomen mit dem Geruch nichts zu tun, sondern es handelt sich um einen der vielen merkwürdigen »Reste« von Verhaltensmustern aus früheren Zeiten, die für unser Funktionieren nach wie vor mitbestimmend sind und die wir noch immer nicht einleuchtend erklären können.[110] Erwähnt werden sollte auch die These, daß ein forciertes Einatmen durch ein Nasenloch die gegenüberliegende Gehirnhälfte aktivieren kann – eine Methode, die bei der Behandlung leichter Depressionen durchaus Verwendung findet (und zwar durch intensives Luftholen durch das linke Nasenloch – wie und warum dies funktionieren soll, vermag auch niemand zu sagen).[111]

Die Richtung erriechen

Die Nase besitzt nicht nur zwei Eingänge, sondern, wie gesagt, auch zwei Riechorgane. Der Tatsache, daß diverse Organe in unserem Körper paarweise vorkommen, möchten Biologen gern eine bestimmte Funktion zuschreiben. Ein Reserveorgan ist sehr willkommen, vor allem, wenn das System gegen Beschädigungen oder Defekte empfindlich ist. Dies ist jedoch kein allgemein gültiges Prinzip.

Wir haben nur ein Herz, einen Magen, eine Leber, eine Bauchspeicheldrüse usw. Der biologisch-evolutionäre Mechanismus der Zellteilung wird wahrscheinlich nach dem Zufallsprinzip dazu geführt haben, daß einige unserer Organe paarweise ausgebildet worden sind.

Wie dem auch sei, der Mensch besitzt zwei Riechorgane, ebenso wie zwei Augen und Ohren. Ein doppelt ausgebildetes Sinnesorgan kann zweifellos mehr Informationen aufnehmen als ein einzelnes. Alle zweifach vorhandenen Sinnesorgane arbeiten intensiv zusammen. Wir haben beide Augen nötig, um räumlich sehen zu können, zwei Ohren, um eine Geräuschquelle zu lokalisieren. Kennt auch der Geruch eine solch enge Form der Kooperation? Ort und Richtung einer Geruchsquelle lassen sich oft ausmachen, indem man auf die Intensität der Reize achtet, aber gibt es auch Hinweise, daß der Mensch über eine gewisse Fähigkeit zum »Richtung-Erriechen« im eigentlichen Sinne verfügt?[112]

Im Rahmen eines entsprechenden Versuchs führte man in beide Nasenlöcher Teflonröhrchen ein, durch die man einen konstanten Luftstrom leitete. Anschließend wurde über das linke oder das rechte Röhrchen ein Geruchsstoff verabreicht. Von den Testpersonen wollte man erfahren, auf welcher Seite dies geschah. Die Ergebnisse waren, je nach Art der Gerüche, alles andere als eindeutig. Bei Kohlendioxyd registrierte man bei 985 Dosierungen nur zwei Falschmeldungen, bei Menthol waren es bei 913 Versuchen neun. Die Tests mit Vanille und Schwefelwasserstoff (dem Geruch fauler Eier) gaben ein völlig anderes Bild; bei Vanille kamen 394 Falschmeldungen auf 824 Versuche, während es bei Schwefelwasserstoff 441 bei 855 Versuchen waren. In den letzten beiden Fällen spielt es also nur eine geringe oder keine Rolle, auf welcher Seite die Geruchsstoffe angeboten werden.

Wie sind diese enormen Unterschiede zu erklären? Wie wir in Kapitel 2 gesehen haben, werden manche Gerüche nicht nur von der Nase, sondern auch vom Trigeminusnerv wahrgenommen. Kohlendioxyd und Menthol sind Stoffe, die diesen Nerv ganz offensichtlich aktivieren. Wenn der Trigeminusnerv auf einer Seite stimuliert wird, geht die Information (über die Richtung) bei der Verarbeitung im Gehirn nicht verloren. Dies ergibt durchaus einen Sinn, wenn man bedenkt, daß der Trigeminusnerv hauptsächlich auf aggressive Stoffe reagiert, denen man aus dem Wege gehen sollte, was problematisch wird, wenn ihre Herkunftsrichtung nicht auszumachen ist. Bleibt die Frage, warum dies kein allgemein gültiges Prinzip ist (Schwefelwasserstoff ist ebenfalls giftig) und warum das Riechorgan nicht die Fähigkeit besitzt, die Richtung *aller* Stoffe entsprechend zu orten. Durch die Lokalisierung einer Geruchsquelle ist es schließlich einfacher, einer Gefahr auszuweichen, Nahrung zu finden etc. Unsere Fähigkeit zu einem gewissen Richtung-Erriechen könnte mit der Tatsache zusammenhängen, daß Gerüche in erster Linie die rechte Hemisphäre beeinflussen, einen Bereich, der unter anderem für die räumliche Orientierung wichtig ist.

Theoretisch können auch die unterschiedlichen »Ankunftszeiten« im linken und rechten Riechorgan eine Rolle spielen. Die Identifikationszeiten von Gerüchen weisen erhebliche Differenzen auf, und eine Geruchsimpression ist keine Momentaufnahme oder eine Fotografie, sie besitzt, ähnlich einem Filmausschnitt, auch eine zeitliche Dimension.[113] Tatsächlich spielt die Zeitdifferenz, zusammen mit einer unterschiedlichen Intensität des Stimulus, eine Rolle. Zu letzterem wäre noch zu sagen, daß ein stark stimuliertes Nasenloch die Sensibilität des anderen beeinflußt, so daß auch auf diesem Wege einige Informationen über die Richtung gewonnen werden.[114]

Ein vielfach beobachteter Schwachpunkt in der Forschung liegt darin, daß man die Geruchsstoffe im allgemeinen in einem konstanten Luftstrom nur einem Nasenloch zuleitet. Wenn sich die Wahrnehmung auf nur ein Organ beschränkt, besteht die Gefahr einer Fehlinterpretation. Im Alltag sind Kopfbewegungen und fortwährendes Schnuppern, wie jeder weiß, gute Methoden, kleine Intensitätsunterschiede auszumachen und auf diesem Weg die Quelle zu entdecken – Verhaltensweisen, die in der Testpraxis im allgemeinen nicht zum Tragen kommen. Zukünftige Untersuchungen werden also ausweisen müssen, in welchem Maße und auf welche Weise es dem Geruchsorgan gelingt, die Richtung einer Geruchsquelle zu orten. Es wäre zweifellos wünschenswert, wenn man sich bei den entsprechenden Laborversuchen etwas stärker am natürlichen Ablauf des Riechens und Schnupperns orientieren würde.

4. Der Geruchssinn in den verschiedenen Lebensphasen

Ebenso wie die anderen Sinnesorgane entschlüsselt der Geruchssinn einen Teil der uns umgebenden Wirklichkeit. Dies geschieht nicht unbedingt auf eine objektive oder rationale Weise. Ebenso wie das Auge und das Ohr bearbeitet und selektiert der Geruchssinn die von außen kommende Information, wobei – wiederum in Analogie zu den anderen Sinnesorganen – eine große Anzahl physiologischer Prozesse, einschließlich unserer physischen Wünsche und Bedürfnisse, die Wahrnehmung und das Erleben von Gerüchen beeinflussen. Ebenso wie ein Hungergefühl die Vision eines Beefsteaks heraufbeschwören kann, ist auch das Geruchsorgan mit den Funktionen des Gesamtorganismus verbunden. Vermutlich spielt die genetische »Blaupause« bei der Funktionsweise des Geruchssinns eine Rolle, ebenso wie der Erfahrungshintergrund und Gewohnheiten wie Rauchen, Kokain schnupfen und ähnliches. Schließlich muß an eine Vielfalt mitbestimmender Faktoren gedacht werden, die außerhalb unserer Macht, beispielsweise im sozialen und gesellschaftlichen Bereich, liegen.

Da wir uns auch in diesem Kapitel auf einige wesentliche Schwerpunkte beschränken wollen, wird Beiläufiges und Skurriles kaum zur Sprache kommen. Um dennoch ein kleines Beispiel zu nennen: Es ist denkbar, daß eine (straff gebundene) Krawatte nicht ohne Folgen für das Geruchsempfinden seines Trägers bleibt. Krawattenträger benutzen relativ oft ein Aftershave und atmen möglicherweise auch etwas häufiger durch den Mund.

Thematisiert werden die Entwicklung des Geruchssinns im Laufe eines Lebens, die Auswirkungen des Alterungsprozesses auf das Funktionieren dieses Sinnesorgans und das unterschiedliche Geruchsvermögen bei Männern und Frauen. Auch soll zur Sprache kommen, wie sich das Rauchen, der Beruf, das Lebensumfeld und das kulturelle Umfeld auf das Riechen auswirken.

Gerüche in der Gebärmutter

Wahrscheinlich ist unsere erste – noch pränatale – sinnliche Wahrnehmung ein im Fruchtwasser aufgenommener Geruch.[115] Sie entsteht vermutlich nicht im Geruchsorgan, sondern im Vomeronasalorgan, das sich zwischen der fünften und achten Schwangerschaftswoche (siehe Kapitel 2) herausbildet. In einer späteren embryonalen Phase degenerieren die zwischen diesem Organ und dem Gehirn bestehenden Nervenverbindungen. Bei Erwachsenen ist die Höhle, in der dieses Organ gelegen hat, manchmal zwar noch vorhanden, aber sie enthält keine (funktionierenden) Nervenzellen mehr.

Auf dem olfaktorischen Epithel des menschlichen Fötus befinden sich in der neunten Woche bereits mit Riechhärchen besetzte Nervenzellen. Einen Monat später haben sich auch die olfaktorischen Bulbi gebildet, während es gleichzeitig zu einer erheblichen Zunahme von (Gehirn-)Zellen kommt, die Signale aus den Sinneszellen verarbeiten können. Auch das trigeminale System entwickelt sich früh und schnell und ist nach etwa drei Monaten mehr oder weniger funktionstüchtig. Grobgeschätzt läßt sich sagen, daß das ungeborene Kind ab dem fünften Monat riechen kann. Außerdem ist es durchaus vorstellbar, daß die in der Gebärmutterflüssigkeit gelösten Gerüche (ab diesem Zeitpunkt) Eindrücke fixieren, die für die physiologische wie auch frühpsychologische Entwicklung des Fötus von Bedeutung sind. (Ungeborene Kinder sind schon auf Geräusche zu konditionieren, um nur ein Beispiel zu nennen.) Darüber hinaus ist es möglich, daß das Geruchsgedächtnis bereits ab diesem Moment Assoziationen legt, die nach der Geburt für die dann in einem rasanten Tempo verlaufende mentale Entwicklung sowie für den Bindungsprozeß an die Mutter eine gewisse Bedeutung haben. Im übrigen spielen auch andere Sinnesorgansysteme, insbesondere das Gehör, schon vor der Geburt eine Rolle (Embryos reagieren durch Bewegungen auf Lärm).

Tierversuche haben sich in diesem Rahmen als informativ erwiesen. So identifiziert das Rattenjunge seine Mutter auch über den Geruch des Fruchtwassers.[116] Dies wurde nachgewiesen, indem man bei einigen schwangeren Weibchen durch einen kleinen operativen Eingriff Fruchtwasser sammelte. Acht Stunden nach der Geburt wurden junge Ratten auf eine Platte gesetzt, an der man rechts und links in 1 cm Höhe ein Wattestäbchen befestigt hatte. Diese Stäbchen waren entweder mit dem Fruchtwasser der Mutter oder einer nicht verwandten anderen Ratte getränkt. Es zeigte sich, daß die Jungen versuchten, sich dem Stäbchen mit dem Fruchtwasser ihrer Mutter zu nähern, den Kopf in die betreffende Richtung bewegten und hin und wieder auch Versuche unternahmen, an dem Stäbchen zu saugen.[117]

Um auszuschließen, daß der nach der Geburt entstandene Kontakt zwischen der Mutter und dem Jungen für dieses Verhalten verantwortlich war, wurde der Versuch auch an Ratten vorgenommen, die mit einem Kaiserschnitt zur Welt gekommen waren. Diese Tiere wurden erst gewaschen und abgetrocknet, bevor man sie auf die Platte mit den Wattestäbchen setzte. Auch hier ließen die Tiere eine Vorliebe für das mit dem Fruchtwasser ihrer Mutter getränkte Stäbchen erkennen. Aus diesem Experiment läßt sich also ableiten, daß das Geruchsorgan dieser Tiere bereits vor der Geburt funktioniert und sich in dieser Phase auch schon ein primitives »Geruchsgedächtnis« entwickelt hat. Auch menschliche Babys erkennen und bevorzugen den Geruch ihrer Mutter, vor allem den der Brüste, Achselhöhlen und des Halsbereichs.

In Kapitel 6 werden wir die biologische und soziale Relevanz dieses Phänomens besprechen. Zusammenfassend sei gesagt, daß ein Geruch unmittelbar nach der Geburt bestimmte Verhaltensweisen hervorrufen kann.

Der Geruchssinn bei Kindern

Babys entwickeln schon sehr früh eine Vorliebe für bestimmte Gerüche.[118] Wenn man Säuglingen Riechstreifen mit dem Aroma fauler Eier vor die Nase hält, wird man sehen, daß sie die Nase rümpfen und weinerlich das Gesicht verziehen, während der Geruch von Butter Saugbewegungen hervorlockt. Daraus läßt sich jedoch nicht schließen, daß Babys eine angeborene Abneigung gegen faule Eier haben. Möglicherweise ähnelt der Geruch von Butter dem vertrauten und sicheren Geruch der Mutter. Angenommen, die Mutter röche nach faulen Eiern, würden die Säuglinge auf Dauer vielleicht auch auf diesen üblen Geruch mit einem Saugverhalten reagieren. Völlig sicher kann man sich dessen jedoch nicht sein, denn die genannten Reaktionen wurden kurz nach der Geburt und noch vor der ersten Fütterung beobachtet.[119] Möglicherweise verlaufen Lernprozesse im Hinblick auf positiv besetzte Gerüche sehr rasch, aber auch Gerüche wie Vanille, Banane und Krabbe, die das Baby wohl zum ersten Mal zur Kenntnis nimmt, erzeugen spezifische Reaktionen. Offensichtlich stellt die Babynase schnell Assoziationen her und hat eine Vorliebe für das Vertraute. Zudem scheint es so etwas wie eine angeborene Präferenz für bestimmte Gerüche zu geben. Ab der Pubertät bleibt die hedonische Rangordnung von Gerüchen verhältnismäßig konstant.

Zunächst jedoch etwas zur Ausbildung des Geruchs bei sehr kleinen Kindern. Man ließ eine Gruppe von Ein- bis Fünfjährigen an einem Tisch spielen, an dessen einer Seite ein Schirm aufgestellt war.[120] Durch Öffnungen in diesem Schirm konnten unauffällig Gerüche in Richtung Tisch geblasen werden, deren Konzentrationen weit über dem Schwellenwert lagen. Dem Gesichtsausdruck der unterschiedlich alten Kinder war keine deutliche Vorliebe für einen bestimmten Geruch zu entnehmen. Die Ergebnisse waren insofern enttäuschend, als daß mehr als die Hälfte der angebotenen Stimuli überhaupt keine Reaktion auslösten. Dies läßt vermuten, daß kleine Kinder gegenüber Gerüchen im großen und ganzen tolerant beziehungsweise relativ gleichgültig sind.

Versuche dieses Typus haben allerdings Haken und Ösen. Wir sollten uns davor hüten, eine bestimmte Mimik ohne weiteres mit Begriffen wie Vorliebe oder Abneigung zu besetzen. Gesichtsausdrücke als Reaktionen auf Geruchswahrnehmungen sind längst nicht immer automatisch auftretende Reflexe, sondern häufig an Lernprozesse gebunden,[121] die wie bereits gesagt, schon in einer sehr frühen Lebensphase einsetzen. So sind Babys schon kurz nach der Geburt in der Lage, manche Gesichtsausdrücke Erwachsener zu imitieren. Zudem können eine Erkältung, Pollenkörner,

Sektblasen oder Pfeffer ebenso wie diverse Geruchsallergien ein nur schwer kontrollierbares Niesen und Schnupfen verursachen, das nicht zwangsläufig Ausdruck einer dauerhaften *Abneigung* sein muß. Auch Gegenteiliges ist zu beobachten. Wie wir wissen, kann der Anblick einer attraktiven Frau, parfümiert oder nicht, die Nasenschleimhaut eines Mannes so stark anschwellen lassen, daß ein Niesanfall droht – wobei dies nicht immer etwas über eine Vorliebe oder eine unwiderstehliche Anziehungskraft aussagt. Auch dem Gesicht eines leidenschaftlichen Rauchers sind beim Anzünden einer Zigarette hin und wieder Anzeichen einer Aversion abzulesen, zum Beispiel, weil ihm der Rauch in die Augen steigt. Auf die entsprechende Frage wird er jedoch in der Regel antworten, daß ihm die Zigarette schmeckt. Etwas Ähnliches gilt für Pfeffer, einen Stoff, der den Trigeminusnerv reizt, aber möglicherweise gerade dadurch in gemäßigter Dosierung als lecker empfunden wird.

Auch aus anderen Gründen ist die Untersuchung des Geruchsempfindens bei Kindern problematisch. Wenn es um den Zusammenhang zwischen dem Lebensalter und der Wahrnehmung geht, treten bei kleinen Kindern häufig Kommunikationsprobleme mit dem Versuchsleiter auf, die schon damit beginnen, daß Kinder unter zwei Jahren noch keine ausreichende Sprachkompetenz besitzen und Vergleiche mit anderen Altersgruppen somit sehr erschwert sind. Aber auch wenn das Kind gut spricht, sind die Probleme noch längst nicht aus der Welt. Bei kleinen Kindern spielt das merkwürdige und in diesem Zusammenhang ärgerliche Phänomen eine Rolle, daß sie Fragen unterschiedlichster Art oft nicht richtig begreifen und erst einmal dazu neigen, bei der Entscheidung zwischen ja und nein, einfach ja zu sagen. Wird ihnen dann eine weitere Frage gestellt, glauben sie, daß ihre vorige Antwort falsch war und sagen dann häufig nein.[122] Obwohl etwas ältere Kinder im allgemeinen einen recht guten Wortschatz haben, sollte man ihre Antworten nicht unbedingt als sehr zuverlässig oder bedeutungsvoll interpretieren.[123] So wird auch bei dieser Altersgruppe die Neigung deutlich, Fragen mit ja zu beantworten oder der (vermuteten) Erwartung des Fragenden zu entsprechen. Dies ist vor allem dann zu beobachten, wenn die Fragen in ungewohnten Situationen und von unbekannten Menschen gestellt werden.

Fragt man beispielsweise ein vierjähriges Kind: »Findest du, daß dies gut riecht?« wird es in vielen Fällen, ungeachtet des Geruchs, mit ja antworten.

Fragt man: »Findest du dies eklig?«, wobei der Geruch derselbe bleibt, wird man als Reaktion häufig wiederum ein Ja erhalten. Ein Unterschied liegt darin, daß in diesem Alter auch die *eigentliche* Bedeutung von »eklig« und »gut« eine Rolle spielt, so daß auf »eklig« weniger oft mit ja geantwortet wird als auf »gut«.[124] Allem Anschein nach sind die Antworten also teilweise durch ein »soziales Wunschdenken« bestimmt und durch Wortbedeutungen geprägt, die scheinbar etwas über die Art der Wahrnehmung aussagen. Hieraus könnte man folgern, daß Kinder üblen Gerüchen ganz und gar nicht so tolerant gegenüberstehen, wie das manchmal der Fall zu sein scheint.

Verschiedene Experimente haben deutlich gemacht, daß sich die Präferenz von Gerüchen ab einem bestimmten Alter deutlich verändert. Diese Metamorphose hat allerdings (auch) mit der Art der Befragung und dem Begriffsvermögen des Kindes zu tun. Mit fortschreitendem Alter begreifen Kinder das Wie und Warum eines Testes besser und geben »ehrlichere« Antworten, auch wenn Inkonsistenzen auch weiterhin an der Tagesordnung sind. Um Probleme dieser Art in den Griff zu bekommen, wurden diverse andere Methoden entwickelt. Ein Beispiel: Man läßt ein Kind sein liebstes Kuscheltier aussuchen (z. B. aus der Sesamstraße). Anschließend bietet man ihm zwei unterschiedliche Gerüche an und fragt, welcher Geruch beispielsweise zu Pino paßt und welcher zu einer Figur, die dem Kind nicht geheuer ist.[125] Auf diese Weise kann man indirekt entschlüsseln, was von einem Kind als angenehm bzw. als unangenehm empfunden wird und sogar die hedonische Rangordnung auf einer Geruchsskala festlegen.

Wissenschaftliche Untersuchungen haben ausgewiesen, daß bei Babys und kleinen Kindern keine Zäsur in der Geruchsempfindung gemacht werden kann.[126]

Wenn überhaupt ein solcher Umschlag auftritt, dann in der Pubertät, wo es zur Produktion von Geschlechtshormonen kommt. In dieser Lebensphase werden bestimmte Riechstoffe sehr plötzlich als angenehm empfunden (u. a. pheromonartige Stoffe wie

Androstenon und Moschus, Substanzen, gegen die kleine Kinder im allgemeinen eine Abneigung haben), während andere (Vanille und Erdbeere) als relativ unangenehmer eingeschätzt werden. Bezeichnend ist auch, daß Lavendel bei vielen Jugendlichen zwischen sechzehn und zwanzig zu einem absoluten Favoriten unter den Düften wird.

Erwachsene

Nach dem zwanzigsten Lebensjahr bleiben die hedonische Rangordnung und die Präferenz bestimmter Gerüche mehr oder weniger unverändert. Eine Ausnahme bildet das Tetrahydrothiophen, ein Stoff, der mit zunehmendem Alter als immer weniger störend empfunden wird.[127] Verallgemeinernd läßt sich sagen, daß bei den meisten Düften vor allem in den ersten zwanzig Lebensjahren individuelle Schwankungen auftreten, die Übereinstimmungen *innerhalb* der jeweiligen Altersgruppen jedoch auffallend groß sind. Wir wissen auch, daß die Werteskala bei kleinen Kindern und 10- bis 20jährigen einen wesentlich kleineren Bereich umfaßt als bei Erwachsenen. Oder um es anders auszudrükken: Mit den Lebensjahren werden die zwischenmenschlichen Unterschiede hinsichtlich der Präferenz wie auch der assoziative Wert von Gerüchen größer, während es im Alter wieder zu einer Verflachung oder Eingrenzung kommt.[128] So wird der Geruch von Dieselöl von älteren Menschen als weniger störend empfunden als von jüngeren.

Eine einleuchtende Erklärung für diese Phänomene und Veränderungen gibt es nicht.

Manche Forscher sind der Auffassung, daß die unterschiedlichen Gerüche im Wahrnehmungsprozeß unabhängig voneinander verarbeitet werden.[129] Beim Riechen soll eine »intrinsische Ordnung« gelten, nach der Gerüche in bestimmten Wahrnehmungskanälen kodiert werden. Die damit korrespondierende »Verdrahtung« bildet sozusagen die Hardware, die das Grundprinzip des gesamten Riechprozesses beinhaltet. Dieser Sichtweise entspricht auch, die begrenzte Anosmie oder Geruchsblindheit als einen partiellen Defekt innerhalb des Systems zu sehen. Demzufolge müßten Menschen, die für bestimmte Stoffe anosmisch sind, Stoffe, die sie riechen können, nach denselben Kriterien beurteilen wie Menschen mit einem »normalen« Geruchsvermögen. Vertreter dieser Auffassung gehen davon aus, daß eine Anosmie nur die Wahrnehmung bestimmter Gerüche beeinflußt. Möglicherweise stehen einander ähnelnde Geruchsprofile in bezug zu spezifischen Rezeptoren, »Verdrahtungen« und kleinen Bereichen im Gehirn.

Ältere Menschen

Mit den Jahren stellen sich unwiderruflich auch Gebrechen ein – trotz Ciceros Lobgesang auf das Alter.[130] Hiermit ist jedoch nicht gesagt, daß vor allem junge Menschen sehr gut riechen können. Da der Geruchssinn reifen muß, entfaltet sich seine Sensibilität nach Meinung der meisten Forscher erst zwischen dem dreißigsten und vierzigsten Lebensjahr zu voller Blüte. Mit dem Alter nimmt in vielen Fällen auch die Weisheit zu – was bedeutet, daß der assoziative Reichtum eines Geruchs mit der Zeit wachsen wird. Wie erfahren und nuanciert der Geruchssinn aber auch gewesen sein mag, im Alter bildet sich unsere Fähigkeit, Gerüche zu benennen, voneinander zu unterscheiden und – letztendlich – wahrzunehmen, allmählich zurück.

Bei den meisten Menschen bleibt das Geruchsvermögen bis zum fünfzigsten/sechzigsten Lebensjahr recht stabil – am ausgeprägtesten ist es, wie gesagt, zwischen dem dreißigsten und vierzigsten.[131] Bei älteren Menschen verläuft der Verlust des Riechvermögens, der die gesamte Palette an Düften umfaßt, graduell. Eine charakteristische Begleiterscheinung dieses Prozesses besteht darin, daß diese Rückentwicklung so langsam verläuft, daß sie von dem Betroffenen selbst meistens gar nicht bemerkt wird.[132] Man ist in dem Glauben, noch gut riechen und schmecken zu können, auch wenn Tests einen deutlichen Verfall ausweisen. So äußern sich ältere Menschen im allgemeinen positiv zum Geschmack eines Essens. Ihre Beschwerden und Probleme beziehen sich meistens auf andere Dinge wie eine mangelhafte Verdauung oder ein zu schmales Portemonnaie, das ihnen nicht erlaubt, die richtigen oder bevorzugten Nahrungsmittel zu kaufen. Auch die im Vergleich zu früher nachlassende Qualität der Lebensmittel (zum Beispiel im Hinblick auf Konservierungsmittel) ist ein Grund zur Klage.

Deutlich wird der Abbau vor allem mit dem Eintritt ins Rentenalter – ein Vorgang, der auch bei den anderen Sinnesorganen zu beobachten ist. Sowohl die absolute wie auch die relative Sensibilität für Geruchsstoffe nimmt ab, viele Schwellenwerte liegen bei älteren Menschen so gut wie hundert Mal höher als bei Studenten, und auch das Erkennen von Gerüchen gestaltet sich zunehmend problematischer. Schließlich wird auch die Regenerationsphase nach der Aufnahme eines Geruchs sehr viel ausgedehnter – ein deutlicher Hinweis auf eine stärkere Adaption beziehungsweise eine verlangsamte Regenerationsfähigkeit des Systems. Der Alterungsprozeß des Sinnesorgans wird durch folgende körperliche und physiologische Veränderungen charakterisiert:

- Nasenhöhlenprobleme, wie häufige oder chronische Virusinfektionen.
- Austrocknung der Schleimhaut (ältere Menschen haben rund 7 % weniger Körperflüssigkeit), Schleimhautentzündungen, Polypenbildung, schlechte Durchblutung.[133]
- Verkalkung des Siebbeins. Oft kommt es auch zur Bildung von Narbengewebe, das die durch das perforierte Siebbein zum Riechhirn verlaufenden Nervenverbindungen behindert oder sogar blockiert.
- Abnehmende Produktion neuer Organzellen.
- Schrumpfendes Volumen des Geruchsorgans, das Organepithel wird zunehmend durch das Epithel der Nasenhöhle ersetzt.
- Eine starker Rückgang der Nervenzellen in den olfaktorischen Bulbi.
- Degeneration der olfaktorischen Cortex, was im Prinzip auch für andere Bereiche des Gehirns gilt.

Infolge all dieser Abbauprozesse sind drei Viertel der über Achtzigjährigen anosmisch oder beinahe anosmisch, in der Altersgruppe der Fünfundsechzig- bis Achtzigjährigen ist es die Hälfte. Dies ist ein allgemein gültiges Faktum, unabhängig von den persönlichen Lebensumständen oder dem kulturellen Umfeld.[134] In den USA kommt es jedes Jahr zu Hunderten von Gasexplosionen, die geradewegs auf das schlecht funktionierende Geruchsvermögen alter Menschen zurückzuführen sind, die eventuelle Leckagen nicht oder viel zu spät bemerken. Darüber hinaus fallen viele alte Menschen Rauchvergiftungen oder Bränden zum Opfer, ein angebranntes Essen wird häufig nicht rechtzeitig entdeckt usw.

Da Geruch *und* Geschmack bei alten Menschen relativ schlecht funktionieren, laufen sie auch eher Gefahr, verdorbene Lebensmittel zu sich zu nehmen. Angesichts der zunehmenden Vergreisung und der Isolation älterer Menschen werden diese Probleme in Zukunft nur noch größer werden. Als kleiner Trost sei gesagt, daß alte Menschen eine *kombinierte* Intensität von Gerüchen und Geschmack (sofern sie noch riechen und schmecken können) nicht wesentlich schlechter wahrnehmen als jüngere. Erst wenn der Geruchssinn erheblich schlechter funktioniert als der Geschmack, wird das Ganze zum Problem.[135] Die verminderte Sensibilität eines Sinnesorgans hat also nicht immer und ausschließlich negative Folgen, entscheidend ist vielmehr, daß Geruch und Geschmack »im Gleichschritt« sind. Im Gegensatz zum Geruch bleibt die Funktion der Geschmackspapillen im allgemeinen bis ins hohe Alter recht gut erhalten.[136]

Was ist zu tun? Chemische Additive könnten einen möglichen Ausweg bieten.[137] Alten Menschen, die immer wieder über zu fades Essen klagten und die sich zwischen einer »normalen« Mahlzeit und einem Essen entscheiden konnten, dem eine Dosis künstlicher Geruchs- und Geschmacksstoffe zugesetzt war, bevorzugten letzteres, das von Leuten mit einem gut funktionierenden Geruchsorgan im allgemeinen als »zu stark gewürzt« empfunden wurde. Von daher ist es vielleicht gar keine schlechte Idee, für alte Leute und Menschen mit einem nicht optimalen Geruchsorgan »aufgepeppte« Lebensmittel auf den Markt zu bringen, die mit künstlichen Geruchs- und Geschmacksstoffen angereichert sind.

106

Alte Menschen werden dann begeistert sagen, daß etwas endlich wieder so schmeckt wie früher. Unvernünftig wäre natürlich der Zusatz von Zucker oder Salz; zwar ließe sich der Geschmack damit verbessern, aber diese Methode wäre viel zu einseitig und außerdem im Hinblick auf eventuelle Diätvorschriften nicht praktikabel. Bei Sonnenschutzmitteln, Fettprodukten, Bieren und ähnlichem ist ein solches System bereits gang und gäbe – was also würde gegen Geruchs- und Geschmacksadditiva in Lebensmitteln sprechen? Selbstverständlich müßte dann bekannt sein, wie schädlich diese Stoffe möglicherweise sind. Wenn sich dies als unproblematisch erweist, gibt es keinen Grund, älteren Menschen davon abzuraten bzw. die Verwendung zu verbieten.[138] Gutes Essen ist lebenswichtig – und vielleicht sollte man nicht zuletzt wegen der alarmierenden Berichte über chronisch unterernährte (insbesondere alte) Menschen in Krankenhäusern, Alters- und Pflegeheimen einmal gründlich über diesen Punkt nachdenken. Im übrigen läßt sich der Geschmack (und in gewisser Weise auch der Geruch) von Nahrungsmitteln auch verbessern, indem man ihnen Stoffe zusetzt, die den Trigeminusnerv stimulieren.

Raucher, Lebensumstände und Arbeitsumfeld

In der Regel ist das Geruchsvermögen von Rauchern schlechter als das von Nichtrauchern – eine Äußerung, mit der natürlich vorsichtig umgegangen werden muß. Wenn ein Raucher getestet wird, kurz nachdem er seine Zigarette ausgemacht hat, riecht er aufgrund der Adaption weniger. Nach Meinung diverser Wissenschaftler liegt bei Rauchern jedoch tatsächlich eine eindeutige Schädigung vor, deren Grad und Ausmaß von der Dauer und der Menge des Nikotinkonsums abhängen soll. Bei starken Rauchern soll der Geruchssinn auch noch Monate, nachdem sie mit dem Rauchen aufgehört haben, schlechter funktionieren.[139] Im übrigen fällt das Rauchen, verglichen mit anderen Faktoren wie dem Alterungsprozeß und geschlechtsspezifischen Unterschieden, bei der Beeinträchtigung des Geruchs nicht allzusehr ins Gewicht.

Das Nikotin wird zu den Alkaloiden gezählt, Substanzen, die eine ausgesprochen physiologische Wirkung haben. Weitere Alkaloide sind Morphium, Heroin und Kokain. Chinin (was bei Malaria verwendet wird), Chinidin (bei bestimmten Herzerkrankungen) und Reserpin (ein beruhigendes und blutdrucksenkendes Mittel) sind wertvolle Medikamente. Alkaloide haben bekanntermaßen eine suchterzeugende und betäubende Wirkung; außerdem kann das Geruchsvermögen sowohl akut wie chronisch durch solche Stoffe eingeschränkt werden.[140] Zu den akuten Auswirkungen zählt man unter anderem eine Blockierung oder Bremsung des Luftstroms in der Nase, Durchblutungsstörungen der Schleimhaut sowie Probleme bei der Signalübertragung der Nervenimpulse. Manche Defekte sind auf eine gestörte Nasenatmung zurückzuführen, die mit dem Corticosteorid Prednison in manchen Fällen normalisiert werden kann.

Es gibt eine Reihe anderer Substanzen, die in unsere Nase eindringen und unser Geruchsvermögen erheblich schädigen können. Dabei handelt es sich nicht nur um flüchtige Stoffe wie Schwefelwasserstoff, Aceton, Ammoniak, Benzin, Kohlenmonoxid und Formaldehyd, auch Metalle wie Blei, Silber, Chrom, Quecksilber und Kadmium gehören dazu.[141] Menschen, die viel mit Putz- und Lösungsmitteln zu tun haben (wie mit Farbverdünnern oder einem Leim, wie er früher von Hutmachern verwandt wurde) schneiden bei Geruchstests schlechter ab. Anstreicher haben ein bedeutend schlechteres Geruchsvermögen als ihre Altersgenossen aus anderen Berufssparten. Dies hängt vermutlich damit zusammen, daß sie die in der Farbe enthaltenen Lösungsmittel inhalieren.[142] Die nachfolgende Tabelle illustriert den Zusammenhang zwischen der Konfrontation mit unterschiedlich konzentrierten Lösungsmitteln (angegeben in ppm oder Bruchteilen einer Million) und der Qualität des Geruchssinns.

UPSIT-Testergebnisse		
Konzentration Farblösungsmittel	Nichtraucher	Raucher
68	35,3	34,5
68–170	33,8	34,6
> 171	31,1	34,8

Ein rauchender Anstreicher scheint etwas weniger unter einem Geruchsverlust zu leiden als sein nichtrauchender Kollege, und zwar hauptsächlich bei höheren Konzentrationen. Wahrscheinlich ist das Nikotin im Tabakrauch in der Lage, schädliche Effekte von Lösungsmitteln zu überdecken und teilweise zu neutralisieren. Möglicherweise wird sogar die benebelnde Wirkung dieser Mittel durch den Rauch abgemildert. Nikotin bestimmt in wesentlichem Maße das Aroma des Tabakrauchs. Nikotinarme Zigaretten, deren Qualm an versengtes Heu erinnert, riechen im Vergleich unangenehmer. Daß Nikotin den Geruch anderer Stoffe maskieren kann, ist keine bloße Behauptung; das Riechepithel von Ratten und Mäusen wird durch Nikotin aktiviert.[143]

Mischt man nikotinhaltigen Dampf mit anderen Stoffen und vergleicht die daraus resultierenden EOGs (Elektro-Olfaktogramme), erhält man einen gewissen Aufschluß über die Reaktion des Geruchssinns auf derartige Gemische. Da es den Anschein hat, als befänden sich spezifische Rezeptoren im Geruchsepithel, die vor allem auf Stoffe wie Nikotin reagieren, ist es durchaus denkbar, daß Nikotin Verbindungsstellen besetzt, die ansonsten von unter anderem Lösungsmittel eingenommen würden, die somit auch weniger Schaden anrichten können. Speziell auf das Geruchsorgan bezogen läßt sich gegen eine Zigarettenpause, insbesondere bei Malerarbeiten im Haus, wenig einwenden. (Wir sprechen hier nicht über die schädlichen Auswirkungen des Rauchens im allgemeinen.)

Geschlechtsspezifische Unterschiede

Das Geruchsvermögen der Frau ist dem des Mannes an allen Fronten überlegen. Für viele Stoffe liegt der durchschnittliche Schwellenwert bei Vertreterinnen des weiblichen Geschlechts beträchtlich niedriger.[144] Zudem ist die gesamte hedonische Geruchspalette oder der totale Ausdehnungsbereich der Geruchsempfindungen bei der Frau breiter und tiefer. Gerüche werden intensiver erfahren, und Frauen sind in der positiven oder negativen Beurteilung eines Geruches wesentlich eindeutiger. Darüber hinaus besitzen sie eine weitaus empfindlichere Nase für Körpergerüche. Ihr Differenzierungsvermögen ist feiner, und es gelingt ihnen weitaus besser, nur aufgrund des Schweiß- oder Atemgeruches Männer und Frauen zu unterscheiden.[145] Auch bei der Identifizierung von Gerüchen sind die Frauen den Männern im allgemeinen überlegen. Im Laufe der Jahre verstärken sich diese geschlechtsspezifischen Unterschiede, da das Geruchsvermögen des Mannes vergleichsweise schneller abnimmt. Dementsprechend ist das Geruchsvermögen älterer Frauen absolut betrachtet weniger stark dem Verfall ausgesetzt. Diese Erkenntnis deckt sich mit der allgemeinen Tatsache, daß Frauen im Durchschnitt länger gesund und »intakt« bleiben als Männer und in unserer Kultur eine um sieben Jahre höhere Lebenserwartung haben.

Daß Frauen auch bei der Benennung von Gerüchen die Nase vorn haben, hat mit ihrem allgemein besser entwickelten Sprachvermögen zu tun. Damit ist jedoch nicht gesagt, daß sie in der Lage sind, Gerüche jederzeit und en detail zu beschreiben; die Anzahl der Direktverbindungen zwischen dem Riechhirn und den vor allem im Neocortex gelegenen Sprachzentren ist bei *beiden* Geschlechtern gleichermaßen begrenzt.

Allerdings ist das Zusammenwirken der beiden Gehirnhälften bei der Frau – wie man annimmt – besser als beim Mann, ein zweiter Aspekt, der erklären könnte, warum die Frau den Mann bei der Benennung von Gerüchen übertrifft.

Auf den Punkt gebracht, läßt sich also sagen, daß Frauen bei allen bekannten Funktionen des Geruchs die besseren Leistungen erbringen. Dies ist ein allgemeiner Trend, der sich unabhängig von dem jeweiligen gesellschaftlichen Umfeld manifestiert. Zu diesem Ergebnis kam eine Forschungsgruppe der Universität von Pennsylvania[146], die vier unterschiedliche Gruppen einem Geruchstest (UPSIT) unterzog. Dabei handelte es sich um Japaner, farbige und weiße Amerikaner sowie Koreaner, die schon lange in den USA lebten.[147]

110

Gruppe	Testergebnisse Männer	Frauen
Japaner	29,5	32,9
Farbige	32,4	34,0
Weiße	33,6	34,2
Koreaner	36,6	38,0

Bei einem Vergleich der unterschiedlichen Kulturen sind die Unterschiede bei Männern *und* Frauen nicht unerheblich; bezogen auf dieselbe Bevölkerungsgruppe liegen die Werte der Frauen jedoch immer über denen der Männer. Vielleicht lassen sich die zwischen den Gruppen sichtbaren Diskrepanzen teilweise durch die Beschränkungen der Untersuchungsmethode erklären. Einige der konstatierten Unterschiede könnten darauf zurückzuführen sein, daß man bei dem Test Gerüche verwendete, die in einer westlichen Gesellschaft alltäglich und vertraut sind (man denke an Japaner gegenüber Weißen). Ferner waren in der Gruppe der Weißen mehr Raucher, was der Bedeutung und der Vergleichbarkeit der Daten nicht gerade zuträglich ist. Die Koreaner waren inzwischen in die amerikanische Gesellschaft integriert und hatten offensichtlich (auch) eine gute Nase für die Gerüche, die in diesem amerikanischen Test eingesetzt wurden. Der koreanische Mann ist bei der Identifizierung von Gerüchen sogar besser als die durchschnittliche weiße Frau, was jedoch auch mit der jüngeren Altersstruktur der koreanischen Testgruppe, in der sich außerdem kein Raucher befand, zusammenhängen kann.

Aus diesen etwas schludrig zusammengetragenen Daten lassen sich folglich kaum Rückschlüsse auf möglicherweise kulturell geprägte Unterschiede des Geruchsvermögens ziehen, sie enthalten höchstens einige Hinweise auf bestehende Nuancen. Ein weiteres Problem bei dieser Art von Tests liegt darin, daß Männer und Frauen aufgrund der ebenso kritikwürdigen wie alltäglichen Rollenverteilung in unterschiedlichen Geruchswelten leben und demzufolge nicht die gleichen Erfahrungen sammeln. Ein Mann, der sich selten im Haushalt betätigt, wird mit den Gerüchen von Seife, Essig und Ammoniak wenig vertraut sein, während eine Hausfrau wahrscheinlich nicht so sehr mit dem Geruch von Sägespänen in Berührung kommt.

Bei einer weiteren Untersuchung zum Identifikationsvermögen von Männern und Frauen wurden etwa achtzig Alltagsgerüche verwendet, unter anderem Kaffee, Apfelsine, Essig, Zigarettenkippen, Banane, Bier, Schokolade, Pfeffer, Leder und Käse.[148] Frauen gelang es, durchschnittlich fünfzig dieser Gerüche richtig zu benennen, Männer brachten es auf ungefähr vierzig. Zudem legten die Frauen mehr Überzeugungskraft oder Sicherheit an den Tag, ungeachtet der Frage, ob ihre Eindrücke richtig oder falsch waren. Männer konnten nur vierzehn der achtzig Gerüche (etwas) besser identifizieren als Frauen; dies war bei Mottenkugeln, Bananen, Pfefferminz, Whiskey, Sardinen, Ammoniak, Senf, Kaugummi, Sägespänen, schwarzem Pfeffer, Sherry, Aftershave, Sirup und Himbeerlimonade der Fall. Diese Resultate machen deutlich, daß der Grad der Vertrautheit mit bestimmten Gerüchen nicht per se ausschlaggebend sein muß. Es erstaunt nicht, daß Männer den Geruch von Aftershave besser erkennen, wie jedoch sind die Ergebnisse bei Ammoniak oder Bananen zu interpretieren? Außerdem sind Frauen überlegen, wenn es um das Erkennen »männlicher« Gerüche wie Pfeifentabak, Gummi, Maschinenöl oder Terpentin geht. Eine der möglichen Erklärungen könnte lauten, daß viele Gerüche auch auf den Trigeminusnerv wirken (Ammoniak!), ein Nerv, der bei dem Mann sensibler sein könnte als bei der Frau.

Auffallend ist, daß sich die Leistungen beider Geschlechter erheblich verbessern, wenn der Versuchsleiter *falsche* Bezeichnungen bekanntgibt und korrigiert. In einem entsprechenden Experiment wurde zunächst eine bereits fertige Namensliste vorgelegt, anhand derer ein angebotener Geruch benannt werden mußte. Nachträglich wurden die Versuchspersonen aufgefordert, selbst eine solche Liste anzulegen, was bedeutete, daß bei jeder Geruchsprobe ein eigenes »Etikett« erfunden wurde. Auch in diesem Fall bestätigte sich das unterschiedliche Leistungsvermögen von Männern und Frauen. Selbst nach fünf Durchgängen, in denen die angebotenen Gerüche an die selbst verfaßte Namensliste gekoppelt werden mußten, erledigten die Männer diese Aufgabe schlechter als die Frauen. Bei einem Test, der vierzig Riechstoffe umfaßte, wußten Frauen im Durchschnitt etwa 70 Prozent richtig zu identifizieren, den Männern gelang dies nur zu 55 Prozent.

Diese geschlechtsspezifischen Unterschiede bilden sich erst in der Pubertät heraus. Bis dahin ist das Geruchsvermögen bei Jungen und Mädchen ungefähr gleich. Der im Verlauf der Pubertät erworbene Vorsprung der Mädchen wird mit Sicherheit durch weibliche Geschlechtshormone wie Östrogen bedingt. Spritzt man männlichen Ratten Östrogen, wird sich ihre Geruchsempfindung verbessern. So ist das Geruchsvermögen bei Frauen in der Zeit des Eisprungs – und eines hohen Östrogenspiegels – am besten entwickelt.[149]

Geruch und Kultur

Unabhängig von den soeben genannten geschlechtsspezifischen Unterschieden, hat sich die Forschung auch mit den Bezügen zwischen dem Geruchsvermögen eines Menschen und seinem Kulturkreis beschäftigt. Beim Auge würden wir eine solche Frage erst gar nicht stellen, da es keinen Grund für die Annahme gibt, daß die Augen eines Chinesen etwas anderes sehen als unsere (außer bei gewissen Präferenzen im künstlerischen Bereich).[150] Beim Geruch könnte dies bis zu einem bestimmten Grad anders sein. Das Geruchsorgan ist im Laufe eines Lebens nicht nur physiologisch, sondern auch auf anatomischer Ebene großen Veränderungen unterworfen. Die Anzahl der Sinneszellen bleibt nicht konstant, und auch das Verhältnis zwischen den beim Riechen betroffenen Zelltypen wechselt, unter anderem bedingt durch hormonelle Einflüsse, die beispielsweise die Produktion geruchsbindender Proteine stimulieren oder beeinträchtigen. Angesichts der bereits genannten Unterschiede zwischen Männern und Frauen oder älteren und jüngeren Menschen erscheint die Annahme nicht unbegründet, daß es auch kulturell bedingte Unterschiede gibt, nicht zuletzt deshalb, weil Gesellschaften in wechselndem Maße mit Stoffen konfrontiert sind, die schädlich oder auch günstig auf das Geruchsorgan einwirken.

Die Forschung untermauert diesen Gedanken allerdings wenig. Man hat keine wesentlichen Unterschiede beim Geruchsvermögen zwischen Menschen aus unterschiedlichen Kulturen konstatieren können, wobei jedoch angemerkt werden muß, daß die Testverfahren nicht immer der jeweiligen Bevölkerung angemessen waren.[151] Auch bei der Vorliebe für bestimmte Gerüche herrscht interkulturell eine große Übereinstimmung. Alle Menschen mögen die Düfte derselben Pflanzen, Kräuter, Früchte und den Geruch frischen Wassers; sie sind sich einig in ihrem Widerwillen gegen Fäulnis-, Verwesungs- und Fäkalgeruch (ausgenommen viele kleine Kinder). Überall auf der Welt bevorzugen Menschen den Körpergeruch ihres Partners und ihrer Kinder und den von Angehörigen und Freunden, während der Körpergeruch Fremder häufig eine gewisse Abneigung hervorruft.[152]

Die psychologische und biologische Bedeutung dieser sehr rigiden oder – freundlicher ausgedrückt – dieser universell gültigen Strukturierung liegt auf der Hand. Der Mensch sucht ein geeignetes Biotop, was seine Vorliebe für bestimmte Pflanzen und Nahrungsmittel wie auch seine Abneigung gegen Verwesung und Zersetzung begreiflich macht – um Infektionen aus dem Wege zu gehen, sollte man nicht mit Exkrementen in Berührung kommen.[153] Und obwohl der Mensch schon lange nicht mehr in überwiegend kleinen Gruppen lebt, liebt er noch immer ein überschaubares, gut strukturiertes Lebensumfeld mit bekannten und vertrauten Gerüchen. All dies besagt jedoch nicht, daß es keine marginalen interkulturellen Unterschiede gäbe. Wie man weiß, steht Knoblauch bei Franzosen höher im Kurs als bei Holländern. Für Japaner ist der Geruch von Seife und Parfüm nicht so angenehm wie für Deutsche, sie besetzen Düfte auch weniger stark emotional, sondern stellen eher eine Verbindung zur persönlichen Hygiene her.

Zudem äußern sich Japaner expliziter zu Gerüchen, die in ihre Arbeitswelt gehören, als zu Düften, mit denen sie in ihrer Freizeit konfrontiert werden.[154]

5. Geruch und Gedächtnis

Ein Tier braucht seine Sinnesorgane, um seine Umgebung auf biologische und soziale Bedeutungen zu untersuchen und sein Verhalten darauf abzustimmen: Gehe Raubtieren aus dem Weg, vermeide gefährliche oder klimatisch ungünstige Gegebenheiten, finde Dinge, die dir Spaß machen, wenn nicht in Form von Essen und Trinken, dann, indem du dir einen geeigneten Kandidaten zum Zusammenleben und/oder zur Fortpflanzung suchst. Auf den Geruch übertragen lautet dieses Prinzip: Gehe Gestank und damit verbundenen gefährlichen Objekten aus dem Weg, spüre leckere Gerüche auf und bleibe an vertraut riechenden Plätzen, es sei denn, du hast keine andere Möglichkeit.[155]

Diese Verhaltensmechanismen funktionieren natürlich nur dann, wenn Geruchseindrücke mit Erfahrungen verknüpft werden, die auf irgendeine Weise im Gedächtnis verankert sind. Wir werden uns mit der Frage beschäftigen, wie Geruchswahrnehmungen gespeichert werden, und sehen, wie und in welchem Maße dieses Gedächtnis beim Aufspüren, Identifizieren, Erinnern, Assoziieren und Benennen von Gerüchen funktioniert.

Geruch und Gehirnaktivität

Menschen und Tiere haben viele Gemeinsamkeiten und ihre Grundbedürfnisse sind in biologischer Hinsicht vielfach deckungsgleich. Anders als beispielsweise bei der Ratte scheinen Gerüche in einem Menschenleben allerdings nur eine Nebenrolle zu spielen. Im Bereich der Wahrnehmung sind für uns allem Anschein nach das Auge und das Ohr existenzbeherrschend.

So entspringen einer Schätzung zufolge etwa 90 Prozent aller Informationen, die uns bewußt erreichen, dem Sehvermögen (wozu wir allerdings anmerken müssen, daß diese Schätzung einer seriösen Grundlage entbehrt). Wenn Gerüche im menschlichen Leben immer weniger relevant würden oder sogar einen Negativeffekt auf unsere Überlebenschancen hätten oder bekämen, könnte dies schwerwiegende Konsequenzen haben. Aus biologischer Sicht könnte sich der Selektionsdruck auf die Wahrung oder eventuelle Weiterentwicklung des Geruchssinns so stark abschwächen, daß wir unser Geruchsvermögen auf Dauer verlieren.[156] Schließlich ist der Maulwurf auch blind, da ihm seine Augen, in die Staub und Schmutz geraten könnten, bei einem Leben unter der Erde nur eine Last wären.

Ganz so schnell wird das Aus für den Geruchssinn allerdings nicht kommen, trotz der Behauptung Freuds, der aufrechte Gang habe für seine Degeneration gesorgt. Gerüche beeinflussen unser Leben wesentlich mehr, als uns normalerweise bewußt ist, und dies bedeutet, daß der Geruchssinn eine nach wie vor wichtige Funktion hat. Gerüche wirken sogar auf das allgemeine Niveau der Gehirnaktivität (siehe entsprechende EEG-Messungen). Dazu ein paar Worte.

Bemerkenswert ist zunächst einmal, daß schon das Einatmen durch die Nase statt durch den Mund die Gehirnaktivität beeinflußt. Die Nasenatmung steigert nicht nur die Sensibilität des Gehirns für Gerüche – das ist an sich selbstverständlich –, auch die Variationsbreite der sogenannten Alpha- und Beta-Aktivität (Wellen von 8–13 bzw. 13–40 Hz) beim EEG ist bei einem Einatmen durch die Nase größer.[157] Dies könnte bedeuten, daß das Gehirn dabei sozusagen »wacher« und handlungsbereiter ist. Darüber hinaus ist der Einfluß von Gerüchen auf die rechte Gehirnhälfte größer als auf ihre Nachbarin zur Linken.

Diesem Aspekt, der mit speziellen Scan-Techniken nachgewiesen werden konnte[158], kommt beträchtliche Bedeutung zu, da die rechte Hemisphäre relativ viel mit dem Gefühlsbereich und den damit verknüpften »grobmotorischen Programmierungen« wie dem Weglaufen zu tun hat.

Darüber hinaus wurde nachgewiesen, daß Gerüche den Herzschlag und die Gehirnaktivität auch im Schlaf beeinflussen. Vor allem in der ersten Phase der Nacht erhöhen sich der Herzschlag und die EEG-Aktivität, wenn ab und zu ein Pfefferminzgeruch zugeführt wird.[159] (Zu derartigen Reaktionen kommt es auch, wenn andere Sinnesorgane stimuliert werden. Der Hautwiderstand eines Schlafenden sinkt, wenn sein Name ausgesprochen wird, was eine Aktivierung auf der Ebene unbewußter Informationsverarbeitung anzeigt.) Abgesehen von Gerüchen, die eine erhöhte Wachsamkeit erzeugen, gibt es vermutlich auch Substanzen, die eine entgegengesetzte Wirkung haben und den Schlaf verbessern. Des weiteren hat sich gezeigt, daß Gerüche, die in so niedrigen Konzentrationen angeboten werden, daß sie nicht bewußt wahrgenommen werden *können*, manchmal ebenfalls zu erheblich anderen EEG-Mustern führen. Für dieses Phänomen fehlt bisher noch jegliche Erklärung. Es könnte bedeuten, daß der Geruchsanteil, den wir bewußt wahrnehmen, nicht alles über die Bedeutung sagt, die er für uns hat.[160]

Es wurde sogar belegt, daß Gerüche, die von den betreffenden Versuchspersonen durchaus bewußt erfahren und in ihrer Intensität und Qualität als nahezu identisch empfunden werden, manchmal mit ganz unterschiedlichen Gehirnwellenmustern korrespondieren. Auch dieses Phänomen liegt bis jetzt noch im Dunkeln. Offensichtlich ist es möglich, daß eine bewußte Erfahrung eine unzuverlässige, zumindest jedoch unvollständige Indikation für den »faktischen« Gesamteindruck ist, den der Geruch in unserem Gehirn hinterläßt.

Eine denkbare Folge dieses Phänomens ist, daß sich die Wirkung eines Geruchs auf das Verhalten nicht völlig mit der bewußten Geruchsempfindung und -bewertung deckt. Zu diesem Punkt ist eine eher technische Erklärung angebracht, die im übrigen die soeben beschriebenen Phänomene nicht restlos begründet.

Bei jeder Geruchswahrnehmung ist der gesamte olfaktorische Bulbus einbezogen.[161] Das Inhalieren eines Geruchs erhöht seine Sensibilität, die elektrische Aktivität nimmt zu. Durch eine positive Rückkopplung im System (die eine Verstärkung, nicht etwa eine Abschwächung der Signale bedeutet) entsteht zu einem bestimmten Zeitpunkt eine derart große Instabilität, daß der Bulbus ein Signalmuster (einen sogenannten *burst*) abfeuert. Ein solch explosives Muster ist bei jedem Geruch anders und bildet die neurophysiologische Grundlage für den Prozeß der Identifizierung und Differenzierung von Gerüchen. Beim Ausatmen fällt dieser Stimulus weg, die Sensibilität des Bulbus läßt erheblich nach und das Signal verflacht. Das bedeutet, daß der Zustand und die Funktionsweise des gesamten Systems sowohl durch die Eigenschaften der inhalierten Gerüche als auch durch diverse andere Prozesse, die sich zum selben Zeitpunkt im zentralen Nervensystem abspielen, bestimmt werden.[162] Dies führt unter anderem dazu, daß ein Geruch durch entstehende Assoziationen nach einer gewissen Zeit ein völlig verändertes Signalmuster haben kann. So erzeugen Sägespäne ein spezifisches Muster in der elektrischen Aktivität des Bulbus. Wenn zunächst mehrmals ein Geruchsgemisch aus Banane und Sägespänen angeboten wird und anschließend nur der Geruch von Sägespänen, ist das ursprüngliche (Sägespäne-) Muster eine Zeitlang erheblich verändert. Die Funktionsweise des Bulbus scheint also permanenten Veränderungen zu unterliegen, die für die Merkmale des letztendlichen Signals mitbestimmend sind. Simpel ausgedrückt: Was man riecht, hängt von dem ab, was man (gerade) gerochen *hat*. Eine Geruchsempfindung entsteht nicht »linea recta« (was im übrigen auch für die anderen Sinnesorgane gilt). Was wir riechen, wird teilweise auch durch die jüngste Geschichte bestimmt.

Wie gesagt sind Geruchsstoffe offensichtlich in der Lage, Prozesse auf verschiedenen Ebenen des Zentralnervensystems zu beeinflussen. Dies trifft auch in der Umkehrung zu, indem der Allgemeinzustand des Gehirns auf die Geruchsverarbeitung oder -empfindung einwirkt. Von einem Einbahnverkehr kann also keine Rede sein. Noch globaler läßt sich sagen, daß das Geruchsvermögen durch unsere allgemeine physische und physiologische Verfassung beeinflußt wird. Diese Form der Flexibilität oder Sensibilität manifestiert sich in der immensen Bandbreite, in der Gerüche von ein und derselben Person wahrgenommen und bewertet werden *(Alliästhesie)*. Eine solche Rückkopplung von Gehirn und Körper an ein Sinnesorgan ist außergewöhnlich, beim Gehör und Sehvermögen fehlt sie.[163]

Neurophysiologische Einprägung von Gerüchen

Auch bei der Erforschung des Geruchsgedächtnisses werden aus unterschiedlichen Gründen häufig Ratten verwendet. Die Ratte besitzt ein hervorragendes Geruchsvermögen (sie zählt zu den Makrosmaten) und ein gutes Gedächtnis für Gerüche. Zunächst zur Frage, wo dieses Gedächtnis seinen Platz im Gehirn hat. Man konditionierte junge Ratten, indem man eines der beiden Riechorgane zehnmal mit einem Zederngeruch reizte und den Stimulus durch ein Nasenloch einbrachte, während das andere mit einem kleinen Stöpsel verschlossen wurde. Gleichzeitig wurde den Tieren mit einem Röhrchen Milch in die Schnauze geträufelt.[164] Anschließend wurde das stimulierte Nasenloch verschlossen und das andere geöffnet. Eine halbe Stunde später konnten sich die Ratten entscheiden, ob sie sich in einem nach Zedernduft riechenden Käfig aufhalten oder in einen Käfig kriechen wollten, der diesen Geruch nicht hatte. Es zeigte sich, daß die Ratten mehr Zeit in dem nach Zedern riechenden Käfig verbrachten. Offensichtlich wurde dieser Geruch über die Konditionierung mit der Milch – eine für das Tier angenehme Koppelung – assoziiert. Dieses Ergebnis ist deshalb bemerkenswert, weil die Verbindungen zwischen dem Geruchsorgan und dem Gehirn nicht überkreuz verlaufen. Da die Information, die während des Konditionierungsprozesses im Gehirn gespeichert wird, für das gegenüberliegende Geruchsorgan anscheinend zugänglich war, müssen wir annehmen, daß Geruchszentren im Gehirn über eine Querverbindung miteinander zu kommunizieren (Kapitel 3).[165] Auffallend ist, daß sehr junge Ratten nicht auf diese Weise konditioniert werden können; wie sich gezeigt hat, müssen die Tiere älter als zwölf Tage sein. Dieser Unterschied ist dadurch bedingt, daß die Verknüpfungen zwischen den beiden Gehirnhälften reifen müssen, bevor ein Informationsaustausch zwischen den beiden Hemisphären möglich ist. Dieses Phänomen ist auch beim Menschen bekannt. Das Zusammenwirken unserer Gehirnhälften ist erst im Alter von acht Jahren optimal.

Sobald die Querverbindungen gut funktionieren, werden auch weiter zurückliegende Erfahrungen für oder über das andere Geruchsorgan zugänglich. Wenn sechs Tage alte Ratten auf die oben beschriebene Weise konditioniert und erst weitere sechs Tage später einem Test unterzogen werden, bei dem das andere Nasenloch offengehalten wird, lassen auch sie eine Präferenz für den Käfig mit dem Zedernduft erkennen. Diese Vorliebe ist hingegen nicht bei Ratten zu erkennen, die beim zweiten Test zwischen sechs und zwölf Tage alt sind. Folgerung: Bei der Ratte funktionieren die für den Geruch relevanten Querverbindungen nach zwölf Tagen gut. Ab diesem Zeitpunkt sind auch frühere Erfahrungen für die andere Gehirnhälfte zugänglich. Bei der fraglichen Verknüpfung handelt es sich um die vorderste der drei Hauptverbindungen zwischen den Hemisphären, um die *commissuria anterior*.

Eine weitere Frage: Werden alle Informationen auf beiden Seiten gespeichert, wenn die Verbindungen gereift und funktionstüchtig sind? Anders gesagt, bekommt die rechte Gehirnhälfte sozusagen eine Kopie der Informationen, die über das linke Riechorgan an die linke Hemisphäre übermittelt wurden? Ein entsprechender Versuch läßt erkennen, daß dies nicht der Fall ist. Wenn man bei älteren Ratten die vordere Querverbindung zwischen den Gehirnhälften nach einem entsprechenden Konditionierungsversuch durchtrennt, zeigen die Tiere noch immer eine Vorliebe für den Käfig mit dem Zedernduft, vorausgesetzt, sie benutzen das trainierte Organ. Wenn das dazugehörige Nasenloch abgedichtet wird und die Tiere somit nur durch das andere Nasenloch riechen können, ist diese Präferenz nicht mehr vorhanden. Kurzum: Beim Geruch existiert eine Kommunikation zwischen den Gehirnzellen, nicht jedoch per definitionem eine zweifache Speicherung (das Ganze stimmt natürlich nicht mehr, wenn beide Nasenlöcher zum Einsatz kommen, aber das spricht für sich). Da die Nasenlöcher sowohl beim Menschen als auch bei der Ratte nur selten gleichermaßen zugänglich sind (man denke an den Nasenrhythmus) kommt dieser Kommunikation wesentliche Bedeutung zu. Die Querverbindungen sorgen dafür, daß die Speicherkapazität des Riechhirns entsprechend ausgenutzt wird. Wenn eine Information aus dem linken Geruchsorgan zur linken Gehirnhälfte transportiert wird, ist diese auch für die rechte Hemisphäre zugänglich. Der Geruchssinn der Ratte funktioniert also keineswegs starr. Das ist ungewöhnlich, da Systeme, die in einer frühen Phase der Evolution entstanden sind, häufig recht gradlinig oder unflexibel arbeiten.[166] Bemerkenswert sind auch Beobachtungen, die in diesem Zusammenhang beim Menschen gemacht wurden. In den fünfziger Jahren hat man bei einer Reihe von Patienten die größte Querverbindung zwischen den Hemisphären (*das corpus callosum*) zur Bekämpfung schwerer Formen der Epilepsie durchtrennt. Von diesem Moment an konnten diese Menschen Gerüche, die ihnen über das rechte Nasenloch zugeführt wurden, nicht oder kaum noch benennen, was ihnen hin und wieder gelang, wenn der Geruch über das linke Nasenloch angeboten wurde.[167] Dies deckt sich sowohl mit den genannten Tierversuchen als auch mit der Tatsache, daß die linke Hemisphäre wesentlich enger mit der Sprache verknüpft ist als ihre Nachbarin zur Rechten. Spinnt man den Faden weiter, ließe sich vermuten, daß auch die *Qualität* eines Geruchs in gewisser Weise von der Kombination Nasenloch-Gehirnhälfte abhängt, da die rechte Hemisphäre, wie schon gesagt, etwas stärker an Emotionen und Gefühle gebunden ist.[168] Allerdings wurde dieser Aspekt zu keiner Zeit spezifisch erforscht.

Eine zweite Beobachtung besagt, daß Patienten mit einem beschädigten oder operativ entfernten rechten Temporallappen der Hirnrinde nicht mehr feststellen können, ob Gerüche miteinander zu tun haben. Zu denken ist hier an den Bezug, den wir zwischen dem Geruch einer brennenden Kerze und dem des gerade ausgelöschten Dochtes herstellen. Uns ist bewußt, daß es zwischen dem Tabakrauch und dem Geruch einer halb ausgemachten Zigarette eine Verbindung gibt, wir wissen um die Verknüpfung zwischen dem Geruch von Butter und Bratensaft etc. Dazu sind diese Menschen nicht mehr in der Lage. Sie haben zwar nicht die Fähigkeit verloren, einzelne Gerüche wahrzunehmen, können jedoch bestimmte Zusammenhänge nicht mehr herstellen.[169] Auch pathologische Prozesse lassen also erkennen, daß der Schwerpunkt der Verarbeitung von Geruchsimpressionen in der rechten Gehirnhälfte liegt[170], die im übrigen auch bei anderen Sinnesorganen in dieser Weise funktioniert. So ist die Wahrnehmung komplexer Muster wie das von Gesichtern hauptsächlich eine Angelegenheit dieser Hemisphäre. Eine unbedeutende Beschädigung eines kleines Bereiches in dieser Gehirnhälfte kann eine *Prosopagnosie*, also das Unvermögen, Gesichter zu erkennen, zur Folge haben.

Nochmals, die Ratte hat ein gut entwickeltes Geruchsgedächtnis.[171] Sie kann ohne Schwierigkeiten auf rund dreißig Gerüche konditioniert werden, wobei pro Geruch selten mehr als fünf Konditionierungsversuche nötig sind. Selbst wenn man nach der Lernphase einen Monat verstreichen läßt, sind ihre Leistungen nicht schlechter als im unmittelbaren Anschluß an die Lernphase. Darüber hinaus behalten Ratten Gerüche, die mit einer negativen Bedeutung beladen werden (zum Beispiel durch die Verbindung mit einem Elektroschock), ebenso gut wie emotional positiv besetzte (zum Beispiel die Kombination von Zedernduft und Milch). Die Ratte ist in der Lage, einen Geruch als Warnsignal oder angenehmen Reiz zu erfahren *und* zu behalten.

Beim Menschen ist dies nicht anders. Kinder behalten einen Duft, der mit einem schönen Foto gekoppelt wird, ebenso gut wie einen Geruch, der mit einem als unschön erlebten Bild korrespondiert.[172] Im großen und ganzen verschiebt sich jedoch die Bewertung. Düfte, die an ein schönes Foto gekoppelt sind, werden – zumindest bei Sechsjährigen – als zunehmend angenehmer empfunden, eine Reaktion, die aufgrund der Konditionierungsgesetze absolut verständlich ist. Bei Zehnjährigen hat sich die Geruchserfahrung und -bewertung wesentlich stabilisiert. Da etwas ältere Kinder mehr über die Eigenschaften von Gerüchen wissen, wird sich durch einen Konditionierungstest nicht mehr so leicht etwas ändern. Außerdem können Kinder in diesem Alter logischer denken als Sechsjährige, was unter anderem zu einem kritischeren Verhalten bei Geruchstests führen kann.

Während es der Ratte gelingt, einen einmal eingeprägten Geruch auch in einem nicht zu komplizierten Gemisch wiederzuerkennen, ist der Mensch auf diesem Gebiet ein Anfänger. Unsere Leistungen bei der Analyse von Gemischen sind sehr schlecht. Worauf dieser Unterschied beruht, weiß man nicht. Vielleicht läßt sich sagen, daß unser Geruchsgedächtnis einem System gleicht, in dem Reize als Einheit (»Gestalt«) gespeichert werden, ebenso wie Namen, Gebärden, Gesichter, Figuren, die Vordertür unserer Wohnung etc. Ein solches System richtet sich weniger an Details aus, sondern legt in erster Linie ein Gesamtbild fest. Befriedigend ist diese Erklärung allerdings nicht. Häufig können wir Menschen aufgrund eines Fragments ihres Gesichtes erkennen oder einen Satz auch dann noch einigermaßen lesen, wenn die Buchstaben teilweise weggefallen sind – so wie wir eine Leuchtreklame von *Phlps* dechiffrieren, auch wenn zwei Lampen defekt sind.

Die Analogie ist also nicht stimmig. Man sollte erwarten, daß ein mit dem Sehvermögen vergleichbarer Typus des Geruchsgedächtnisses es schafft, auch ein Geruchs*fragment* in einem Gemisch zu erkennen – aber gerade das gelingt uns im allgemeinen nicht sonderlich gut.

Das Behalten von Gerüchen

Beim Gedächtnis von Menschen und Tieren wird unterschieden zwischen einem Kurzzeit- und einem Langzeitgedächtnis, einem expliziten und einem impliziten (das unser Verhalten durch unbewußte Erfahrungen beeinflußt, wie Ereignisse, die sich im Schlaf oder während einer Narkose zugetragen haben), einem retrospektiven oder episodischen Gedächtnis (für Dinge, die stattgefunden haben und die uns bewußt sind) sowie einem prospektiven Gedächtnis, das uns ermöglicht, das auszuführen, was wir uns vor einer Viertelstunde vorgenommen hatten.

Sehr wesentlich ist der Unterschied zwischen dem *episodischen* und dem *semantischen* Gedächtnis. Das episodische Gedächtnis bedeutet, wie gesagt, daß wir uns an Ereignisse erinnern, einen Großteil unserer Lebensgeschichte inbegriffen[173], während sich das semantische Gedächtnis auf die Fähigkeit bezieht, Phänomene und Dinge zu erkennen und in Sprache umzusetzen. Aus welcher Richtung ein Auto kam und wie schnell es fuhr, sind episodische Angaben; das herannahende Objekt als Auto zu identifizieren, ist ein semantischer Akt. Diese beiden Typen von Gedächtnisprozessen spielen auch beim Geruch eine Rolle.

Wenn wir etwas riechen, haben die entsprechenden emotionalen, hedonischen und episodischen Assoziationen für uns eine große Bedeutung. Gerüche erzeugen vor allem episodische Verknüpfungen, semantische Bedeutungen sind beim Riechen weitaus weniger relevant. Dies zeigt sich auch daran, daß wir viele Gerüche nicht oder kaum benennen können. Für den Bereich der Sprache gilt sogar, daß wir uns bei einem Geruchsstoff häufig nicht einmal mehr daran erinnern können, woher wir ihn kennen. Um dies wieder an einem analogen Beispiel aus dem Verkehr zu verdeutlichen: Etwas rast an uns vorbei, aber wir wissen nicht, ob es ein Moped oder ein leichtes Motorrad war. Daß wir trotz deutlicher und klarer Geruchsimpressionen oft nicht in der Lage sind, einer Geruchsquelle oder einem -stoff den richtigen Namen zu geben, zeigt unsere sehr begrenzte Fähigkeit, Gerüche semantisch zurückzuführen.[174] Um dies ganz deutlich zu machen: Jemand, der eine Banane *sieht*, erkennt mühelos ihren Geruch, wenn jedoch ein Stück Banane unter einem Wattebausch versteckt ist, sind mögliche Identifikationsprobleme nicht ausgeschlossen.

Einer der Hintergründe wurde bereits genannt: Gerüche stimulieren hauptsächlich das limbische System und die rechte Gehirnhälfte, die beide mit unserem Sprachvermögen wenig zu tun haben. Im übrigen läßt sich die weibliche Überlegenheit bei der Benennung von Gerüchen durchaus begründen. Es gibt Hinweise darauf, daß die Gehirnhälften bei der Frau etwas intensiver miteinander kommunizieren als beim Mann, unter anderem deshalb, weil die Querverbindungen zwischen den Hemisphären bei der Frau global besser entwickelt sind.

In neurophysiologischer und psychologischer Hinsicht ist die Identifikation von Gerüchen ein komplizierter Prozeß der relativ viel Zeit, und zwar in Regel mehrere Sekunden, in Anspruch nimmt.[175] Die Entschlüsselung eines Geruchs geschieht wenig effizient und sogar willkürlich, wenn man die Geschwindigkeit und Effizienz anderer Sinnesorgane betrachtet.

Potentielle Etikettierungen oder Bedeutungen aus dem semantischen Gedächtnis müssen aktiviert werden, ein Prozeß der langsam vonstatten geht und in seinem Resultat inkonsistent ist. Bei der anschließenden Selektion eines Labels kann es zu einer Konkurrenz zwischen diversen Benennungen kommen: Der Geruch von altem Käse kann sozusagen auch der von Schweißfüßen sein. Es fällt normalerweise nicht sehr schwer herauszufinden, *daß* etwas »stinkt« oder »appetitlich duftet«, problematisch wird es erst dann, wenn ausgedrückt werden soll, was dieses »Stinken« bzw. »appetitliche Duften« nun *genau* beinhaltet. Selbst bei vertrauten Gerüchen gelingt eine solche Benennung häufig nicht, und im allgemeinen ist die Unterstützung anderer Sinnesorgane nötig, um einen Geruchseindruck auf seine genaue Quelle, Ursache und auf seinen Namen zurückzuführen – wie das Beispiel der Banane erkennen ließ. Merkwürdig ist dies im übrigen nicht. Im Alltagsleben spielt die Benennung und Zuordnung von Gerüchen keine sonderlich große Rolle, da die entscheidende Fähigkeit, gefährliche und harmlose Stoffe zu entdecken und aufzuspüren, recht gut entwickelt ist.

Aus biologisch-evolutionärer Sicht ergibt dies alles durchaus einen Sinn. Der Nutzen genauer Geruchsidentifikationen ist begrenzt. Wesentlich ist, daß wir einen Geruch wahrnehmen und uns das positive oder negative *Signal* erreicht – welchen Stoff wir nun genau riechen, ist von zweitrangiger Bedeutung. Denken läßt sich in diesem Zusammenhang an Emotionen im Sinne allgemeiner Programme, die unser Verhalten formen und auf die Befriedigung unserer Elementarbedürfnisse ausgerichtet sind.[176] Da Emotionen unseren Interessen in einem allgemeinen Sinn dienen, spalten sich wahrgenommene Reize auf der Verhaltensebene nur in vier Kategorien auf: »weitermachen«, »aufhören«, »gut« und »schlecht«.

Aufgrund der engen Verknüpfung zwischen Gerüchen und Emotionen (siehe das limbische System) reicht eine »grobe«, d.h. kaum semantische Informationsverarbeitung aus, um diese globalen Interessen abzudecken.

Wie funktioniert der Geruch bei Menschen, die auf eines oder mehrere ihrer Sinnesorgane verzichten müssen? Blinde können Gerüche erheblich besser identifizieren als Sehende.[177] Sie sind in der Lage, wesentlich mehr Gerüche richtig zu benennen, auch wenn ihre Fähigkeit, eine Reihe spezifischer Gerüche zu erkennen, aus nicht bekannten Gründen weniger gut entwickelt ist. Zu diesen Gerüchen gehören der von Leberwurst, Zigarettenkippen, geröstetem Brot, Popcorn und Mottenkugeln. Demgegenüber können Blinde den Geruch von Honig, Nelkengewürz, Bleichmittel, Zwiebeln, Kaffee und Banane besser oder schneller erkennen und benennen als Sehende. Die Ursache für das höhere Leistungsniveau dieser Menschen liegt auf der Hand. Da es ihnen verhältnismäßig schwerer fällt, eine Geruchsquelle auszumachen, müssen sie sich stärker auf die Eigenschaften des Geruchs selbst konzentrieren. Daraus läßt sich jedoch nicht ableiten, daß Blinde auch ein *sensibleres* Geruchsorgan besitzen, vielmehr ist das Gegenteil der Fall. Der Schwellenwert der Detektion vieler Geruchsstoffe liegt bei ihnen erheblich höher. Die eingebürgerte Vorstellung, Blinde könnten aufgrund ihrer Behinderung besser riechen (oder hören und fühlen) muß also nuanciert werden. Vor allem wenn die Blindheit (bei Kindern) aus einer schweren Krankheit wie einer Gehirnhautentzündung resultiert oder die Folge einer Erkrankung ist, die den gesamten Körper in Mitleidenschaft zieht – zum Beispiel einer Geschlechtskrankheit, die während der Schwangerschaft von der Mutter übertragen wurde – werden sich auch die anderen Sinnesorgane möglicherweise nicht richtig entwickeln.

Die Fähigkeit zur Benennung von Gerüchen kann durchaus verbessert werden. Auch der normal sehende Mensch ist im Prinzip in der Lage, ein gewisses Bezugssystem für Gerüche zu lernen und anzuwenden. Parfümeure und andere Duft*professionals* pflegen sich oft mit ihren besonderen Fähigkeiten zu brüsten, obwohl ihr Leistungsvermögen nicht überschätzt werden sollte.[178] Dennoch würde es uns sehr nützen, wenn wir Gerüche etwas besser identifizieren könnten. Glücklicherweise hat sich herausgestellt, daß das Auge, das Ohr und auch die Sprache oft eine Hilfe sind. So wird Androstenon, ein männliches Pheromon, leichter erkannt, wenn sein Geruch mit einem *Namen* versehen wird.[179] Dahinter verbirgt sich vielleicht das Phänomen, daß die Wahrnehmung mit Hilfe der Sprache geschärft werden kann, ein Mechanismus, der als die *Sapir-Whorf-Hypothese* bezeichnet wird. Wenn man ein Wort für etwas hat, ist es manchmal etwas einfacher von anderem zu unterscheiden. So werden viele Leute behaupten, daß Mauern nur auf eine bestimmte Art und Weise gebaut sind (im sogenannten Läuferverband), aber bei einem Rundgang durch die Stadt mit einem Maurer erkennen, daß es wesentlich mehr unterschiedliche Typen von Mauern gibt.

Dasselbe Prinzip trat bei Untersuchungen zur Differenzierung subtiler Farbnuancen zutage. Wenn man Menschen, die zwischen bestimmten Farbtönen nicht unterscheiden können, wiederholt mit solchen Farben *und* deren Benennungen konfrontiert, scheint sich ihr Farbdifferenzierungsvermögen etwas zu verbessern. Analog dazu hat sich bei diversen Tests gezeigt, daß auch Namen und Beschreibungen von Gerüchen dazu beitragen können, Gerüche zu entdecken und zu erkennen.[180]

Erklären läßt sich dies durch die sogenannte »zweifache Kodierungstheorie«. Informationen prägen sich besser ein, wenn sie doppelt festgelegt (kodiert) werden, das heißt, sowohl semantisch (durch ein Wort, einen Kode) *als auch* in der »Sprache« eines Sinnesorgans selbst. Mit anderen Worten, es ist schwerer, einen Geruch allein im Gedächtnis zu behalten als einen Geruch, der ein passendes Etikett oder eine entsprechende Bedeutung besitzt. Im letztgenannten Fall hat man immerhin zwei »Aufhänger« zur Verfügung. Verdeutlichen kann man dieses Prinzip auch daran, daß es offensichtlich schwieriger ist, sich einen willkürlichen Textauszug zu merken als einen Text, der während der Lernphase entsprechend illustriert war. Auch hier spielt die Doppelkodierung eine Rolle.

Was den Geruch angeht, so sind die vorliegenden Untersuchungsergebnisse allerdings nicht allzu eindeutig und zuverlässig.[181] Man kann sich gut vorstellen, daß sich die Testpersonen bei derartigen Experimenten nicht in erster Linie an die Gerüche erinnern, sondern eher an deren Etikettierungen oder Bedeutungen. Da wir uns normalerweise alle Mühe geben, bei einem Gedächtnistest gut abzuschneiden, ist es denkbar, daß der Beitrag des verbalen Gedächtnisses den des eigentlichen Geruchsgedächtnisses überdeckt. Außerdem kann man (bewußt oder unbewußt) durch logisches Nachdenken und Verbalisieren betrügen, das heißt, jemand hat sich die Geruchsetiketten gemerkt, ohne jedoch die dazugehörigen Gerüche als solche gut und richtig zu erkennen – »Dieser Geruch ist wahrscheinlich nicht a, also wird wohl b gemeint sein, auch wenn ich ihn jetzt nicht erkenne«. In etwa vergleichbar wäre das Behalten von Bücherinhalten gegenüber der

Aufzählung einer Reihe von Titeln. Eine gewisse Analogie besteht auch zu einem Multiple-choice-Test.

Zum Beispiel: Pi ist eine Zahl. Bestimme den Wert von pi:
a. Jan ist krank
b. Piet hat ein Fahrrad
c. 3,14
d. Freitag

Da die Antwort in keinem Fall a, b oder d ist, muß c richtig sein. Weil man die Sprache versteht, kann man die richtige Lösung auch finden, ohne zu wissen, was pi nun eigentlich ist.

Auch das implizite Gedächtnis spielt beim Geruchssinn eine Rolle. Wie gesagt geht es hierbei um Dinge, die wir ohne Absicht und Bemühen bzw. unbewußt speichern und behalten, Dinge, derer wir uns zwar nicht *bewußt* sind, die jedoch trotzdem unser Verhalten beeinflussen. Sogar während einer Vollnarkose werden Informationen über das Gehör aufgenommen, beispielsweise in der Form von Bemerkungen des Chirurgen im OP. Diese Informationen werden im impliziten Gedächtnis gespeichert. Später beeinflussen derart (unschöne) Äußerungen unsere Stimmung wie auch den Genesungsprozeß, ohne daß wir uns daran in irgendeiner Weise erinnern können. Es hat sich gezeigt, daß Patienten, die während einer Gallenblasenoperation Kopfhörer tragen und somit nicht hören *können,* was über ihren Zustand geredet wird, zu 15 bis 20 Prozent früher entlassen werden können. Mit den entsprechenden positiven Bemerkungen läßt sich sogar noch mehr erreichen, aber diese einfache und kostensenkende Methode wird fast nirgendwo praktiziert.[182] Auch bei tiefer Bewußtlosigkeit arbeitet das implizite Gedächtnis noch bis zu einem bestimmten Grad. Es gibt sogar den Fall eines Patienten, der während eines langen Komas mit Jasminseife gewaschen wurde, einer Seifenart, die er nicht kannte, und diesen Geruch wiedererkannte, als er wieder bei Bewußtsein war.

Daß zwischen dem implizitem und dem explizitem Gedächtnis unterschieden werden muß, wird auch daran deutlich, daß der Gedächtnisverlust bei Amnesiepatienten vor allem das explizite Gedächtnis betrifft. Diesen Menschen fällt es schwer, Worte aus einer kurz zuvor genannten Liste aufzuzählen. Fordert man sie hingegen auf, bei einem beliebigen Wort frei zu assoziieren, nennen sie fast ebensoviele Worte von dieser Liste wie Menschen ohne Gedächtnisstörungen. Dies erlaubt die Schlußfolgerung, daß das implizite Gedächtnis weniger geschädigt ist als das explizite. Leider wird dieser faszinierende Prozeß und Unterschied bei der Erforschung des Geruchsgedächtnisses nur selten berücksichtigt.

Eine weitere Frage: Wirkt sich eine frühere Konfrontation mit einem anderen Geruch bei der Benennung positiv aus? Kann man beispielsweise den Geruch einer Boulette besser erkennen, wenn man zuvor dem von Rosenkohl ausgesetzt war? Oder für die Freunde der italienischen Küche: Hilft der Duft von Oregano bei der Identifizierung von Spaghettisauce? Tatsächlich kann das Erkennen eines bestimmten Stoffes die Entdeckung eines verwandten, das heißt damit assoziierten Stoffes, erleichtern. Dies ergibt sich wahrscheinlich durch die Unterstützung des semantischen Bezugsrahmens. Aber wie dem auch sei, bei der Frage nach der genauen Funktion des Geruchsgedächtnisses spalten sich die Geister. Manche Wissenschaftler sind der Auffassung, daß sich dieses Gedächtnis nicht wesentlich vom visuellen Gedächtnis unterscheidet,[183] eine These, der von einer anderen Forscherfraktion heftig widersprochen wird.[184] Sie vertritt den – durchaus nachvollziehbaren – Standpunkt, daß Geruchswahrnehmungen kaum in abstracto kodiert sind und (von daher) als einmalige, unbearbeitete und kaum austauschbare Impressionen gespeichert werden.

Eine Geruchsempfindung steht nicht in einem direkten Zusammenhang mit abstrahierenden Systemen in unserem Gehirn (man sollte sich hier wiederum klar machen, daß der Geruch ein evolutionär altes Sinnesorgan ist), und die Bedeutung eines Geruchs ist zunächst hedonischer und nicht kognitiver Art. Das zeigt sich, wie bereits gesagt, auch bei Messungen der elektrischen Gehirnaktivität, die eine Dominanz der rechten Hemisphäre bei der Erkennung von Gerüchen ausweisen, während Sprachverständnis und -praxis hauptsächlich eine Angelegenheit der linken Hemisphäre sind.

Für diese globale Aufgabenverteilung können zum Teil bereits genannte, biologisch-evolutionäre Gründe angeführt werden.

Die rechte Hemisphäre beherbergt vor allem motorische Programme grober oder globaler Beschaffenheit, die mit emotionalen Reaktionen zu tun haben (wie weglaufen); die linke beinhaltet hauptsächlich Programme für die Feinmotorik und die Sprache. Weil Gerüche auch und vor allem mit Emotionen verknüpft sind und häufig eine Alarmfunktion haben, liegt es auf der Hand, daß das Erkennen eines solchen Signals in erster Linie an die groben Bewegungsprogramme gekoppelt ist.[185] Es sei noch einmal kurz erwähnt, daß eine wichtige Funktion des Geruches scheinbar darin besteht, konkrete Verhaltensreaktionen an konkrete Geruchswahrnehmungen zu koppeln; kognitive und intellektuelle Ziele oder Funktionen stehen nicht an erster Stelle.[186] Veranschaulicht wird dies auch durch die Tatsache, daß es für Menschen schwierig ist, sich Gerüche so »einzubilden« oder »abzurufen«, wie man zum Beispiel den Eiffelturm vor seinem geistigen Auge erscheinen läßt. Daß dennoch 40 Prozent der entsprechend Befragten behaupten, hierzu in der Lage zu sein,[187] könnte allerdings wieder einmal auf einer gewissen Selbstüberschätzung beruhen. Die Identifizierung von Gerüchen verbessert sich nicht, wenn die Versuchsperson aufgefordert wird, alles zu versuchen, sich den Geruch auch einzubilden.[188] Andere Tests haben gezeigt, daß dies nur in seltenen Fällen gelingt.

Ein merkwürdiges, mit dem Geruchsgedächtnis eng verbundenes Phänomen ist folgendes:[189] Wenn man Testpersonen einen Geruch anbietet und sie angeben sollen, wann sie diesen Geruch erneut wahrnehmen, stellt sich heraus, daß weniger Testpersonen ihn nach drei Sekunden wiedererkennen, als wenn bereits zwölf Sekunden verstrichen sind. Logisch, würde man meinen, das ist die Wirkung der Adaption. So einfach liegen die Dinge jedoch nicht, denn bei einer noch längeren Pause sinkt der Prozentsatz der richtig urteilenden Testpersonen wieder ab, so daß wir bei einem Intervall von ungefähr dreißig Sekunden wieder dasselbe Bild wie bei dem Drei-Sekunden-Test haben. Der *Höchstwert* liegt um die zwölf Sekunden. Wie ist das zu erklären? Bei Bildern und Geräuschen kommt ein solch spätes Optimum nicht vor. Offenkundig braucht das Geruchsgedächtnis verglichen mit anderen Sinnesorganen viel Zeit, um die Information zu speichern. Zudem verläuft dieser Prozeß alles andere als reibungslos. Die Anzahl unrichtiger Beurteilungen ist relativ groß: Um die 20 Prozent der Testpersonen meint, den Geruch zu einem Zeitpunkt zu erkennen, wo dieser überhaupt nicht angeboten wird (»falscher Alarm«). Im übrigen wird die Intensität des zu speichernden Geruchs nach einer gewissen Zeit zunehmend geringer beurteilt, als sie faktisch ist. Dies eventuell als Trost für Menschen mit chronischen Schweißfüßen oder für die Unglücklichen, die aufgrund von Bakterienwucherungen einen penetranten Achselgeruch verbreiten.[190] Dieser »Lerneffekt« wurde bereits früher und in einem anderen Zusammenhang erwähnt.

Des weiteren hat sich gezeigt, daß die Erkenntnisfähigkeit nachläßt, wenn man die Versuchsperson kurze Zeit nach dem ersten Geruch mit einem anderen konfrontiert.[191] Man nimmt an, daß eine solch neue Impression mit dem Speicherprozeß des ersten Geruchs interferiert und das »einsatzbereite Wissen« somit angegriffen wird. Bietet man in der Zwischenzeit keinen zweiten Geruch an, sondern fordert die Versuchsperson auf, eine andere Aufgabe zu erledigen, wie zum Beispiel rückwärts zu zählen, zeigt sich dieser Effekt kaum. Auch bei einer Wiederholung des fraglichen Geruchsnamens entstehen keine Störungen; eine Namensgebung erweist sich bei der Identifizierung eher als hilfreich, ein Phänomen, das wir soeben schon in einem anderen Kontext beobachten konnten. Der Geruchseindruck wird jetzt auch über die Sprache verschlüsselt und im Gedächtnis gespeichert, was nicht zu einer Interferenz führt, sondern eine Vereinfachung zur Folge hat. Dies zeigt sich auch dann, wenn man die Versuchsperson den Namen eines anderen Geruchs wiederholen läßt und dies für die Erkennung des fraglichen Geruchs so gut wie folgenlos bleibt.

Mag das Erkenntnisvermögen innerhalb einer kurzen Zeitspanne auch manchmal mangelhaft sein – sicherlich im Vergleich zu Bildern und Geräuschen – langfristig funktioniert es wesentlich besser. Was einmal, wenn auch vielleicht mit Mühe, im Geruchsgedächtnis gespeichert ist, bleibt dort für längere Zeit gut bewahrt. Viele Experimente belegen, daß Gerüche, an die man sich nach einem Tag erinnert, im allgemeinen auch noch nach einem Monat nicht vergessen sind, und selbst nach einem Jahr sind die Leistungen des Geruchsgedächtnisses noch als recht gut zu bezeichnen.[192] Auch hier lassen die Frauen die Männer hinter sich.

Eine häufig geäußerte, aber durchaus fragwürdige Auffassung besagt, daß eine Geruchsimpression als ein Gesamteindruck (»Gestalt«) gespeichert wird, so daß der Mechanismus kaum unter Störungen durch andere Wahrnehmungen leidet. Das ist jedoch nicht völlig richtig, denn schließlich beeinträchtigt das Angebot eines anderen Geruchs den Prozeß der Identifikation. Dies gilt auch für andere Sinnesorgane. Einen visuellen Reiz, wie die Abbildung in einem Urlaubsprospekt, wird man langfristig vergessen, auch und vor allem, weil so viele unterschiedliche Elemente gespeichert werden müssen. Ferner können andere und neue Wahrnehmungen die Erinnerung an die ursprüngliche Abbildung stören. Weniger detaillierte oder sehr bekannte Abbildungen werden von daher auf Dauer besser behalten als komplexe oder unbekannte Bilder – ein Prinzip, das auf den Geruch übertragbar scheint: Je komplizierter (Gemische) oder je weniger vertraut Gerüche sind, desto schlechter werden sie behalten.[193]

Ob dies jedoch auch bedeutet, daß es zwischen dem visuellen (und dem auditiven) Gedächtnis und dem Geruchsgedächtnis keinen fundamentalen Unterschied gibt, ist bis jetzt noch nicht bekannt.

Gerüche als Gedächtnisstütze

Der süßliche Geruch von Haferbrei wird von vielen Menschen erkannt, auch wenn sie diese Köstlichkeit schon Jahre nicht mehr gegessen haben. Ebenso hat sich das Aroma der Nutellapausenbrote bei vielen unauslöschlich in der Erinnerung verankert. Auch wenn man einem Geruch vierzig Jahre nicht mehr begegnet ist, wird man ihn möglicherweise bei einem Geruchstest erkennen. Das ist bemerkenswert, wenn man bedenkt, daß wir uns nach einer so langen Zeit an andere und wesentlichere Dinge häufig nicht mehr erinnern, zum Beispiel wie die Lehrerin hieß und wie sie aussah oder wieviele Kinder in der Klasse waren. Wird das Nutellabrot etwas länger berochen, tauchen oft auch andere Erinnerungen an die betreffende Zeit auf, und wenn jemand glaubt, kaum etwas über seine Grundschuljahre erzählen zu können, kann der Geruch von Kreide die eine oder andere Erinnerung wieder zu Tage fördern. Um es anders auszudrücken: Gerüche aktivieren das episodische Gedächtnis. Manchmal kann der Geruchssinn die Funktion eines »Anlassers« haben, der allerlei scheinbar vergessene Erlebnisse und Ereignisse aus der Vergangenheit reaktiviert, auch wenn man den Geruch, um den es konkret geht, manchmal nicht einmal benennen oder näher umschreiben kann.

Es handelt sich hier um einen Mechanismus, der als *state dependent retrieval* bezeichnet wird. Was in einem bestimmten physiologischen Zustand, in einer spezifischen mentalen Verfassung oder an einem bestimmten Ort erfahren oder gelernt wurde, wird unter identischen Bedingungen am besten erinnert.

Beispiele: Wenn jemand in leicht angetrunkenem Zustand eine Liste mit Wörtern auswendig lernt, wird ihm die Reproduktion besser gelingen, wenn er sich zuvor einen Schnaps genehmigt hat; ein Taucher wird an der Wasseroberfläche weniger Wörter reproduzieren als in der betreffenden Lernphase unter Wasser usw.[194] Dies deckt sich mit der Tatsache, daß Augenzeugen von Unfällen oder Verbrechen bessere Leistungen zeigen, wenn sie ihre Schilderung am Ort des Geschehens abgeben, da der Anblick der Umgebung ihre Erinnerungen aktiviert.[195]

Diese Verknüpfung oder Form der Konditionierung existiert auch im Stimmungsbereich. Nachdem Testpersonen monatelang ein Tagebuch geführt hatten, wurden sie aufgefordert, eine Zusammenfassung zu schreiben.

Diejenigen, die sich zu diesem Zeitpunkt niedergeschlagen fühlten, verfaßten eine ziemlich traurige Geschichte, während die Gutgelaunten vor allem von angenehmen Dingen erzählten. Bei einer Kontrolle anhand des tatsächlichen Inhalts der Tagebücher stellte sich heraus, daß diese Diskrepanz nicht etwa auf »Lügen« beruhte, sondern auf einem Prozeß unbewußter Selektion. Wenn man sich niedergeschlagen fühlt, denkt man, das ganze Leben sei ein einziges Trauerspiel. Eine in diesem Rahmen berüchtigte Konstruktion ist, daß Krebspatienten angeblich häufig eine »unglückliche Kindheit« hatten. Dies ist oft keineswegs der Fall. Vielmehr ist die Erinnerung dieser Menschen durch die düstere Stimmung gefärbt, in die sie durch die Diagnose geraten sind.[196]

Aber zurück zu unserem Ausgangspunkt: Auch Gerüche können als Gedächtnisstütze fungieren und zudem eine bestimmte Stimmung mit den entsprechenden Erinnerungen erzeugen. Daß diese Bilder aus der Erinnerung oft deutlich emotional beladen sind, wird angesichts der Verbindungen zwischen dem Geruchssinn und dem limbischen System sowie der rechten Hemisphäre begreiflich.[197] In einem Experiment wurden zwanzig alltägliche Gerüche – in einer Variationsbreite von Pfefferminze bis zu Schweißsocken – angeboten. Man befragte die Versuchspersonen nach den Erinnerungen, die diese Gerüche bei ihnen auslösten. Tatsächlich produzierten die Gerüche in vielen Fällen ein Erinnerungsbild, obwohl die Person den Geruch selbst oft nicht einordnen konnte. Bei einem großen Prozentsatz der Testpersonen waren diese Erinnerungen emotional gefärbt und sehr lebendig. Fast zwei Drittel der Bilder stand in Zusammenhang mit Ereignissen, die mindestens ein Jahr zurücklagen, während über ein Viertel in die Kindheit gehörte. (Letzteres kann damit zusammenhängen, daß es sich bei den Testpersonen um etwa zwanzigjährige Studenten handelte). Darüber hinaus taten sich markante Unterschiede zwischen Männern und Frauen auf. Die von den Frauen benutzte Terminologie war in der Regel noch etwas emotionaler und ihre Erinnerungen waren schärfer oder lebendiger als die der Männer.

Des weiteren stellte sich heraus, daß man sich in einer angenehm duftenden Umgebung auch an mehr positiv besetzte Erfahrungen erinnerte, oder anders gesagt: Das Riechen eines angenehmen Duftes ist an die Reproduktion schöner Erinnerungen gekoppelt.[198] Diese Verknüpfung verläuft jedoch in beide Richtungen und funktioniert nicht bei jedem gleich. Es kann keine Rede davon sein, daß es Düfte gibt, die wirklich inhärent und »zwingend« angenehm wären. Der Punkt ist, daß eine angenehme Erfahrung, die mit einer bestimmten Geruchswahrnehmung verbunden war, diesen Geruch über die Konditionierung angenehm *macht*. Anschließend wird jemand durch den betreffenden Geruch in eine gute Stimmung versetzt, die auch und vor allem Erinnerungen an schöne Erlebnisse wachruft. Auch der Umkehrfall gilt: Man denke nur an die bedrückenden Assoziationen, die von der typischen Krankenhausluft ausgelöst werden können. Theoretisch täte ein Krankenhaus gut daran, dieses Fluidum von Zeit zu Zeit über die Klimaanlage auszutauschen, nicht zuletzt, weil trübsinnige Gedanken und Niedergeschlagenheit den Genesungsprozeß verzögern.

Der Zusammenhang zwischen Gerüchen und dem Gedächtnis gilt nicht nur im Hinblick auf Vergangenes, sondern kann auch eine Lernhilfe sein. Eine auswendig gelernte Liste mit Wörtern wird in einem nach Jasmin duftenden Raum besser reproduziert, wenn dieser Duft auch während der Lernphase im Raum hing (man denke auch an das Beispiel des Alkohols). In diesem Fall aktiviert der Geruch also das semantische Gedächtnis für die fraglichen Wörter.[199] Dasselbe gilt für das Wiedererkennen menschlicher Gesichter auf Paßfotos.[200] Jasmin hat dabei keinen Sonderstatus – bei derartigen Experimenten macht es wenig aus, ob es in dem Raum betörend duftet oder widerwärtig stinkt. Im Prinzip kann jeder Geruch über die Konditionierung als Gedächtnisstütze fungieren. Neutrale oder unbekannte Gerüche die (noch) keine Emotionen hervorrufen, sind allerdings am wirkungsvollsten, weil sie verhältnismäßig leicht mit einer neuen Situation verknüpft werden können. Tetrahydrothiophen hingegen wird so stark mit Erdgas assoziiert, daß es sich für derartige Versuche weniger eignet. Gerüche können also als Gedächtnisstütze oder als Mittel dienen, Reaktionen und Leistungen zu konditionieren. Ein an sich neutraler Geruch kann über die Assoziation mit dem Kontext, in dem er wahrgenommen wird, eine bestimmte Bedeutung erhalten. Diese Form der Konditionierung manifestiert sich auch, wenn man Stimmungen und Leistungen über Konditionierung miteinander verknüpft. Dazu wurde folgendes Experiment durchgeführt.[201] Eine Reihe von Menschen wurde aufgefordert, aus kleinen Kästchen komplizierte Muster zu entwerfen, wobei es sich hierbei um die Teilaufgabe eines Intelligenztestes (WAIS = *Wechsler Adult Intelligence Scale*) handelte. Bei der Hälfte war das Hinweisblatt des Tests mit einem Stoff imprägniert, der im Englischen die Bezeichnung *trimethylundecylenic aldehyde* (kurz TUA) hat, ein neutraler Geruchsstoff, der keine spezifischen Assoziationen oder Gefühle hervorruft. In einer zweiten Sitzung wurden die Teilnehmer aufgefordert, anhand einer Fragenliste Fotos von Männern und Frauen zu beurteilen. Dabei sollte auf den (emotionalen) Eindruck geachtet werden, den die Fotografierten auf die Testpersonen machten: angespannt – entspannt, besorgt – zufrieden, nervös – ruhig, unfreundlich – freundlich, anziehend – unattraktiv. Die Ergebnisse machten folgendes deutlich: Insbesondere die weiblichen Testpersonen, die bei der Puzzleaufgabe verhältnismäßig große Probleme gehabt hatten, bewerteten die Fotos dann wesentlich negativer, wenn der TUA-Geruch aus der ersten Sitzung noch im Raum hing.[202] Der Streß, den sie bei der Lösung des Puzzles erfahren hatten, wurde also im Hinblick auf eine andere Aufgabe »generalisiert«. Eine zweite Fragenliste, mit der die Stimmung der Versuchspersonen ausgelotet werden sollte, ließ erkennen, daß sich die TUA-Gruppe während der zweiten Sitzung außerdem ängstlicher fühlte als die Kontrollgruppe. Diese Art von Versagensangst war bei den weiblichen Versuchspersonen verbreiteter als bei den männlichen. Nichts von alledem galt für die Testpersonen, die ebenfalls Mühe bei der Lösung des Puzzles hatten, zunächst jedoch ein geruchloses Hinweisblatt erhielten.

Da die fragliche Gruppe klein war – zwölf Männer und zwölf Frauen – sollte man die vorliegenden Ergebnisse nicht dahingehend interpretieren, daß Frauen mit Hilfe von Gerüchen leichter zu konditionieren sind als Männer. Allerdings macht dieser Test deutlich, daß Gerüche, die mit der Lösung von Aufgaben verbunden werden, Emotionen oder Stimmungen erzeugen oder verstärken können. Ein an sich neutraler Geruch wurde mit dem »Streß« verbunden, den die Erledigung einer schwierigen Aufgabe erzeugte. Allein schon die Konfrontation mit diesem Geruch kann offensichtlich die empfundene Angst oder das Streßgefühl wieder hervorrufen – ein Konditionierungsprozeß, der sich auf der Ebene des Unbewußten abspielt. Als die Versuchspersonen nach Abschluß des Tests gefragt wurden, ob ihnen etwas Besonderes aufgefallen sei bzw. ob sie eine Ahnung hätten, was mit diesem Test bezweckt werden sollte, brachte niemand die beiden Sitzungen miteinander in Verbindung. Zur Verifikation wurde der Geruch nochmals präsentiert und mit der Frage verknüpft, ob man ihn schon eher gerochen habe. Nur ein Sechstel der Versuchspersonen erkannte den Geruch wieder, und nur zwei Teilnehmern kam die Idee, daß sie ihn während des Experiments wahrgenommen hatten. Daß derartige Phänomene nicht nur in Labortests beobachtet werden konnten, belegt das folgende Beispiel: Eine Frau saß wegen eines Stromausfalls zwölf Stunden lang in einem Lift eingeschlossen. Später stellte sich heraus, daß sie auf das Parfüm, das sie zu der fraglichen Zeit aufgetragen hatte, mit klaustrophobischen Anfällen reagierte und es nicht mehr verwenden wollte.[203]

Dieses Experiment und dieser Fall belegen (nochmals) die wichtige Signalfunktion von Gerüchen. Wenn man in einer spezifischen Duftatmosphäre durch eine komplizierte Aufgabenstellung unter Druck gesetzt wird, wirkt der betreffende Geruch bei einer neuen Aufgabe als Zeichen der Streß-Antizipation. Dieses Streßgefühl stellt sich auch dann ein, wenn es überhaupt keinen Grund zur Aufregung gibt, wie das genannte Beispiel der Auswertung von Fotos deutlich machte. Gerüche können also über einen Lernprozeß dazu führen, daß wir uns auf eine bestimmte Weise verhalten und fühlen.

Diese Feststellungen sollten auch deutlich gemacht haben, daß Gerüche nicht *per definitionem* einen positiven oder negativen Einfluß auf Examens- oder andere Leistungen haben. Es geht in erster Linie um Assoziationen und Lernprozesse einschließlich einer einfachen Konditionierung. Allerdings ist es aufgrund dieser Mechanismen durchaus denkbar, daß ein Student ein besseres Examen macht, wenn der Prüfungsraum ähnlich riecht wie sein Zimmer, in dem er sich auf die Prüfung vorbereitet hat.

Nur in seltenen Fällen wirkt ein Geruch direkt auf die Lernfähigkeit ein. So bewirkt Lavendelduft beispielsweise eine eher höhere Fehlerquote beim Addieren von Zahlen, da er entspannend wirkt und der (aktiven) Einstellung gegenüber einer solchen Aufgabe zuwiderläuft.[204] Andererseits könnte Lavendel günstig auf Studenten wirken, die sowohl Talent für Mathematik haben als auch unter Prüfungsangst leiden (Lavendel wird auch manchmal »Studentenkraut« genannt). Das Verhalten von Tieren ist insofern ähnlich, als daß Gerüche ihr Verhalten oft direkt beeinflussen. So rennen Ratten, die Baldrian oder auch Rosenöl riechen, weniger schnell durch ein Labyrinth, während Veilchenextrakt auf einige Tiere durchaus stimulierend wirkt.[205] Dazu lassen sich weitere Beispiele nennen. Auf dem Londoner Flughafen Heathrow wird Tannennadelduft versprüht, um die Fluggäste in eine angenehme Stimmung zu versetzen, wobei man jedoch offenkundig diejenigen vergessen hat, die sich als Kind im Wald verirrt haben und den Duft von Tannennadeln mit Angst assoziieren. Ferner scheint Zitronenduft die Fehlerquote bei der Speicherung von Computerdaten und bei der Textverarbeitung zu senken. Dies hat einige Unternehmen dazu veranlaßt, über die Klimaanlage Zitronenduft zu verbreiten. Bei vielen japanischen Betrieben ist es sogar üblich, die Luft im Laufe eines Arbeitstages mit wechselnden Düften anzureichern, die sich stimulierend auf die Arbeit zu verschiedenen Tageszeiten auswirken sollen: Dem morgendlichen leichten Zitronengemisch folgt ein leichter Blumenduft, während man sich am Nachmittag von Holzgeruch eine Steigerung der Arbeitsmoral erhofft.[206] In Geschäften sollen bestimmte Düfte die Kunden zum Bleiben bewegen. So steigt scheinbar der Verkauf von Sportschuhen, wenn die Abteilung dezent nach Blumen duftet, und Autos üben eine größere Anziehungskraft auf potentielle Käufer aus, wenn sie mit dem Geruch von Neuwagen eingesprüht wurden. In niederländischen Kaufhäusern hat sich übrigens nicht bestätigt, daß der Umsatz dank eines bestimmtes Duftes steigt; allerdings kann die *subjektive* Aufenthaltsdauer im Kaufhaus etwas verlängert werden.[207] In den USA hat man sogar Sprühdosen mit dem Geruch sauberer Zimmer in den Handel gebracht. Schließlich wurde auch schon die Möglichkeit erwogen, Telefonzellen mit aggressionsdämpfenden Riechstoffen (z. B. Babyöl) einzusprühen, um sie auf diese Weise vor Vandalismus zu schützen. Vielleicht wäre es sogar denkbar, ganze Fußballstadien mit enormen Sprühanlagen auszustatten, die zum Einsatz kommen könnten, sobald Krawalle unter den Fans auszubrechen drohen.[208]

Die Beeinflussung des Verhaltens durch Gerüche ist in gewissem Sinne schon lange bekannt. Ein Fachmann auf dem Gebiet der Gartenarchitektur schrieb bereits 1771 folgendes: »Die Ruheplätze, Studierkammern, Eßsäle und Badezimmer sollten von lieblichen Düften umgeben sein. Der Genuß dieser Parfüms läßt den Menschen zu einer unbeschreiblichen inneren Entspannung und Ruhe kommen und sein Herz in einem warmen Gefühl des Wohlbehagens baden.«[209]

Über den Zusammenhang mit Farben

Der Geruch ist ein eigenartiges Sinnesorgan. Unsere Nase kann einen großen Prozentsatz der schätzungsweise 400 000 bekannten Duftstoffe voneinander unterschieden, fragt man jedoch nach dem Namen eines Geruchs, ist der oder die Betreffende, wie wir sahen, oft mit Stummheit geschlagen.[210] Ein Geruch (in einem Fläschchen) wird als angenehm oder eklig empfunden, in einigen Fällen gelingt es, die mögliche Quelle oder Art des Stoffes zu nennen, eine richtige Diagnose wird man jedoch in den meisten Fällen nicht erhalten. Würde das Auge so funktionieren wie die Nase, bekäme man beim Anblick eines Blattes knallroten Papiers in etwa zu hören: »Sieht wütend aus« statt »Dies ist ein rotes Blatt Papier«. Das verwandte Bordeauxrot könnte eine ganz andere Empfindung hervorrufen, wie: »Macht einen warmen Eindruck« und »Sieht sehr appetitlich aus, erinnert mich irgendwie an Wein«. Auch das Umgekehrte gilt: Physisch vollkommen unterschiedliche Reize, zum Beispiel ein giftgrünes und ein knallrotes Objekt, könnten als fast identisch beurteilt werden, wenn das Auge so sehen würde, wie die Nase riecht, nämlich primär empfindlich für und hauptsächlich gerichtet auf die hedonische Qualität und emotionale Besetzung des Reizes.

Zwischen Gerüchen und Farben existiert eine faszinierende Wechselwirkung. Nachgewiesen wurde, daß die wahrgenommene Intensität eines Geruches zunimmt, wenn der Geruchsstoff (in einer Flasche) farbig ist.[211] Dieses Phänomen tritt auch dann in Erscheinung, wenn man ungebräuchliche und in gewissem Sinne nicht korrespondierende Farben hinzufügt: Rot zu Zitronengeruch, grün zu Erdbeerduft.

Da den Testpersonen in der Regel eine solche Interaktion zwischen Gerüchen und Farben nicht bewußt ist, reagieren sie erstaunt auf die Mitteilung, daß das ungefärbte Gemisch ebenso stark ist wie das gefärbte. Manche weigern sich, dies zu glauben, und beharren darauf, daß die Wissenschaftler etwas falsch gemacht haben. Man könnte sagen, daß hier eine »perzeptuelle Antizipation« des Geruchseindrucks vorliegt, die durch Farbe erzeugt wurde. Was farblos ist – so vielleicht unsere unbewußte Argumentation – muß auch geruch- und geschmacklos sein. Im übrigen ist es auch möglich, daß Sinnesorgane eine regelrecht verstärkende Wirkung aufeinander ausüben, die als »intermodale Interaktion« bezeichnet wird.

Diese Diskussion wollen wir hier allerdings nicht führen.

Für die Verknüpfungen zwischen Farben und Gerüchen ist noch eine weitere Ursache zu nennen: Ein angenehmer oder übler Geruch besitzt im allgemeinen auch die »dazu passende« schöne oder häßliche Farbe. Manche Farben sind sogar so stark mit bestimmten Gerüchen assoziiert, daß die Kombination mit einer anderen Farbe den Geruchseindruck verfälscht. Wenn Kirschsaft orangegelb gefärbt ist, wird man glauben, daß er nach Apfelsine riecht und ihn als Apfelsinensaft oder ähnliches trinken. Fruchtsäfte bestehen häufig aus einem Gemisch verschiedener Fruchtextrakte, und die Geruchs- oder Geschmackswahrnehmung wird vor allem durch die *Farbe* des Getränks in eine bestimmte Richtung gelenkt: Johannisbeersaft ist schwarz, Tomatensaft rot. Eine nicht beantwortete Frage lautet, warum Parfüm fast immer gelb oder urinfarben ist. Wahrscheinlich verbirgt sich dahinter die ganz einfache Überlegung, daß der Stoff auf der Haut nicht sichtbar sein soll.

Diese Verknüpfungen von Farben und Gerüchen können auch durch Konditionierung zustande kommen bzw. aus früheren Erfahrungen resultieren. Vielleicht regen manche Erlebnisse das Nervensystem dazu an, synaptische Verbindungen zwischen den Systemen herzustellen, die Farben und Gerüche verschlüsseln. Sehr wahrscheinlich ist dies allerdings nicht, denn der Abstand zwischen dem Riechhirn und dem visuellen System ist doch recht erheblich. Dennoch läßt sich nicht ausschließen, daß bereits ab der Geburt neurale Verbindungen zwischen dem visuellen und dem olfaktorischen System bestehen. Die folgende Beobachtung könnte in diese Richtung deuten.

Babys sind zu Anfang kaum in der Lage, die Informationen der verschiedenen Sinnesorgansysteme richtig voneinander zu trennen. Bei sehr kleinen Kindern werden alle Eindrücke sozusagen auf einen Haufen geworfen – ein Phänomen, das man als *Synästhesie* bezeichnet. Bei älteren Kindern und Erwachsenen bedeutet Synästhesie, daß ein Lichtreiz stark mit einem bestimmten Geräusch assoziiert werden kann oder daß man Farben wahrnimmt, während man einer Musik lauscht. In sehr wenigen Fällen bleibt diese frühkindliche Verwirrung auch in späteren Jahren erhalten. Solchen Menschen fällt es beispielsweise schwer, Bilder von Geräuschen zu unterscheiden. Alle sinnlichen Informationen werden bis zu einem gewissen Grad zusammengefügt oder vermischt. Um ein Bild als ein Bild, einen Geruch als einen Geruch und ein Geräusch als ein Geräusch zu erkennen, ist anatomisch eine Spaltung von Systemen oder »Modulen« nötig. Möglicherweise bleibt ein Rest des ursprünglich »diffusen Netzwerks« bestehen, was den Einfluß von Farben auf die Wahrnehmung von Gerüchen zum Teil erklären könnte.[212] Man kann es auch anders sagen: Synästhesie beruht auf einer »groben« Form der Informationsverarbeitung. Die Neocortex des Neugeborenen besitzt bei weitem noch nicht die Mikrostruktur, die für ein gutes Funktionieren notwendig ist. Auch dies bedingt, daß in der Erlebniswelt dieser Kinder alles mit allem zusammenhängt. Erst später wird für jedes Sinnesorgan ein eigener »Kanal« in der Neocortex erschlossen – ein Prozeß, der jedoch nicht immer zu einer völligen Trennung der Systeme führt.

Daß Synästhesie einen anatomischen Hintergrund hat, belegt die folgende Beobachtung. Bei Menschen, die Geräusche mit Farben assoziieren, soll Blut aus den Sprachsystemen in der linken Cortex in Bereiche strömen, die mit dem Farbsinn zu tun haben. In gewissem Sinne fehlt hier also eine »Barriere«, so daß eins mit dem anderen in Beziehung gebracht wird.[213]

Sprache und Literatur

Unser Vokabular, mit dessen Hilfe wir Gerüche beschreiben können, ist – dies wurde bereits wiederholt gesagt – kärglich oder mangelhaft – ein Phänomen, das wahrscheinlich unserer neuralen Architektur zuzuschreiben ist. Die Teile des Gehirns, die in einem engen Bezug zum Sprachgebrauch stehen, haben nur vereinzelt direkte Verbindungen zum olfaktorischen System. Da Bewußtsein und Sprache sehr eng miteinander verknüpft sind, ist auch begreiflich, warum die Geruchsinformation in erster Linie auf der Ebene des *Un*bewußten eine Rolle spielt.

Dennoch einige Fragen zu den Grenzen und Schwächen dieser Terminologie. Werden sie hauptsächlich durch die faktisch schwer klassifizierbaren Gerüche selbst bedingt (Kapitel 3) oder haben wir es eher mit einer gewissen Ohnmacht zu tun, die auf die spezifische Konstruktion unseres Gehirns zurückgeführt werden kann? Ist die Bedeutung einer Geruchswahrnehmung beispielsweise mit dem körperlichen Ausdruck von Wut und Aggression zu vergleichen – ein Prozeß, der unter die Kontrolle des unbewußt funktionierenden Hirnstamms fällt und im allgemeinen sicherlich nicht mit einem gepflegten und grammatikalisch korrekten Sprachgebrauch einhergeht? Es ist schwer, hierzu etwas Sinnvolles zu sagen, da man über das Zusammenwirken und die Kommunikation diverser Teile des Gehirns nur sehr wenig weiß.

Wenn wir die Qualität eines Geruchs bestimmen und benennen wollen, machen wir häufig eine Anleihe bei der Terminologie anderer Sinnesorgansysteme. Viele Bezeichnungen für Gerüche gehören in den Bereich des Geschmacks: sauer, süß, ranzig, bitter, scharf, fein, appetitlich und eklig. Auch mit dem Fühlen (warm, kalt, schwer, frisch) und dem Hören (klar, vage, dunkel) werden Assoziationen hergestellt. Adjektive, die direkt mit einer Geruchswahrnehmung bzw. -bewertung zu tun haben, sind überwiegend von den entsprechenden Substantiven abgeleitet (Luft, Gestank, Geruch, Duft). Allzu groß ist dieses spezifische Wortfeld im übrigen nicht: muffig, betäubend, stinkend, faulig, penetrant, würzig, parfümiert, flüchtig. Sind unsere begrenzten verbalen Ausdrucksmöglichkeiten für diesen Bereich rein biologischen (oder neurophysiologischen) Ursprungs oder steckt vielleicht mehr dahinter? Möglicherweise kommt auch hier ein soziokultureller Faktor zum Tragen. Gerüche haben in modernen, entwickelten Kulturen keinen besonders hohen Stellenwert, und es hat sogar eine Zeit gegeben, in der die Sprache »geruchsfrei« gemacht wurde (Kapitel 1). Es ist durchaus denkbar, daß die Sprache hinsichtlich der Gerüche etwas ärmer *geworden* ist. Spinnt man diesen Faden weiter, so könnte der Sprachgebrauch bei einem eventuellen soziokulturellen Umschlag, der auch mit einer Aufwertung des Geruchs verbunden ist, entsprechend vielfältiger und differenzierter werden.[214]

»Etwas in allen Düften und Farben schildern« – so lautet wörtlich übersetzt ein niederländisches Idiom, aber tun wir das wirklich? Farben nehmen in Romanen und Erzählungen einen herausragenden Platz ein, Gerüche kommen weitaus seltener zur Sprache. Wir geben uns schon mit Äußerungen zufrieden, die da lauten: »Das riecht nach Kaffee« oder »Dieser Geruch erinnert irgendwie an Orangen«. In dem bekannten Roman von Patrick Süskind »*Das Parfüm*« wird diese Methode, das heißt, der Verweis auf einen Gegenstand zur Typisierung oder Andeutung eines Geruchs, vielfältig praktiziert. Ein Auszug:

»Zu der Zeit, von der wir reden, herrschte in den Städten ein für uns moderne Menschen kaum vorstellbarer Gestank. Es stanken die Straßen nach Mist, es stanken die Hinterhöfe nach Urin, es stanken die Treppenhäuser nach fauligem Holz und nach Rattendreck, die Küchen nach verdorbenem Kohl und Hammelfett; die ungelüfteten Stuben stanken nach muffigem Staub, die Schlafzimmer nach fettigen Laken, nach feuchten Federbetten und nach dem stechend süßen Duft der Nachttöpfe. Aus den Kaminen stank der Schwefel, aus den Gerbereien stanken die ätzenden Laugen, aus den Schlachthöfen stank das geronnene Blut. Die Menschen stanken nach Schweiß und nach ungewaschenen Kleidern; aus dem Mund stanken sie nach verrotteten Zähnen, aus ihren Mägen nach Zwiebelsaft und an den Körpern, wenn sie nicht mehr ganz jung waren, nach altem Käse und nach saurer Milch und nach Geschwulstkrankheiten. Es stanken die Flüsse, es stanken die Plätze, es stanken die Kirchen, es stank unter den Brücken und in den Palästen. Der Bauer stank wie der Priester, der Handwerksgeselle wie die Meistersfrau, es stank der gesamte Adel, ja sogar der König stank, wie ein Raubtier stank er, und die Königin wie eine alte Ziege, sommers wie winters. Denn der zersetzenden Aktivität der Bakterien war im achtzehnten Jahrhundert noch keine Grenze gesetzt, und so gab es keine menschliche Tätigkeit, keine aufbauende und keine zerstörende, keine Äußerung des aufkeimenden oder verfallenden Lebens, die nicht von Gestank begleitet gewesen wäre.«

Kurzum, Gestank in dieser Zeit, wohin man sich auch wandte, aber wurde er auch als solcher *erfahren*? Dafür gibt es deutliche Hinweise. In einer Reihe von Ländern wurden vor allem im achtzehnten und neunzehnten Jahrhundert Säuberungsprogramme für Straßen, Schlachthöfe, Kirchen (siehe die dort begrabenen Toten), Wohnungen, Kasernen, Gefängnisse und Krankenhäuser konzipiert und durchgeführt, nicht zuletzt deshalb, weil man den Gestank auch für die Entstehung von Krankheiten und Seuchen verantwortlich machte (Kapitel 1).

Schriftsteller füllen ganze Bücher mit autobiographischen Äußerungen – zu den Düften, die sie durchs Leben begleitet haben, fällt ihnen jedoch weitaus weniger ein[215]. Eine Ausnahme war Gustave Flaubert, der in seinem Briefwechsel mit Louise Colet nicht müde wurde, den Duft ihrer Pantoffeln, ihres Morgenmantels, ihrer Taschentücher und selbst ihres Briefpapiers zu beschreiben.

Ein weiteres Beispiel ist der niederländische Schriftsteller Maarten 't Haart. In seiner Erzählung *Het brandende braambos* (Der brennende Brombeerwald) scheint es einen Geruch zu geben, der die sexuellen Gefühle eines Jungen weckt. Wiederum ein Auszug:

»Jedes Jahr freute er sich auf den Nachsommer. Wenn es dann soweit war, wanderte er zum Ende der Quaimauer, zu der Stelle, wo der steinerne Molenkopf in einen sanften Basaltabhang überging, um vornübergebeugt auf das Wasser zu schauen. Dort konnte er nicht nur die eilig flüchtenden Krabben beobachten, sondern auch etwas riechen, das salzig und dunkel und leicht faulig war. Aber warum konnte er das nur im September riechen? Er beugte sich auch an jenem Nachmittag so weit und tief wie möglich nach vorn und starrte auf die Steine der Quaimauer, auf das Wasser, auf dem die Ölflecke schaukelten, auf die grünen, zerzausten Seegrasbüschel auf den Basaltblöcken und sog den Duft ein. Gleichzeitig machte ihn dieser Geruch betrübt, weil er nur kurz herüberwehte und weil sich in ihm etwas Trauriges verbarg, gleich einem unerfüllten Verlangen nach einer Nase, die ihn immer riechen, nach einer Stimme, die ihm einen Namen geben und nach einem Ort, an dem er Geborgenheit finden könnte. [Während sich der Junge noch tiefer hinabbeugt, wird er von einem Mädchen zur Seite gezogen. Er erzählt ihr von dem Duft und auch sie will ihn riechen.] ›Gib mir deine Hand‹, sagte sie, ›halt mich fest, sonst falle ich auch.‹ Sie beugte sich vornüber, und zögernd griff er nach ihrer Hand. ›Ich rieche nichts‹, sagte sie, ›was soll ich denn riechen?‹ ›Es ist scharf und dunkel und ein bißchen faulig‹, sagte er. ›Dunkel‹, sagte sie erstaunt, ›dunkel? Nun, ich rieche nichts.‹ Er antwortete nicht, weil etwas ganz und gar Unerwartetes geschah. Stärker als je zuvor nahm er den Duft wahr, nach dem er sich ein Jahr lang gesehnt hatte. Es war, als würde sie diesen Duft plötzlich verstärken, aber als sie enttäuscht aufstand, roch er ihn immer noch, und er blieb sitzen, während sie versuchte, ihre Hand aus der seinen zu befreien. Er jedoch ging so auf in dem Duft, daß er all seine Muskeln anspannte, auch die Muskeln seiner Hand, so daß sie sich fast gewaltsam daraus lösen mußte.«

Phantasieanregend ist auch die Erzählung eines anderen niederländischen Schriftstellers, F. Bordewijk, die den Titel »Mengelbergpause« trägt und aus dem Erzählband *De Korenharp* (Die Kornharfe) stammt. In dem nachfolgenden Textauszug nimmt der Erzähler in einem Foyer den besonderen Duft einer ihm unbekannten Frau wahr.

»In dem Foyer, inmitten des brandigen Geruchs der Zigaretten, des Duftes schwarzen Kaffees und vielerlei Parfüms, nehme ich einen Duft wahr. Dank einer großen Nase mit einem weit verzweigten Geruchssinn roch ich diesen Duft bevor ich etwas sah. Ich habe nie wieder einen solchen Duft wahrgenommen, Parfüm, selbst in seiner höchst verfeinerten Form, war es nicht – süß, leicht und fremd, etwas Giftiges, der Hauch einer Droge. Ich habe mir selbst verboten, das Gesicht der Frau zu sehen, die diesen Duft

145

um sich verbreitete, ich stand hinter ihrem Rücken, bis daß mir schwindlig wurde. Aber warum wurde nicht jedem in ihrer Nähe noch ihr selbst schwindlig? Das habe ich nie verstanden.«
Auch George Sand ist hier zu nennen.[216] »Als sie die blühende Winde sah, sagte die Mutter zu mir: ›Riech einmal, sie duften wie guter Honig; vergiß sie nicht.‹ Dies also ist die erste Offenbarung des Geruchssinns, die mir in Erinnerung geblieben ist, und durch einen allseits bekannten, mir dennoch unerklärlichen Zusammenhang zwischen Erinnerungen und Gefühlen sehe ich jedesmal, wenn ich den Duft der schlanken Winde einatme, den Ort in den spanischen Bergen und den Wegesrand, an dem ich diese Blumen zum ersten Mal gepflückt habe, vor mir.«

Trotz dieser Beispiele spielt die Geruchserfahrung in der (neueren) Literatur selten eine wichtige Rolle. Hingegen wird häufig thematisiert, daß Gerüche das Erinnerungsvermögen aktivieren können.

Bei Proust erzeugt der Duft einer in Tee getauchten *petite madeleine* ein Glücksgefühl. Als er nach einer Erklärung sucht, tauchen Erinnerungen an Combray, den Ort seiner Kindheit, auf. Seine Tante Léonie gab ihm jeden Sonntagmorgen ein solches in Tee getauchtes Gebäckstück, wenn er ihr Schlafzimmer betrat, um ihr einen guten Morgen zu wünschen. Gerüche setzen bei Proust Erinnerungen an Erlebtes frei, das manchmal sehr weit zurückliegt; sie initiieren seine Suche nach der verlorenen Zeit.

Montaigne, ein französischer Philosoph des 16. Jahrhunderts, der gegenwärtig eine Art Renaissance erlebt, hat sich in einem Essay auch über Gerüche geäußert. Auf seinen eigenen Geruchssinn hielt er große Stücke und begründete dies mit seinem Schnurrbart, der, wie er nicht ganz zu Unrecht vermutete, Gerüche festhielt.

Seine Erfahrung brachte ihn zu der Erkenntnis, daß einem Menschen am meisten damit gedient wäre, wenn er völlig frei von Gerüchen ist, vor allem wenn er sich in Gesellschaft befände. Da sich Frauen, wie er meint, mehr um ihre Hygiene sorgen als Männer, kommen sie diesem Ideal näher. Dies läßt an einen Ausspruch von Plautus denken, nach dem Frauen vor allem dann gut riechen, wenn sie nicht riechen.[217] Parfüm ist für Montaigne verdächtig, da es lästige und unangenehme Gerüche überdeckt und ein Bild entstehen läßt, das der Wirklichkeit schmeichelt. Ein angenehmer Duft ist nach Montaigne eigentlich gleichbedeutend mit Gestank, oder wie Martialis in der Antike nicht ohne Zynismus sagte: »Unter der Erde stinken auch die gut Parfümierten nicht weniger penetrant.«[218]

6. Durch Gerüche gelenktes Verhalten

Nachdem Gerüche über das Sinnesorgan wahrgenommen wurden und die Signale im Riechhirn einen Teil ihrer Bedeutung erhalten haben, bleibt die Information in unserem Oberstübchen nicht untätig. Im allgemeinen wird die Bedeutung eines Geruchs an Informationen gekoppelt, die von anderen Sinnesorgansystemen zur Verfügung gestellt wurden. Ein zumindest gradueller Unterschied zwischen dem Geruch und anderen Sinnesorganen besteht jedoch darin, daß die definitive Interpretation von Geruchswahrnehmungen hauptsächlich und in erster Linie in Bereichen des Gehirns erfolgt, die mit Emotionen, Gefühlen und Motivation zu tun haben (wie die Mandelkerne im limbischen System, der Hypothalamus und die rechte Gehirnhälfte). Daraus resultiert unter anderem, daß eine Geruchsempfindung oft einen sehr direkten Verhaltensrespons erzeugt.[219] Wie solche Prozesse im einzelnen ablaufen, ist noch größtenteils ungeklärt, unstrittig ist jedoch, *daß* sie stattfinden. Beim Geruch von Erdgas läßt man die interessanteste Beschäftigung fallen, um sofort etwas gegen die drohende Gefahr zu unternehmen. Der Geruch von Tertrahydrothiolen und das Bewußtsein einer drohenden Gefahr sind (mittels Konditionierung) miteinander verknüpft worden.

Wahrnehmen und Handeln

In der Tierwelt existiert ein Zusammenhang zwischen einer möglichen Wahrnehmung und den entsprechenden Verhaltensmöglichkeiten in Form einer gegenseitigen Abstimmung. Eine Wahrnehmung nur um der Wahrnehmung willen, wie der Mensch sie in der Kunst oder auch im Freizeitbereich kennt, ist aus rein evolutionärer Sicht weder nützlich noch sinnvoll. Die wichtigste Funktion eines Sinnesorgans liegt darin, die Umgebung zu strukturieren und brauchbare Informationen zu sammeln.

In einem weiteren Schritt können sich die entsprechenden Verhaltensweisen herausbilden. Anders formuliert: Sinnesorgane müssen dafür sorgen, daß ein Tier einer Verhaltens*richtung* folgen kann. Im Sinne des Überlebens darf ein Tier nicht in einer Kakophonie sinnlicher Meldungen die Orientierung verlieren.

Ein Beispiel für eine solche Koppelung oder Abstimmung von Wahrnehmung und Verhalten: Der Frosch sieht nur Licht und Schatten und sich bewegende Punkte. Das Erkennen von Hell und Dunkel ist für seine Erwärmung und Abkühlung nötig, die kleinen Punkte zeigen dem Frosch die Insekten an, von denen er sich ernährt. Bei diesem Tier ist die Entsprechung zwischen seinen Wahrnehmungs- und Verhaltensmöglichkeiten also nahezu perfekt, mehr braucht ein Frosch von seiner Umgebung nicht zu wissen. Eine derart stringente, unkomplizierte Kombination ist bei höher entwickelten Tieren weniger ausgeprägt. Karnivoren »wissen« beispielsweise offenbar, daß ein Beutetier noch da ist, auch wenn es bereits aus dem Blickfeld verschwunden ist – man bezeichnet dies als Objektkonstanz. Im Gegensatz dazu besitzen Herbivoren wie Kühe und Pferde eine solche Fähigkeit nicht. Dieser Unterschied leuchtet ein: Ein Herbivore kann auf eine Objektkonstanz verzichten, weil Gras schließlich nicht wegläuft.

Der Mensch, der sich sein Umfeld im Zuge der kulturellen Evolution in wesentlichem Maße selbst geschaffen hat, wird in unserer Zeit mit einem Übermaß an Informationen konfrontiert, das er nicht mehr verarbeiten kann (wie die tagtäglichen zahllosen Werbesprüche oder die vielen sinnlosen Verkehrsschilder). Außerdem nehmen wir eine Vielfalt von Informationen auf, mit denen wir kaum etwas anfangen können (wie die deprimierenden Fernsehbilder von Kriegen, Massenmorden, Naturkatastrophen). Deshalb bedeutet Überleben für uns, daß wir gut daran tun, einen großen Teil dieser Information zu *ignorieren*.[220]

Soziale Faktoren und persönliches Wohlbefinden

Gerüche sagen etwas über das Umfeld aus, in dem wir leben, seien sie nun von uns selbst erzeugt oder nicht. Im Gegensatz zu den vielen Bildern, die wir täglich freiwillig oder unfreiwillig in uns aufnehmen, sind Geruchswahrnehmungen eingängiger. Gerüche können unser Verhalten steuern und wirken oft stärker auf uns ein, als gemeinhin angenommen wird. Wie wir bereits sahen, werden Gerüche auf der Bewußtseinsebene nur mangelhaft »artikuliert«. Wir besitzen keine Sprache, keine Grammatik und keine Syntax für diese Art Information. Trotzdem beeinflussen Gerüche unser Verhalten, oft sogar, ohne daß wir es bemerken. Geruchsinformationen werden in der Hirnrinde hauptsächlich in der rechten Hemisphäre verarbeitet, einem Bereich des Gehirns, der wenig mit Sprache zu tun hat und in dieser Hinsicht »unbewußt« funktioniert – zumindest nach Meinung einiger Forscher.[221] Wenn das Geruchsorgan über beide Nasenlöcher stimuliert wird, könnte man – vereinfachend (und auch ein wenig spekulativ) – sagen, daß die linke Hemisphäre »intellektuell« und die rechte überwiegend »emotional« reagiert. Da die rechte Hemisphäre zudem, wie bereits gesagt, grobmotorische Programme beinhaltet, wird die Aufnahme eines gefährlichen Geruchs im allgemeinen ein Verhalten nach sich ziehen, bei dem der gesamte Körper in Bewegung kommt, zum Beispiel eine Fluchtreaktion.

Einige der physiologischen und sozialen Prozesse, die durch Gerüche mitgesteuert werden, sind einer etwas genaueren Betrachtung wert. Der Körpergeruch eines Menschen kann bei seinen Mitmenschen physiologische Effekte erzeugen, zudem beeinflussen Gerüche das Sozialverhalten, die Interaktionen und die zwischenmenschlichen Beziehungen. Dies bedeutet, daß man ihre Relevanz im sozialen Umgang keineswegs unterschätzen darf. (Im Deutschen sagt man, wenn man jemanden nicht mag: »Ich kann ihn nicht riechen«.)

Aber auch auf einer »höheren Ebene«, das heißt, im gesellschaftlichen Kontext, bleiben Gerüche nicht ohne Wirkung. Man denke an das Problem der Luftverschmutzung, an die schlechte

Luft in den sogenannten »sick buildings«, an das gestörte Gleichgewicht in der Natur durch die Dominanz bestimmter Gerüche, aber auch an den aus wirtschaftlichen Erwägungen praktizierten Einsatz von Gerüchen zur Steigerung der Produktivität und Kauflust.

In diesem Rahmen ist der Spielraum des Einzelnen, sein persönliches Umfeld in den Griff zu bekommen und zu kontrollieren, nur sehr begrenzt. So hat das »Sick-building-Syndrom« in den Niederlanden bisher pro Jahr einen finanziellen Schaden von ungefähr zwei Milliarden Gulden angerichtet, unter anderem aufgrund eines erheblichen Produktionsverlustes und einer hohen Krankheitsrate. Ein nicht unwesentlicher Teil der Krankheitssymptome und eher allgemeinen Klagen über diese Gebäude werden durch einen chronischen »Alarmzustand« verursacht, in den der Geruchssinn durch die fast überall herrschende schlechte Luft versetzt wird. Leider sind die Verantwortlichen (Architekten, Bauunternehmer, Auftraggeber) jedoch selten von der Tragweite dieses Problems zu überzeugen. Gerüche haben oft eine Alarmfunktion. Wenn man etwas riecht, will man auch wissen, *was* man riecht und *woher* dieser Geruch stammt – Fragen, die sich in einem »sick building« nicht beantworten lassen.

Sein Cocktail ist nicht signifikant, er liegt überall in der Luft und erzeugt das Gefühl einer chronischen Reizung und Irritation.[222] Die Unterschätzung dieser Problematik beruht unter anderem darauf, daß man Testpersonen entsprechende Luftproben unter anderen Bedingungen riechen ließ und sie dann dazu neigten, den Gestank als nicht allzu störend zu empfinden. Es ist jedoch etwas ganz anderes, ob man diese Luft kurz inhaliert oder ihr den ganzen Tag über ausgesetzt ist, auch unter dem Aspekt, daß die Adaption an komplexe Geruchsmischungen bei weitem nicht immer vollkommen ist.[223]

Es hat sich herausgestellt, daß etwa 20 Prozent der niederländischen Bevölkerung über eine verpestete Außenluft klagt. Wenn man den Plänen der Politiker Glauben schenken darf, soll dieser Prozentsatz im Jahr 2000 halbiert sein. Allein in Rotterdam und Umgebung werden jährlich 6500 Beschwerden registriert, im Durchschnitt also etwa 20 pro Tag. Gestank wirkt streßfördernd und es gibt Leute, die sogar behaupten, »völlig irre« davon zu werden. Das ist durchaus verständlich, da derartige Formen von Streß eine sogenannte interne Anpassung verlangen; das heißt, daß wir gezwungen werden, die externen Störungen, in diesem Fall den Gestank, zu ignorieren. Es ist bekannt, daß interne Anpassung an Streß im allgemeinen gesundheitsschädlich ist – im Gegensatz zu externer Anpassung, die beinhaltet, daß wir unsere Umgebung aktiv verändern (wer sich von Autolärm belästigt fühlt, schließt die Fenster). So werden im Norden der Niederlande wahrscheinlich Dutzende von Häusern abgerissen werden müssen, weil das Wohnen in unmittelbarer Nähe einer Fabrik, die Schlachtabfälle von Schweinen, Kühen, Schafen und Hühnern verarbeitet, unerträglich geworden ist.[224]

Auffallend ist, daß die objektiv meßbare schlechte Luft in den letzten Jahren abgenommen hat, während die Zahl der Beschwerden steigt. Möglicherweise wächst das Bewußtsein einer sich verschärfenden Umweltproblematik, und man reagiert aufmerksamer, als dies früher der Fall war.[225]

Synchronisation des Menstruationszyklus

Zur Beeinflussung des Verhaltens durch Gerüche zunächst etwas über ein merkwürdiges physiologisches Phänomen. Geruchsstoffe weiblicher Provenienz können bewirken, daß Menstruationszyklen mehr oder weniger synchron verlaufen. Frauen, die in einer Wohngemeinschaft leben, ein Zimmer teilen oder eng miteinander befreundet sind, beginnen auf Dauer etwa gleichzeitig zu menstruieren. Diese Synchronisation wurde auch bei vielen Säugetieren beobachtet.[226] Selbstverständlich kann die Ursache in einem übereinstimmenden Tag-Nacht-Rhythmus, einem ähnlichen Lebensstil oder gleichen Eßgewohnheiten liegen bzw. mit mehr oder weniger identischen Interaktionen oder demselben Arbeitsumfeld, dem gleichen Lebensalter etc. zu tun haben, aber eine derartige Synchronisation tritt auch dann auf, wenn die betreffenden Frauen einen völlig unterschiedlichen Tag-Nacht-Rhythmus, sehr unterschiedliche Eßgewohnheiten etc. haben.[227]

Daher vermutet man, daß diese Gleichschaltung der Zyklen durch einen Geruchsstoff verursacht bzw. gefördert wird. Diese Auffassung wird durch folgendes Experiment gestützt: Mit Hilfe von Gazestreifen sammelte man den Achselschweiß von Frauen, deren Zyklus normal war. Dreimal in der Woche wurde die Oberlippe von Frauen, die sehr unregelmäßig menstruierten, mit dieser Substanz eingerieben. Nach vier Monaten zeigte sich, daß sich der Zyklus dieser Frauen verschoben und dem der »Spenderfrauen« angenähert hatte – dies alles natürlich im Vergleich zu Frauen mit einem normalen Zyklus, die mit einem neutralen, in einer geruchlosen Flüssigkeit getränkten Gazestreifen behandelt worden waren.

Eine scheinbar eindeutige Sache also – aber dieser Test hat seine Haken und Ösen. So wurde er nicht als Doppelblindversuch ausgeführt. Sowohl den Spenderinnen als auch den Empfängerinnen und den Frauen, die den Schweiß sammelten und auf die Lippen rieben, war der Zweck der Untersuchung bekannt. Damit aber nicht genug: Auch die Leiterin des Experiments fungierte als Spenderin. In Doppelblindstudien durchgeführte Tests haben die Resultate allerdings bestätigt. Weiblicher Schweiß regelmäßig menstruierender Frauen kann die Zykluslänge bei anderen Frauen beeinflussen.[228] Im übrigen ist denkbar, wenn auch für die Ergebnisse nicht wesentlich, daß der »Synchronisationsstoff« nicht über das Geruchsepithel, sondern über die Haut aufgenommen wird.

Da hier jedoch wesentlich mehr Faktoren eine Rolle spielen, sollten diese Ergebnisse mit Vorsicht betrachtet werden. So hat sich gezeigt, daß der Zyklus von Frauen, die zusammenwohnen und nicht oder sehr selten Kontakt zu Männern haben, in der Tendenz länger wird (der sogenannte *Lee-Boot-effect*), während Frauen, die häufiger sexuell oder anderweitig mit Männern zu tun haben, einen im Durchschnitt etwas verkürzten Zyklus haben.[229] Daß auch bei dieser Synchronisation Gerüche eine Rolle spielen, wird indirekt anhand von Testversuchen mit Tieren deutlich. Hunde können Frauen in der zweiten Hälfte des Menstruationszyklus aufgrund des Körpergeruchs von anderen Frauen unterscheiden. Dies beruht vermutlich darauf, daß der Körpergeruch in dieser Phase durch eine beträchtliche Menge an Progesteron geprägt wird. Möglicherweise hat dieser Geruch auch einen (unbewußten) Effekt auf das menschliche Verhalten und den Hormonhaushalt.

Geruch und Verhalten

Gerüche beeinflussen unsere Stimmung und Motivation und damit auch unser Verhalten (so soll sich das Orakel von Delphi mit dem Inhalieren brennenden Lorbeers in Trance versetzt haben). Diese Wirkungen können sich mit oder ohne unser Zutun ergeben, eine explizite Bewertung und Beurteilung läßt sich jedoch nur bei bewußt erfahrenen Geruchswahrnehmungen vornehmen, einschließlich des entsprechenden Verhaltensmusters.

Global können Gerüche als negativ, positiv oder neutral erfahren werden. Eine negative Bewertung bedeutet, daß wir ein Verhalten entwickeln, das zu einer Abschwächung der Geruchsempfindung führt. Man muß der Quelle ausweichen oder die Ursache aus dem Weg räumen. Dementsprechend fördert eine positive Wahrnehmung ein Verhalten, das auf die Wahrung oder Intensivierung der Empfindung ausgerichtet ist. Man nähert sich der Quelle oder wahrt die Ursache.

Eine neutrale Bewertung schließlich bedeutet, daß es uns egal ist, was mit dem Geruch und seiner Quelle geschieht. Zwar riechen wir etwas, aber der Geruch verweist (noch) nicht auf etwas Bekanntes oder Wichtiges. Aus diesem Grund sind vor allem neutrale Gerüche geeignet, durch Konditionierung Assoziationen herzustellen (siehe Kapitel 5, wo es um die Rolle des Geruchs als Gedächtnisstütze ging).

Ein paar Beispiele, um dieses Prinzip zu illustrieren. Wenn Milch überkocht und anbrennt, gibt es drei mögliche Reaktionen: Man läuft aus dem Haus (weicht der Quelle aus), dreht das Gas ab (beseitigt die Ursache) oder unternimmt gar nichts. Wenn die Gefahr trotz aller Bemühungen, die Ursache zu beseitigen, wächst, empfiehlt es sich, der Quelle auszuweichen und wegzulaufen.

Andererseits ist es denkbar, daß der Duft, der aus der Pizzeria um die Ecke herüberweht, uns dazu veranlaßt, keinen Grünkohl zu kochen (und somit die Ursache des Geruchs in gewisser Weise zu erhalten), sondern eine Pizza mit Gorgonzola zu bestellen (sich der Quelle zu nähern).

In der Regel ist die Praxis jedoch wesentlich komplizierter, auch weil sich die Bewertung eines Geruchs verändern oder sogar in ihr Gegenteil verkehren kann. Auch die jeweilige mentale Verfassung und zahlreiche körperliche Prozesse prägen eine positive oder negative Einschätzung – ein Vorgang, den man als Alliästhesie bezeichnet (Kapitel 5).[230] Jeder weiß, daß der Geruch einer gut gewürzten Mahlzeit kurz vor dem Essen ganz anders beurteilt wird als danach. Und während einem überzeugten Vegetarier vielleicht übel wird, wenn beim Frühstück gebratener Speck serviert wird, kann für einen Karnivoren an einem solchen Tag eigentlich nichts mehr schiefgehen.

Bewußt erfahrene und auffällige Gerüche besitzen häufig eine Warnfunktion. Bittet man jemanden, ein paar beliebige Gerüche aufzuzählen, werden ihm überwiegend störende und penetrante einfallen. Angenehme oder neutrale Düfte sind weniger gut im Bewußtsein und Gedächtnis verankert, da sie im Gegensatz zu Gerüchen, die mit Gefahr zu tun haben und eine allgemeine Reaktion wie Weglaufen oder Flüchten auslösen können, im großen und ganzen weniger an Verhaltensweisen gekoppelt sind. Es steht außer Zweifel, daß manche Geruchsstoffe geradewegs auf das Verhalten einwirken. Wir müssen uns jedoch auch darüber im klaren sein, daß die Geruchswahrnehmung und -bewertung individuell sehr große Unterschiede kennt, die sich ebenfalls im Verhalten niederschlagen.

Anders gesagt: Das olfaktorische System zählt zur »Software« des Gehirns; es ist mit Sicherheit keine starre »Hardware«, die ausschließlich zwingende oder reflexartige Reaktionen mit einem festgelegten Muster erzeugt.

Unsere Reaktionen auf Gerüche sind oft variabel, da die Bewertung von Gerüchen wesentlich angelernt ist.[231] So haben wir bereits gesehen, daß Kinder vielen Gerüchen ziemlich tolerant gegenüberstehen. Aufgrund von Erfahrungen und durch einen Prozeß von Bestrafung und Belohnung entwickeln sie mit der

Zeit bestimmte Vorlieben und Abneigungen, die nicht in erster Linie durch den Geruch selbst geprägt werden, sondern sich überwiegend durch eine »operante Konditionierung« herausbilden. Hierunter versteht man eine im Leben von Menschen und Tieren sehr wichtige Art des Lernens, die beinhaltet, daß sich das Verhalten durch ein Prinzip der Belohnung und Bestrafung formt, falls dieses Prinzip unmittelbar erfahrbar ist. Wie man weiß, neigen kleine Kinder dazu, die ekligsten Dinge zu essen, wobei sie im Gegensatz zu Tieren nicht auf den Geruch achten.

Nach Meinung vieler Wissenschaftler ist beim Menschen kein einziger Geruch *innately unpleasant*. Sie betrachten das olfaktorische System nach einem Begriff englischer Empiristen als eine Tabula rasa, ein unbeschriebenes Blatt. Diese Auffassung ist allerdings umstritten und gehört in den Kontext der berühmten *nature-nurture*-Diskussion, wie sie unter Biologen und Psychologen geführt wird. Im Kern geht es dabei um die Frage, ob Eigenschaften genetisch festgelegt sind oder in Umweltfaktoren wie beispielsweise der Erziehung wurzeln. Wie so oft bei derartigen Kontroversen liegt die Wahrheit, auch was den Geruch betrifft, in der Mitte. Es gibt Studien, die belegen, daß Neugeborene bei der Wahrnehmung von Gerüchen schon vor der ersten Fütterung eine Mimik zeigen, die der von Erwachsenen sehr ähnlich ist.[232] Dies ist ein Hinweis darauf, daß Reaktionen auf Gerüche durch erbliche oder evolutionär geprägte Faktoren mitbestimmt werden. Für die Tabula-rasa-Theorie bedeutet dies eine gewisse Nuancierung.

Obwohl die Geruchswahrnehmung und die anschließenden Verhaltensweisen im allgemeinen sehr stark von der Erziehung und dem kulturellen Hintergrund des Individuums abhängen, kann der Geruchssinn von Anfang an einige Gerüche voneinander unterscheiden und ihnen eine Bedeutung beimessen. Bei der noch folgenden Beschäftigung mit den Pheromonen werden wir sehen, daß Geruchsstoffe Verhaltensweisen auslösen können, denen scheinbar kein nennenswerter Lernprozeß vorangegangen ist. Auch Untersuchungen zum »Geruchsband« zwischen Mutter und Kind lassen erkennen, daß die Auffassung über das unbeschriebene Blatt einer Differenzierung bedarf.

Geruch und zwischenmenschliches Verhalten

Gerüche prägen auch unsere Umgangsformen. Sie können verwandtschaftliche Beziehungen festigen und verstärken, den Kontakt zwischen Eltern und Kindern prinzipiell fördern und intensivieren und der Entwicklung und Weiterführung sozialer wie auch sexueller Beziehungen ihren Stempel aufdrücken. Und mehr als das: Experimente haben ausgewiesen, daß der eigene Körpergeruch, der uns ständig umgibt, nicht nur für uns identifizierbar ist, sondern unser Wohlbefinden und Sicherheitsgefühl wesentlich beeinflussen kann. Ein fremdes Haus *riecht* nicht nach uns – ein Grund, warum wir uns dort oft nicht heimisch fühlen. Vielleicht ist dies auch einer der Gründe, warum das Zelten vielen Leuten so gut gefällt. Ein Zelt hat schon nach wenigen Stunden einen vertrauten Geruch angenommen und macht das Campen zu einer urgemütlichen Sache.

Da kann die Brautsuite in einem Nobelhotel nicht mithalten. Astronauten sollen sogar Hausgerüche mit an Bord ihres Raumschiffs nehmen, um im Weltall gegen Heimweh gefeit zu sein.[233]

Bei der Erforschung des Sozialverhaltens unterscheidet man zwischen Interaktionen, Beziehungen und Strukturen.[234]

Wenn Person A ein Verhalten zeigt, das auf B gerichtet ist und B tut etwas in Richtung A, hat sich zwischen A und B eine Interaktion ergeben. Wenn diese Interaktion die Kontakte zwischen diesen Personen im weiteren Verlauf beeinflußt, stehen A und B in einer Beziehung zueinander. Bleibt eine solche Interaktion wirkungslos, existiert eine solche Beziehung nicht (so hat man beispielsweise eine Interaktion, nicht aber eine Beziehung zu dem Zugschaffner, der die Fahrkarten kontrolliert). Gehören A und B einer Gruppe an, in der sie bestimmte Positionen einnehmen, ist ihre Beziehung Teil einer sozialen Struktur, die als ein Netzwerk von Bezügen zwischen Individuen betrachtet werden kann.

Wir machen diese Anmerkungen, weil man biologische und psychologische Faktoren gegeneinander abwägen muß, wenn es um den Einfluß von Gerüchen geht. In diesem Rahmen kommt dem jeweiligen Kontext große Bedeutung zu. Gerüche, die Kontakte ganz allgemein beeinflussen, wirken oft anders als solche, die zum Erhalt einer schon vorhandenen Sozialstruktur beitragen. Wir werden in diesem Zusammenhang auf die sogenannten Pheromone zu sprechen kommen, Geruchsstoffe, die das Verhalten eines Beziehungspartners beeinflussen oder in der Entstehungsphase einer Verbindung eine Rolle spielen. In Kapitel 7 werden wir uns mit der Bedeutung von Parfüms und dem sogenannten »Geruch« des Menschen beschäftigen, das heißt mit dem individuellen Aroma, das jeder von uns besitzt. Geruchspässe haben eine wichtige Funktion bei der Bildung und Erhaltung eines sozialen Netzwerks, sie spielen eine Rolle beim sozialen Erkennen des Partners, der Kinder und von Verwandten bzw. Angehörigen derselben Gruppe.

Geruch und Sexualität

Bei vielen Tierarten ist ein intaktes Geruchsorgan eine notwendige Voraussetzung, Sexualverhalten zum Ausdruck zu bringen. Einiges weist darauf hin, daß der Geruch auch beim Menschen in dieser Hinsicht eine Bedeutung hat. Das Riechhirn besitzt entweder direkte oder kurze Verbindungen zu Bereichen des Gehirns und des endokrinen Systems, die mit Erotik und Sexualität zu tun haben. Ferner gibt es einen engen Zusammenhang zwischen dem Geruchsorgan, dem Hypothalamus (der unter anderem für Emotionen, das Anschwellen der Geschlechtsorgane und den Orgasmus wichtig ist), der Hypophyse und den Drüsen, die für die Produktion von Geschlechtshormonen verantwortlich sind.

Man bezeichnet dies insgesamt als die »naso-genitale Allianz«. Während Gerüche die sexuelle Lust und die sexuellen Aktivitäten beeinflussen, schlägt sich das Sexualverhalten seinerseits in der Wahrnehmung und Verarbeitung von Gerüchen nieder, möglicherweise durch Veränderungen im Hormonhaushalt.[235] Die Linien dieser Beeinflussung verlaufen wahrscheinlich wie folgt: Hormone – Gerüche (z. B. Körpergerüche und Pheromone) – Sexualität – Hormone – Geruchsvermögen. Dem kann noch hinzugefügt werden, daß der olfaktorisch »neurale Kreislauf« im Gehirn bei Männern und Frauen nicht ganz identisch zu sein scheint. Man macht dieses Phänomen auch für geschlechtsspezifische Unterschiede im erotischen Bereich verantwortlich.[236] Ausdruck dieser Allianz ist auch, daß die Geschlechtsorgane von Tieren und Menschen oft mit der Nase untersucht werden.

Bis zu einem gewissen Grad manifestiert sich die naso-genitale Allianz auch im Alltagsleben, im Sprachgebrauch und in vielerlei Äußerungen und Auffassungen. So wurde die Größe der Nase oft mit dem Maß an Virilität in Verbindung gebracht. In der Antike pflegte man Ehebrecher durch die Amputation der Nase zu bestrafen – eine Praxis, die auch in der *Aeneis* von Vergil beschrieben wird. Vor einigen Jahrhunderten glaubten Ärzte sogar, an der Nase von Mädchen fühlen zu können, ob sie noch Jungfrau waren. Darüber hinaus sollten Abweichungen an der Nase auf eine übermäßige sexuelle Aktivität hinweisen, eine chronische Erkältung wurde beispielsweise als Zeichen häufigen Geschlechtsverkehrs gesehen.[237]

Hinter diesen Auffassungen verbirgt sich möglicherweise folgendes: Der innere Bau der Nase weist eine gewisse Übereinstimmung mit den Schwellkörpern des Penis auf. Diese Parallelität kann dazu führen, daß ein Mann beim Anblick einer attraktiven Frau zu niesen beginnt. Eine Erektion führt in ihrem Anfangsstadium oft zu einem Anschwellen und Temperaturanstieg des Nasenepithels (dem sogenannten naso-genitalen Reflex). Auch bei der Frau gibt es gewisse Beziehungen zwischen der Nase und den Geschlechtsorganen; so soll Nasenbluten mit der Menstruation zusammenhängen. Auch dieser Bezug ist nicht ganz unsinnig, wenn man bedenkt, daß bei Rhesusaffen ein Anschwellen und eine Rötung des anogenitalen Bereichs bei gleichzeitigem Anschwellen der Geruchsschleimhaut beobachtet wurde.

Antwort

An
Kreuz Verlag
Postfach 245

CH-8054 Zürich

die Bücher aus dem KREUZ Verlag

Folgende Themen interessieren mich besonders:

01 ☐ Religion und Spiritualität
02 ☐ Psychologie und Lebenshilfe
03 ☐ Tod und Sterben
04 ☐ Märchen, Mythen, Symbole
05 ☐ Frauenthemen
06 ☐ Bücher zum Verschenken
07 ☐ Die Bücher aus der Edition Schaffer
08 ☐ Gesamtprogramm/Neuerscheinungen
09 ☐ Medizin und Gesundheit
10 ☐ Ratgeber
11 ☐ Musik

00 ☐ Bitte informieren Sie mich auch über die religiösen Zeitschriften aus dem KREUZ Verlag

Vorname/Name oder Institution

Strasse, Nr.

PLZ/Wohnort

Beruf

Diese Karte entnahm ich dem Buch:

wir informieren Sie gerne über weitere Bücher und die Zeitschriften aus dem Kreuz Verlag. Schicken Sie einfach diese Karte ausgefüllt zurück. Übrigens: Wenn Sie gerade Zeit und Lust haben, beantworten Sie doch die nebenstehenden Fragen. Ihre Antworten würden uns helfen, unsere Arbeit effektiver zu machen und noch besser auf die Wünsche unserer Leserinnen und Leser abzustimmen.
Herzlichen Dank!
Es grüsst Sie

Ihr
Kreuz Verlag

[Unterschrift]

Dieter Breitsohl
Verleger

Haben Sie dieses Buch
☐ gekauft ☐ geschenkt bekommen?
Sind Sie auf dieses Buch aufmerksam geworden durch
☐ Ihren Buchhändler ☐ Empfehlung
☐ Werbung, Besprechung in ☐ Funk ☐ TV
☐ Zeitung/Zeitschrift
Wie hat Ihnen dieses Buch gefallen?
☐ sehr gut ☐ geht so ☐ gar nicht
Kannten Sie den KREUZ Verlag bereits?
☐ ja ☐ nein
Welche Themen vermissen Sie bei KREUZ
☐ Familie, Eltern, Kinder
☐ Selbsterfahrung, Therapie
☐ Bibel und Gemeinde
☐ Postkarten, Poster, Bildbände ☐ Musik
☐ Kinder- und Jugendbücher ☐ Umwelt, Natur
☐ Politik, Alltag ☐ Populäre Wissenschaft
☐ Management, Führung
Wo kaufen Sie Ihre Bücher?
☐ Bei meinem Buchhändler ☐ Bahnhofs-buchhandel ☐ Versandbuchhandel ☐ Kaufhaus
Wie viele Bücher kaufen Sie wohl pro Jahr?
☐ 1 bis 2 ☐ ca. fünf ☐ ca. zehn ☐ mehr
Verschenken Sie Bücher?
☐ ja ☐ nein
Welche Zeitschriften lesen Sie regelmässig?

Verraten Sie uns Ihr Alter? _____ Jahre.

Pheromone: Allgemeine Anmerkungen

Bei den von Tieren produzierten Geruchsstoffen, die das Verhalten anderer Tiere beeinflussen, sind drei Gruppen zu unterscheiden: *Kairomone, Allomone und Pheromone.* Ein Kairomon zieht Tiere einer anderen Art an. So fühlt sich die Tsetsefliege durch den Geruch des Büffels angezogen. Ein Allomon hingegen stößt Tiere einer anderen Art ab. Geruchsstoffe, die Artgenossen zu einem bestimmten Verhalten verleiten, wenn nicht gar zwingen, werden als Pheromone bezeichnet. Um als Pheromone zu gelten, müssen sie schon in sehr geringen Konzentrationen wirkungsvoll sein. Pheromone sind mit Hormonen vergleichbar, mit dem Unterschied, daß sich ihre Wirkung außerhalb des Körpers entfaltet. Die Übereinstimmung mit Hormonen ist zum Teil eine Frage der Namensgebung. Der Terminus Pheromon ist eine Zusammensetzung aus den griechischen Worten für »tragen« *(pherein)* und »stimulieren« *(hormao).* Pheromone erzeugen allerdings nicht immer eine direkte oder unmittelbar zum Ausdruck kommende Reaktion. Man unterscheidet zwischen Pheromonen, die auf das endokrine System einwirken (das u. a. die Geschlechtshormone produziert), solchen, die zu diversen physiologischen Veränderungen beitragen *(primer pheromones)* und Pheromonen, die bei dem Wahrnehmenden unmittelbar ein bestimmtes Verhalten auslösen *(releaser pheromones).*[238]

Häufig spielen Pheromone beim Sexualverhalten eine Rolle, aber sie können auch eine kommunikative Funktion haben. Fliegen hinterlassen ihren Artgenossen an Plätzen, wo Nahrung zu finden ist, eine Duftspur; Ameisen kennen neben dem Geschlechtspheromon auch eine Art »Spurfolgepheromon« mit einer fast altruistisch anmutenden Funktion; Fischschwärme wahren möglicherweise aufgrund von Gerüchen ihren Zusammenhalt etc. Ferner geben Blattläuse in Not und auch Termiten ein Alarmpheromon ab, das Artgenossen vor einer bestimmten Umgebung warnt, während manche Fischarten eine Art Schreckpheromon kennen.

Abgesehen davon gibt es natürlich das bekannte Phänomen der Duftmarkierung, mit dem viele Tierarten ihr Territorium kenntlich machen – ein Verhalten, das ebenfalls eine kommunikative Funktion hat.

Aus solchen Entdeckungen wurden systematisierte Strukturformeln von Pheromonen gewonnen, die oft die Basis für synthetische Produkte bilden, welche bei der Insektenbekämpfung eingesetzt werden. Im übrigen zahlt sich die Ausschüttung von Pheromonen für den jeweiligen Produzenten nicht immer aus. So läßt sich beispielsweise nicht ausschließen, daß ein Tier, das zuviel Geschlechtspheromone ausschüttet, so um- und belagert wird, daß es nicht mehr dazu kommt, sich fortzupflanzen.

Selbst in der Pflanzenwelt sind Phänomene zu beobachten, die Berührungspunkte mit dem Wirkungsmechanismus der drei genannten Typen haben. Oft handelt es sich dabei um Warnsignale oder Mittel zur Verteidigung. Wenn ein Weidenbaum unter einer Insektenplage leidet, produziert er einen Stoff, der die betreffenden Insekten abschreckt.[239] Werden die Blätter des Weißklee beschädigt, schütten sie das giftige Zyanid aus, während die Tomate unter vergleichbaren Bedingungen einen Stoff produziert, der den Verdauungsprozeß von Insekten aus dem Gleichgewicht bringt. Bei Maispflanzen wurde ein kairomonartiges Phänomen beobachtet. Von Raupen angefressene Pflanzen erzeugen Duftstoffe, mit denen sie Schlupfwespen anziehen, die Eier in den Körpern dieser Raupen ablegen und sie damit vernichten.

Entdeckungen in der Welt der Insekten

Der Terminus Pheromon kam Ende der fünfziger Jahre bei Enthomologen (Insektenforschern) in Mode. Die fraglichen Duftstoffe waren allerdings schon weitaus länger bekannt, auch bei Säugetieren und sogar bei Einzellern sind bereits pheromonartige Stoffe zu finden.[240] Man wollte jedoch einen Begriff einführen, mit dem sich artspezifische Reaktionen auf einen bestimmten Duftstoff beschreiben lassen. Am deutlichsten zeigt sich die Wirkungsweise von Pheromonen bei Insekten. Bei Säugetieren, wie zum Beispiel Ratten, können Pheromone zwar das Verhalten steuern, aber sie erzeugen nicht immer eine reflexartige, zwingende Reaktion. Einen Ausnahmefall stellt die *Lordose* bei Schweinen dar – dazu gleich mehr.

Die am stärksten die Phantasie anregende Werbungskraft eines Pheromons wurde beim Seidenschmetterling, dem *Bombyx mori,* angetroffen. Das Weibchen scheidet das *Bombykol* aus, einen Stoff, der auf eine kilometerweite Entfernung vom Männchen erkannt wird (Kapitel 1).[241] Mit seinen relativ großen Fühlern, die mit Geruchsrezeptoren versehen sind und ausschließlich auf das Bombykol reagieren, gelingt es ihm, das Weibchen ausfindig zu machen.[242] Das Weibchen ist vom Spürsinn des Männchens abhängig. Mit seinen wesentlich kleineren Fühlern ist es kaum in der Lage, das Männchen zu riechen, auch wenn dieses sich in der unmittelbaren Umgebung aufhält. Das bedeutet jedoch nicht, daß das Weibchen ein Leben fernab aller Gerüche führt, es kann seine Fühler hervorragend bei der Suche nach einem geeigneten Ablageplatz für die Eier einsetzen.

Von Frisch, der Entdecker der »Bienensprache« oder des Bienentanzes, hat auch die Wichtigkeit und Bedeutung chemischer Signale im Leben einer Honigbiene erforscht.[243] Die Königin wird über ihren spezifischen Geruch von ihren Untertanen erkannt. Die Arbeiterinnen bilden einen Kreis um sie, so daß sie ungestört ihre Eier legen kann. In der Sprache der Enthomologen wird dies als »Hofstaatverhalten« bezeichnet. Aufgrund ihrer Geruchspalette kann die Königin, die im übrigen nicht viel größer ist als eine normale Arbeitsbiene, innerhalb eines Bienenstocks einfacher lokalisiert und identifiziert werden. Der folgende Versuch macht deutlich, daß und wie dieser Hofstaat zusammengehalten wird: Man nahm eine Arbeiterin, die zum Kreis um die Königin gehörte und der ein Hauch des königlichen Duftes anhaftete, und setzte sie in einen Stock, in der andere Arbeiterinnen, die außerhalb des Hofstaates lebten, einige Stunden von der Kolonie getrennt gehalten worden waren. Nach einer gewissen Zeit sah man, daß die betreffende Arbeiterin wie eine Königin behandelt wurde.[244] Dies läßt vermuten, daß das Verhalten gegenüber der Königin durch ein Pheromon bedingt ist. Versuche, bei denen der verantwortliche Stoff isoliert und auf seine Wirkung getestet wurde, haben diese Annahme bestätigt. Dieses Pheromon äußert sich übrigens nicht nur in Form eines Geruchs. Es wurde beobachtet, daß die Arbeiterinnen ihre Königin auch betasten und belecken. Die Kombination von Geruch und Geschmack sorgt dafür, daß der Stoff über die Wabe verbreitet wird. Darüber hinaus ist dasselbe Pheromon in der Lage, die Entwicklung der Eierstöcke bei der zukünftigen Arbeiterin zu unterdrücken (eine sogenannte *Primer*-Funktion des Pheromons, siehe oben), so daß die Königin als einzige fruchtbar bleibt. Stirbt die Königin, wird die blockierende Wirkung des Stoffes aufgehoben und es entwickeln sich mehrere Larven zu potentiellen Nachfolgerinnen. Dasselbe Pheromon stimuliert die Drohnen, der Königin bei ihrem Flug zu folgen (eine *Releaser*-Funktion).

Pheromone bei Säugetieren und Menschen

Anknüpfend an die Pheromonforschung bei Insekten hat man sich auf die Suche nach ähnlichen Stoffen bei Säugetieren und Menschen begeben. Schon bald wurde deutlich, daß die verhaltensspezifische und zwingende Wirkung von Pheromonen, wie sie bei den Insekten zu beobachten war, bei Säugetieren in dieser Form seltener oder nie gesehen wurde. Das Verhalten von Säugetieren ist sowohl komplizierter als auch flexibler und wird durch mehr und verschiedenartigere sinnliche Informationen gelenkt.[245] Außerdem verhalten sich höher entwickelte Tiere variabler. Wie gesagt besitzen Insekten fast ausschließlich Instinkte, daß heißt, ihr Verhalten ist *angepaßt* und im allgemeinen nicht *anpaßbar*. Ein Beispiel ist die Schlupfwespe, die eine Höhle erkundet, bevor sie ihre Beute dort ablegt. Wenn jemand diese Beute in der Zwischenzeit an eine andere Stelle legt, wird das Tier sein Objekt an den Rand der Höhle zurückbefördern und das Loch nochmals inspizieren. Diese Prozedur wird gegebenenfalls bis zum Tod wiederholt. Im Gegensatz zu Säugetieren ist ein solches Insekt nicht lernfähig. Sein Verhalten ist zwingend vorgeschrieben und reflexartig (übrigens ist der Unterschied zwischen dem Verhalten von Insekten und niedrigeren Tieren bzw. Säugetieren graduell und nicht kategorisch, so daß wir mit scherzhaften Schlußfolgerungen vorsichtig sein sollten).

Aufgrund des komplexen Verhaltens von Säugetieren spricht man bei ihnen in der Regel nicht von *releaser pheromones*, sondern von *signalling pheromones*, ein Begriff, der deutlich macht, daß die betreffenden Geruchsstoffe für ein bestimmtes Verhalten (nicht mehr als) eine Signalfunktion haben. Ohne zusätzliche Reize von anderen Sinnesorganen werden die entsprechenden Reaktionen ausbleiben. Mit anderen Worten: Man hat zwar Geruchsstoffe entdeckt, die in bezug zu einem bestimmten (Sexual-)Verhalten bei Säugetieren stehen, aber ohne zusätzliche Mitteilungen über andere sinnliche Kanäle wird sich dieses Verhalten kaum manifestieren. Auch die Wirkung der *primer pheromones* ist bei Säugetieren weniger ausgeprägt.

Aus diesen Gründen plädieren einige Wissenschaftler dafür, bei Säugetieren nicht mehr von Pheromonen zu sprechen bzw. diesen Begriff nur noch sehr eingeschränkt zu verwenden.[246] Deutlich ist jedoch, daß der Geruch und die Fortpflanzung auch bei Säugetieren vielfach miteinander verknüpft sind. So führt die Entfernung des Bulbus olfactorius bei weiblichen Mäusen zur Sterilität, was bei den Männchen seltsamerweise nicht der Fall ist.[247]

Die Pheromonforschung bei Säugetieren und Menschen hat sich auf zwei Arten von Stoffen konzentriert: *Androstene* und *Copuline*, das heißt, männliche bzw. weibliche Pheromone. Dabei wäre der Gedanke einer rigorosen Trennung falsch, da bei Frauen beide Typen angetroffen werden. Die Entdeckung des sogenannten *5-alpha-androst–16-und–3-alpha-ol* insbesondere im männlichen Schweiß und Urin (und hauptsächlich im Achselschweiß) und von *Östradiol*, einem fettartigen Stoff, der im Scheidensekret von Affen gefunden wurde, löste einen Sturm von Fragen und Vermutungen aus. Die entsprechenden Experimente wiesen zunächst noch einige Mängel und Schwächen auf, sind im Laufe der Zeit jedoch besser geworden.[248]

Unabhängig von der Frage, ob es ein spezifisch menschliches Geschlechtspheromon gibt, wird schon seit längerem geäußert, daß solche Stoffe unser Verhalten in gewisser Weise beeinflussen.[249] Diese Vermutung erhielt durch die sexuelle Revolution der sechziger Jahre neue Nahrung, in der unter anderem auch die Bedeutung des Geruchs zum Thema wurde. So war Freud, an die Auffassungen des HNO-Arztes Dr. Fliess anknüpfend, der Meinung, daß eine uneingeschränkt positive Einstellung gegenüber (Körper-)Gerüchen in der modernen Gesellschaft stark unterdrückt wird und die Negierung dieser Gerüche psychischen Störungen zuarbeiten könnte.

Auch Wilhelm Reich, dessen Werke vor allem in den sechziger Jahren viel gelesen wurden, soll hier erwähnt werden.

Es liegt auf der Hand, daß ein Rasieren der Achselhöhlen für den Erhalt oder die Ausbreitung eventueller im Schweiß enthaltener Pheromone nicht unbedingt förderlich ist – ein Aspekt, der in der Regel nicht beachtet wird. Darüber hinaus haben Bade- und Duschlotionen den Nachteil, daß sie oft bakterientötende Substanzen enthalten. Da die in der Achselhöhle vorkommenden Bakterien bei der Produktion pheromonartiger Verbindungen eine wichtige Rolle spielen, kann ein Deodorant das persönliche Fluidum erheblich angreifen. Möglicherweise riskieren Männer mit einer solchen Enthaarungsprozedur auch, beim weiblichen Geschlecht weniger Interesse zu wecken, während Frauen mit der Benutzung eines Deodorants eventuell einen Teil ihrer Anziehungskraft auf Männer einbüßen.

Eine spekulative Hypothese zum Achselschweiß: Mit dem aufrechten Gang nahm der Mensch weniger (der meist an der Erdoberfläche liegenden) Gerüche auf. Unter diesen Gegebenheiten kann der Körpergeruch eines anderen Menschen nur noch gut wahrgenommen werden, wenn seine Hauptquelle in »höhere« Regionen des Körpers verlagert wird, die nicht zu weit von der Nase entfernt sind, zum Beispiel in die Achselhöhlen.

Wie dem auch sei – an Anekdoten über den Einfluß »menschlicher Düfte« mangelt es nicht.[250] So wird von einem jungen Mann berichtet, der sich beim Tanzen ein Taschentuch in seine verschwitzte Achselhöhle klemmte, um es anschließend der Dame seines Herzens zu überreichen. Angeblich hat der Geruch des Taschentuchs seine erotisierende Wirkung nicht verfehlt. Dazu existiert auch die entsprechende »Eva-Variante«. Mädchen pflegten hin und wieder beim Tanz einen halben Apfel in der Achselhöhle zu tragen, um ihn nach dem letzten Takt ihrem männlichen Partner anzubieten. Das Ergebnis soll, wie man sich erzählt, entsprechend gewesen sein. Umgekehrt empfiehlt Ovid in seinem Buch *Ars amandi*, sich vor einem abstoßenden Ziegengeruch in den Achselhöhlen zu hüten.[251]

Weibliche Pheromone

Wenn sich Ihnen die Gelegenheit bietet, sollten Sie einmal das Liebesspiel zwischen einer Stute und einem Hengst beobachten. Wenn der Hengst den anogenitalen Bereich der Stute interessiert untersucht, geschieht es nicht selten, daß die Stute uriniert, wobei der Hengst manchmal Maul und Nase in den Urinstrahl taucht oder dessen Geruch aufschnaubt. Anschließend hebt er den Kopf und zieht die Nüstern hoch[252], ein Verhalten, das in ähnlicher Form bei Herbivoren beiderlei Geschlechts häufig zu beobachten ist und mit dem Vomeronasalorgan (Kapitel 2,4) in Zusammenhang steht.

Dieses Organ besteht aus einem sackförmigen Gebilde, das über einen rückwärtig zwischen den Schneidezähnen verlaufenden Kanal eine Verbindung zur Mund- und Nasenhöhle herstellt. Rezeptoren, die sich in diesem Organ befinden, loten (über die Prüfung des Urins) die Brünstigkeit oder Empfängnisbereitschaft aus.[253] Das beschriebene Hochziehen der Nüstern beinhaltet also kurz gesagt, daß bestimmte, mit dem Sexualverhalten verbundene Gerüche aufgenommen werden.

Eine Entfernung oder Beschädigung dieses Organs hat zwar keine katastrophalen Folgen, wird jedoch bei unerfahrenen Tieren vermutlich Störungen im Sexualverhalten auslösen.[254] Es gibt gute Gründe anzunehmen, daß das Vomeronasalorgan an Einprägungsprozessen im Sexualbereich beteiligt ist – eine Vermutung, die sich auch durch die anatomischen Verbindungen der Nervengewebe mit dem limbischen System begründen läßt.[255] Auffallend ist die fehlende Rückkopplung des limbischen Systems an das Vomeronasalorgan; die Information verläuft also in eine Richtung (beim Menschen bildet sich dieses Organ, wie bereits gesagt, schon im Verlauf der embryonalen Entwicklung zurück).

Neben ihrer scheinbaren sexuellen Signalfunktion im Urin und in der Scheidenflüssigkeit haben Pheromone bei Tieren noch weitere Funktionen. So verzögert sich die Geschlechtsreife weiblicher Mäuse, wenn die Tiere in einer nur aus Weibchen bestehenden Gruppe aufwachsen. Offenbar besteht ein Zusammenhang zwischen der Existenz männlicher Pheromone und der geschlechtlichen Entwicklung.[256] Umgekehrt kann der Urin eines Weibchens während des Eisprungs innerhalb weniger Minuten große Schwankungen im hormonalen Gleichgewicht des Männchens auslösen (insbesondere Noradrenalin und das luteinisierende Hormon LH schießen nach einer solchen Konfrontation in die Höhe). Bei Menschen ist dieses, auch für andere Tiere geltende Phänomen (noch) nicht nachgewiesen oder erforscht. In der Scheidenflüssigkeit von Rhesusaffen wurde ein bestimmter Stoff, das Östradiol, entdeckt. Bringt man diese Substanz in den Vaginalbereich weiblicher Tiere, deren Eierstöcke entfernt wurden, wird das Interesse der Männchen neu belebt. Wenn die Nasenlöcher des männlichen Tieres anschließend blockiert werden, fällt das sexuelle Interesse wieder stark ab.[257]

Ferner konnte bei Mäusen eine merkwürdige Beobachtung gemacht werden. Aus einer Paarung resultiert fast immer eine Schwangerschaft. Wenn man jedoch nach dem Paarungsakt das Männchen entfernt und durch ein anderes ersetzt, wird das Weibchen in der Regel nicht gebären. Der fremde Geruch des anderen Männchens löst tatsächlich einen frühzeitigen Abortus aus. Dieses Experiment macht deutlich, daß der Geruch einer männlichen Maus auf den Hormonhaushalt des Weibchens einwirkt.

Wir wissen, daß flüchtige chemische Substanzen weiblicher Herkunft bei Tieren eine gewisse Bedeutung für die Liebeswerbung, Paarung und Schwangerschaft haben. Um den isolierten und in Strukturformeln bekannten männlichen Pheromonen eine weibliche Entsprechung zu geben, wurde der Sammelbegriff »Copuline« vorgeschlagen.[258] Wie der Name bereits verrät, handelt es sich hierbei um Stoffe, die bei der Stimulierung der sexuellen Aktivität männlicher Artgenossen eine Rolle spielen sollen. Allerdings hat sich die Wirkung von Copulinen auf das menschliche Verhalten als recht hypothetisch herausgestellt. So empfinden Männer den Vaginalgeruch im allgemeinen als unangenehm. Andererseits blieb Hendrik III sein Leben lang in Maria von Kleve verliebt, nachdem er einmal den Duft ihrer Dessous (Pheromone?) genossen hatte, und Goethe hat bekannt, Frau von Stein ein Mieder entwendet zu haben, um sich seinem Duft hingeben zu können.[259]

Inzwischen wurde ein östradiolartiger Stoff in den vaginalen Ausscheidungen des Menschen entdeckt, den man – erwartungsvoll – als menschliches Copulin bezeichnete.[260] Man nahm Untersuchungen vor, um die Wirkungsweise dieses Stoffes zu testen. Insgesamt waren 62 Paare an diesen Experimenten beteiligt, bei denen die Brüste der Frauen mit Copulin, Parfüm, Alkohol oder Wasser eingerieben wurden. Die Resultate konnten die Hypothese nicht stützen, da der Stoff nachweislich keinerlei Einfluß auf die sexuelle Aktivität hatte. Allerdings muß zu dieser Untersuchung noch einiges gesagt werden. Die Paare waren daran gewöhnt, häufig miteinander ins Bett zu gehen (im Durchschnitt öfter als zweimal in der Woche), so daß die Wirkung des Copulin (auf den Mann) kaum eine Rolle gespielt haben konnte.[261] Ferner mußte jedes Paar in jeder zweiten Nacht einen der vier Stoffe in einer willkürlichen Reihenfolge anwenden, so daß zum Beispiel in der Serie: Nacht 1 (Copulin) – Nacht 3 (Alkohol) – Nacht 5 (Copulin) – Nacht 7 (Wasser) – Nacht 9 (Parfüm) das Copulin in Nacht 3 noch Wirkung zeigen konnte. Begrenzte Tests mit Copulin versus Wasser oder einem anderen Stoff wären entschieden sinnvoller gewesen. Außerdem hätte man besser daran getan, einen bestimmten Stoff verschiedene Nächte hintereinander zu verabreichen. Kurzum, die Existenz eines weiblichen Geschlechtspheromons ist beim Menschen zwar nicht auszuschließen, aber der heutige Stand der Forschung läßt eine definitive Schlußfolgerung (noch) nicht zu.

Zu einem anderen Test.[262] Testpersonen erhielten den Auftrag, sich Fotos von Jungen und Mädchen anzuschauen und diese anhand mehrerer Kriterien zu beschreiben, wobei entweder ein relativ neutraler Geruch oder der (unangenehme) Vaginalgeruch von Affen verbreitet wurde. Bei Bewertungskriterien wie »Zuverlässigkeit, «Fröhlichkeit» u.ä. spielte es keine Rolle, welchen Geruch die Testpersonen aufgenommen hatten. Bei den Begriffen «sexy» und «verlegen» wurden jedoch Unterschiede deutlich.

Unter dem Einfluß des Vaginalgeruchs wurden die Mädchenfotos von Vertretern beiderlei Geschlechts als eher sexy beurteilt. Bei den Jungen war zudem ein Trend zu «weniger verlegen» abzulesen. Dieser Test scheint also zu zeigen, daß vaginale Gerüche von Affen unser Urteil über andere Menschen beeinflussen können – ein Effekt, der dem Anschein nach in etwas stärkerem Maße für Männer gilt. Im übrigen geben uns diese Ergebnisse keinen Aufschluß darüber, ob sich dieses Phänomen auch im Verhalten, insbesondere im Sexualverhalten, widerspiegelt.

Eine weitere Frage, die immer noch auf eine Antwort wartet, lautet, warum sich Partner, die in Beziehungskonflikten stecken, ziemlich häufig über den Körpergeruch des anderen beklagen. Das kann mit «inkompatiblen» Düften zu tun haben, auszuschließen ist jedoch auch nicht, daß die entstandenen Probleme im Nachhinein und zu Unrecht Gerüchen angelastet werden. Andererseits wissen wir, daß sich Mäuse vorzugsweise mit Artgenossen paaren, die einen leicht abweichenden Uringeruch haben, da dieser angeblich etwas über das genetische «Make-up» des Partners aussagt. Ob ein solcher Mechanismus auch bei der Entstehung zwischenmenschlicher Beziehungen mitspielt, ist nicht bekannt.[263]

Männliche Pheromone

Auf die Existenz männlicher Pheromone gibt es einige Hinweise. Androstene werden in geringen Konzentrationen vor allem im männlichen Schweiß, insbesondere in der Achselhöhle, angetroffen (und merkwürdigerweise besonders im Dezember[264]) wie auch geringfügiger im Speichel und Urin. Die Konzentrationen schwanken individuell sehr stark, und nur bei geschlechtsreifen Männern sind diese Stoffe überhaupt in einer nennenswerten Sekretion vorhanden. Bei sexueller Erregung erhöht sich die Produktion von Androstenen. Auch erwachsene Frauen produzieren nachprüfbare Mengen männlicher Pheromone, die allerdings über ein Fünftel der männlichen Produktionsmenge nicht hinausgehen. Gelegentlich kann eine Frau allerdings genausoviel oder sogar mehr Androstene ausschütten wie der durchschnittliche Mann.

Am höchsten konzentriert sind Androstene, wie gesagt, in den Achselhöhlen.[265] Während der Schweiß selbst geruchlos ist, verwandeln Bakterien wie das *Corynebacterium* und der *Proteus vulgaris* bestimmte chemische Verbindungen in Androstene und andere Substanzen, die oft einen penetranten Geruch verursachen (es gibt vereinzelt Menschen, die unter einer *Bromidrosis* leiden, einem anomalen Schweißgeruch, der mit einer übermäßigen Anzahl dieser Mikroorganismen zu tun haben kann). Bis jetzt konnten vier im Schweiß vorkommende Androstene identifiziert werden, wie das Androstenon und das davon abgeleitete Alkohol Androstenol. Der geruchlose Grundstoff von Androstenon ist vermutlich das männliche Geschlechtshormon Testoteron. Auch andere Stoffe wie Cholesterin, Pregnenolon, Androsteron und das de-hydroxy-epi-Androsteron sind vermutlich an der Bildung von Androstenen beteiligt.[266]

Was die Wertschätzung der Androstene betrifft, ist die Situation einigermaßen verwirrend. So besitzt Androstenon einen urinartigen Geruch, den die meisten Menschen absolut widerwärtig finden. Demgegenüber wird das nach Moschus riechende Androstenol im allgemeinen als angenehm empfunden. Mit zunehmender Konzentration wächst auch die Abneigung gegen Androstene, aber wie wir in Kapitel 3 gesehen haben, ist es innerhalb einer bestimmten Mischung möglich, daß ein übler Geruch überdeckt bzw. ein angenehmer Duft verstärkt wird.

Viele Menschen scheinen gegen Androstene anosmisch zu sein. So ist fast die Hälfte der Bevölkerung nicht in der Lage, den Geruch von Androstenon wahrzunehmen. Es weist einiges darauf hin, daß diese Unfähigkeit durch genetische Faktoren bedingt ist.[267] Eine Anosmie gegenüber Androstenon bedeutet jedoch nicht, daß dieser Geruch zu keiner Zeit eine *Reaktion* hervorruft. Es hat sich gezeigt, daß der elektrische Hautwiderstand, ein Indikator für unter anderem die Wachsamkeit, bei einer Konfrontation mit Androstenon beträchtlich abfallen kann und daß dies vor allem dann geschieht, wenn der Geruch *nicht* bewußt wahrgenommen wird.[268] Dieser Abfall ist ein Anzeichen für eine allge-

171

meine Aktivitätserhöhung, auch im emotionalen Bereich. Auch wenn der Geruch bewußt erfahren und zudem als angenehm empfunden wird, kommt es zu einem derartigen Abfall. Empfindet man den Geruch hingegen als unangenehm, verändert sich der elektrische Hautwiderstand nicht wesentlich. Dies sind bemerkenswerte Erkenntnisse, die erneut einen Unterschied zwischen bewußten und unbewußten Geruchswahrnehmungen erkennen lassen. Bei einer unbewußten Wahrnehmung nimmt die allgemeine körperliche Aktivität zu, wenn die Wahrnehmung jedoch ins Bewußtsein vordringt, hängt die Reaktion wesentlich von einer positiven Akzeptanz des Geruches ab. Somit kann ein solcher Geruchsstoff, je nach dem Grad seiner Konzentration, den körperlichen und psychischen Zustand auf unterschiedliche Weise beeinflussen. Zudem kann aufgrund dieser Daten vermutet werden, daß unser Verhalten im Prinzip *unbemerkt* in eine bestimmte Richtung gelenkt werden kann.

Testversuche haben gezeigt, daß der elektrische Hautwiderstand bei Frauen gegenüber Androstenon weniger ausgeprägt ist als bei Männern. Dies Ergebnis ist nicht so überraschend wie es vielleicht scheinen mag, da sehr viel von der Frage abhängt, ob die betreffende Testperson den Geruch *benennen* kann. Da Frauen dies im allgemeinen besser gelingt, ist die Anosmie gegen Androstenon (beim Mann) eventuell und zu einem Teil einer fehlenden »Etikettierung« zuzuschreiben. Daraus kann bei Männern die Neigung entstehen, die Wahrnehmung eines Geruchs zu negieren – ein Verhalten, das mit einem verhältnismäßig starken elektrischen Hautwiderstand verbunden ist. Wenn der Geruch einen beliebigen Namen erhalten hat, sind viele der anosmischen Testpersonen wie durch ein Wunder in der Lage, den Geruch von Androstenon wahrzunehmen; gleichzeitig ist eine Abschwächung des elektrischen Hautwiderstands zu beobachten.

Eine bewußte Erfahrung scheint sich also auf Körperreaktionen blockierend auszuwirken – ein Phänomen, für das bis jetzt noch keine Erklärung gefunden werden konnte. Kurzum, es hat den Anschein, als habe Androstenon eine pheromonartige Funktion, vorausgesetzt, die Substanz wird *nicht* bewußt gerochen beziehungsweise in subtilen Mengen verbreitet. Im allgemeinen wird der Androstenongeruch von Frauen als unangenehmer erfahren als von Männern, ob sie gegenüber diesem Stoff jedoch eine höhere Sensibilität besitzen – in dem Sinne, daß ihr Schwellenwert niedriger ist – steht nicht fest.[269] Allgemein läßt sich sagen, daß Androstenon einen unangenehmen Geruch besitzt, der sich in einem Gemisch jedoch plötzlich absolut umkehren kann. Und wie wir sahen, ist eine bewußt getroffene Beurteilung sicherlich nicht der einzige Faktor, der die Wirkung von Androstenen ausmacht.

Zur nächsten Frage: Wie wird das Verhalten von (Säuge-)Tieren durch diese Stoffe beeinflußt? Bei Schweinen verwendet man Androstene, um die Fruchtbarkeit zu bestimmen, wobei man früher nach folgender Methode vorging: Der Bauer stellte sich rittlings über die Sau und versuchte, sie nach vorn zu drücken. Wenn sie sich wehrte, faßte man das als Zeichen ihrer Bereitschaft auf. Diese Methode hat sich jedoch als wenig zuverlässig erwiesen, da nur jedes zweite Tier in der fruchtbaren Zeit ein solches Verhalten an den Tag legte. Bei der Begegnung mit dem Eber hingegen, wird die fruchtbare Sau unbeweglich, sie macht ein Hohlkreuz und spitzt die Ohren – ein Verhalten, das als Lordose oder Duldungsstarre bezeichnet wird.

In unserer Zeit künstlicher Befruchtung ist diese Indikation aus der Mode gekommen, aber man hat eine Art »natürlicher Diagnostik« entwickelt. Der Sau wird ein androstenon- oder androstenolhaltiges Aerosol (z. B. die Substanz *boar mate*) auf die Schnauze gesprüht. Wenn das Tier brünstig ist, löst dieser Geruch die Lordose aus.[270] Auch bei Schafen und Kühen wird diese Methode erfolgreich angewandt. Der Geruch eines Stieres führt außerdem dazu, daß das kalbungsfähige Alter einer Färse sinkt. Unter dem Einfluß des Stiergeruchs kommt die Färse früher in die Pubertät – ein Prinzip, das wir schon bei Mäusen beobachtet haben und das im übrigen für viele Tiere gilt.

Bevor man Partei für die armen Schweine ergreift und gegen die Verwendung eines solchen Aerosols Protest anmeldet, sollte man bedenken, daß Säue Androstene ausgesprochen lecker finden. Ihr Geruch stellt für sie nicht nur die Assoziation zum Eber her – er läßt sie auch kulinarische Köstlichkeiten zutage fördern. Die Sau besitzt eine äußerst feine Nase für Trüffel, eine Pilzart, deren Fruchtkörper unter der Erde, häufig am Fuß von Eichen (die sogenannten Eichentrüffel), gebildet wird. Diese Nase ist so fein, daß sie selbst Trüffel erschnüffelt, die über einen Meter unter der Erde liegen – eine Fähigkeit, die das Schwein, wie chemische Untersuchungen ergeben haben, in erster Linie seiner extremen Sensibilität für Pheromone verdankt – und Trüffel enthalten Androstene in hoher Konzentration.[271] Auch für viele Menschen sind Trüffel – vielleicht unter anderem auch wegen der Pheromone? – eine Delikatesse. Bleibt die Frage, ob es Hinweise darauf gibt, daß sich auch der Mensch, abgesehen von den bereits angesprochenen Effekten, durch Androstene in seinem Verhalten beeinflussen läßt.

Eine Studie, die seinerzeit für großes Aufsehen sorgte, sah folgendermaßen aus. Man testete die Bewerber für eine Stelle in der Universitätsverwaltung sowohl auf die Wirkung von Copulin als auch von Androstenol.[272] Die Mitglieder der Auswahlkommission erhielten einen Gesichtsschutz, wie er auch von Chirurgen getragen wird, mit der Begründung, daß ihre Mimik einen möglichst geringen Einfluß auf das Verhalten des Kandidaten haben dürfe. Daß die Masken entweder geruchlos oder mit Androstenol bzw. Copulin imprägniert waren, war den Trägern nicht bekannt. Es stellte sich heraus, daß Androstenol das Urteil der weiblichen Kommissonsmitglieder über die männlichen Kandidaten positiv beeinflußte, während sich sowohl Copulin als auch Androstenol auf die Urteilfindung der Männer über Frauen negativ auswirkte. Überzeugend oder gar spektakulär waren diese Effekte allerdings nicht. Außerdem erzeugten die Masken eine gewisse Heiterkeit, was der Gültigkeit der Beurteilungen wahrscheinlich nicht zugute gekommen ist. Ferner ist nicht auszuschließen, daß ein möglicher anderer Geruch in dem Empfangsraum die Ergebnisse ebenfalls beeinflußt hat.[273] Und letztlich kann ein mit Copulin oder Androstenol behandelter Gesichtsschutz einen anderen Geruch überdecken oder deformieren, während bei der geruchlosen Variante möglicherweise ein zweiter Geruch wahrgenommen wird.

Ein anderes Experiment machte deutlich, daß fotografierte Frauen auf Vertreter beiderlei Geschlechts anziehender wirkten, wenn bei der Beurteilung ein solcher mit Androstenol imprägnierter Gesichtsschutz getragen wurde.[274] Ob dieser Geruch jedoch immer so deutlich auf das (emotionale) Urteil einwirkt, ist zu bezweifeln. Beim Lesen einer erotischen Erzählung geben Menschen, die eine Androstenol-Maske tragen, dieselben Werte an sexueller Erregung an wie Testpersonen, deren Maske geruchsneutral ist oder mit Rosenwasser besprengt wurde.[275] Auch hier gilt wiederum, daß jeder Test durch eine solche Maskierung unnatürlich wird und die Ergebnisse demzufolge nicht unbedingt zuverlässig sein müssen. Man täte besser daran, den Einfluß solcher Gerüche zu untersuchen, ohne die betreffenden Personen über den Zweck des Experimentes zu informieren.

Bei einem anderen Experiment hat man die Stühle im Wartezimmer eines Zahnarztes mit Androstenon in unterschiedlichen Konzentrationen besprüht (dies ist ein dem Androstenol verwandter, jedoch weniger stabiler Stoff: Androstenon wird sehr schnell in Androstenol umgewandelt).[276] Es stellte sich heraus, daß Frauen die entsprechend behandelten Stühle intensiver benutzten, während Männer diese eher mieden. Am eindeutigsten war die Wirkung bei relativ geringen Konzentrationen – was sich mit unseren Aussagen zu den körperlichen Einflüssen nicht oder kaum wahrgenommener Gerüche deckt. Wurden die Stühle mit einer großen Menge Androstenon besprüht, ließen sich auch die Frauen nicht mehr auf ihnen nieder. Das zeigt erneut, daß diese Substanzen ihre Wirkung vor allem dann entfalten, wenn die verwendeten Mengen gering sind. Das Verhalten wird durch minimale Mengen dieser Geruchsstoffe gelenkt.

Ein ähnlicher Test wurde in einem Theater durchgeführt[277], wo die mit Androstenon behandelten Sitze überwiegend von Frauen eingenommen wurden. Ein kurioser Nebeneffekt war, daß von den »Androstenon-Sitzen« auch mehr Programmhefte mit nach Hause genommen wurden. Zudem zeigte sich das merkwürdige Phänomen, daß der Menstruationszyklus einiger Mitarbeiterinnen des Theaters (wahrscheinlich) durch dieses Experiment durcheinander geriet.

Dennoch müssen wir uns vor der voreiligen Schlußfolgerung hüten, Frauen würden ohne weiteres durch den Geruch solcher Stoffe angezogen. Ein Experiment auf dem Campus einer kalifornischen Universität gibt einen gewissen Aufschluß.[278] Herrentoiletten, die mit einem Androstenolgeruch versehen waren, wurden zu 80 Prozent weniger frequentiert als zuvor. Die Herren Studenten gaben anderen Örtlichkeiten deutlich den Vorzug. Als man bei den Damentoiletten ebenso verfuhr, war kein großer Unterschied festzustellen. Offensichtlich wurden diese Toiletten durch den Androstenolgeruch weder attraktiver noch unattraktiver. Da sich die Beobachtungsdauer über eine ganze Woche erstreckte, scheinen die Studenten genügend Zeit und Gelegenheit gehabt zu haben, gewisse Vorlieben zu entwickeln. Dennoch wäre es vielleicht sinnvoller gewesen, man hätte das Verhalten über einen noch längeren Zeitraum observiert, da die Sensibilität für Androstenol bei Frauen beträchtlich fluktuiert.

Auch der Zusammenhang zwischen der Stimmungslage und Androstenol in verschiedenen Phasen des Zyklus war Thema einer Untersuchung.[279] Studentinnen um die Zwanzig wurden aufgefordert, sich jeden Morgen nach dem Waschen einen mit Alkohol gemischten Tropfen Androstenol auf die Oberlippe zu tupfen. Eine andere Gruppe benutzte ein nur aus Alkohol bestehendes Plazebo. Keine der Studentinnen nahm die Pille. Man bat sie, jeden Tag eine Einschätzung ihrer Stimmung abzugeben und dazu folgende diametrale Begriffspaare zu benutzen: aggressiv-unterwürfig, glücklich-deprimiert, lebendig-lustlos, verführerisch-abstoßend und gutgelaunt-schnell gereizt. Der Einfluß von Androstenol war nur bei der Kategorie aggressiv-unterwürfig signifikant, wo es zu einer Abschwächung der Aggressivität führte, insbesondere in der Zeit um den Eisprung herum. Studentinnen, die Androstenol verwendeten, fühlten sich, verglichen mit ihren Kommilitoninnen, die das Placebo bekommen hatten, »nachsichtiger« oder »unterwürfiger« gestimmt. Obwohl ein Gefühl der Nachsichtigkeit mit Sicherheit nicht dasselbe ist wie die Duldungstarre bei der Sau, ist eine gewisse Verwandtschaft mit dem Lordosephänomen vielleicht doch nicht allzuweit hergeholt. Diese Studie machte auch deutlich, daß sich die Studentinnen während der Menstruation am depressivsten und um den Eisprung herum am besten fühlten.[280] Dieser Stimmungswechsel korrespondierte jedoch nicht mit einem veränderten Selbstbild hinsichtlich der anderen Kategorien.

Die Studentinnen hielten sich während der Menstruation nicht für weniger lebendig oder attraktiv bzw. schneller gereizt. Möglicherweise sorgten Faktoren wie die Begrenztheit der Tests

176

(18 Frauen) und die große Differenz bei den Testergebnissen für eine verschleiernde Wirkung.

Noch eine Frage: Beeinflussen männliche Pheromone die Länge des Menstruationszyklus? Aufgrund unseres Wissens aus der Tierwelt darf eine gewisse Wirkung auf die Dauer und die Regelmäßigkeit des Zyklus nicht ausgeschlossen werden – in Ansätzen kam dies schon bei dem genannten Theaterexperiment zum Ausdruck.[281] Bei Nagetieren kann die Ovulation des Weibchens durch den Geruch männlichen Urins stimuliert werden.[282]

Beim Menschen wurde beobachtet, daß sich die Länge des Zyklus dann stärker auf die Durchschnittswerte hin bewegt (das heißt auf 29,5 ± 3 Tage), wenn Frauen zunehmend mehr Zeit mit Männern verbringen und dies mit einem ziemlich festen Rhythmus in der sexuellen Aktivität einhergeht – obwohl es, wenn es nur um das Riechen geht, natürlich auch mit Kuscheln getan wäre.[283] Um herauszufinden, ob hier ein Pheromon mitspielt, hat man die Wirkung von männlichem Achselschweiß auf den Zyklus untersucht, und zwar dieses Mal unter Einhaltung der nötigen Kontrollmaßnahmen (die Testpersonen erfuhren nichts über den Hintergrund der Studie).[284]

Fünfzehn Frauen mit einem Zyklus, der kürzer als 26 bzw. länger als 32 Tage war, nahmen an diesem Experiment teil. Wenn im Verlauf von drei Zyklen dreimal in der Woche männlicher Schweißextrakt auf die Oberlippe gebracht wurde, war kein signifikanter Einfluß auf eine Normalisierung des Zyklus erkennbar. Allerdings trat eine deutliche Verschiebung zu weniger abweichenden Werten auf. Wenn wir jedoch nur die Frauen nehmen, die keine heterosexuellen Kontakte hatten bzw. diese auf ein Mal in der Woche beschränkten, war eine statistisch durchaus signifikante Wirkung zu erkennen. Es gibt also gute Gründe, Frauen, die verhältnismäßig häufig intimen Umgang mit Männern haben, aus dieser Art Untersuchungen herauszunehmen, da sie mehr oder weniger permanent unter dem Einfluß männlichen Schweißes stehen. Dennoch mutet es eigenartig an, daß ausgerechnet (auch) diese Frauen häufig eine abweichende Zykluslänge haben. Eine stimmige Erklärung dafür fehlt, und das bedeutet, daß nicht genau bekannt ist, wie all diese Prozesse ablaufen.

Haben Pheromone eine Funktion
beim Menschen oder nicht?

Biologen sind der Auffassung, daß in der Natur nicht vieles »einfach nur so« passiert (abgesehen von dem, wie man sagt, richtungslosen Evolutionsprozeß selbst). Im Prinzip müssen alle verfügbaren Mittel im Existenzkampf eingesetzt werden. Selbst bei den angenehmen Dingen des Lebens, zum Beispiel in der Sexualität, steht der Genuß im Zeichen einer biologischen Notwendigkeit.

Wäre der Geschlechtsakt in der Regel mit Schmerzen verbunden, würden Menschen nicht mehr miteinander ins Bett gehen und wären ohne künstliche Befruchtung sehr bald vom Aussterben bedroht. Obwohl ein Leben selbstverständlich auch dann sinnvoll sein kann, wenn man sich nicht fortpflanzt, müssen wir aus biologischer Sicht für die Übertragung von Genen alias Verhaltensmöglichkeiten sorgen – was im übrigen auch indirekt möglich ist, wenn man regelmäßig auf seine Nichten und Neffen aufpaßt, das heißt auf Menschen, die ein Viertel ihrer Gene mit uns teilen.[285]

Die menschliche Existenz wird jedoch nicht allein durch die Biologie und die biologische Evolution bestimmt. Im Gegensatz zu den meisten Tieren schaffen wir uns einen wesentlichen Teil unserer Umgebung selbst: Häuser, Kleidung, Schulen, Bibliotheken, Handwerk, Kunst und Wissenschaft. Dieser kreative Prozeß besitzt eine Eigendynamik, und die kulturelle Evolution ist für unseren Fortbestand von essentieller Bedeutung. Folglich kennt der Mensch auch zwei Arten der Fortpflanzung, physisch und im Sinne eines *Informationstransfers*. Zu der ersten meinen Biologen, daß jedes Lebewesen bemüht ist, einen möglichst hohen Reproduktionserfolg zu erzielen – eine Denkweise, die einem fatalen Zirkelschluß unterliegt. Auf die Frage, warum, wieso und in welcher Hinsicht der eine Organismus »fitter« (das heißt besser angepaßt) ist als der andere, wird in der Regel geantwortet, daß das eine Tier einen höheren Reproduktionserfolg für sich verbuchen könne als das andere. Fragt man nach der Ursache, wird man zur Antwort erhalten, daß dieses Tier eben »fitter« sei. Auf dieses tautologische Denken stößt man in unzähligen, fast mutlos machenden Variationen, trotz einiger ernstgemeinter Bemühungen um ein gut durchdachtes Begriffssystem. Manche Wissenschaftler haben versucht, diesen Zirkel zu durchbrechen, indem sie die Bedeutung von Begriffen wie »Funktion« und »Adaption« erweitert haben, ohne dem Reproduktionsgedanken zu viel Tribut zu zollen.[286]

Die Frage nach dem adaptiven oder Überlebenswert von Pheromonen hat durchaus ihren Sinn. Ohne eine »ultimate analyse«, das heißt, eine Erklärung in Begriffsgrößen, die innerhalb des Evolutionsprozesses ausschlaggebend sind und der Selektion einen Angriffspunkt bieten, kann die »proximate analyse«, die Erklärung der (physiologischen) Wirkungsweise von Pheromonen problematisch werden. Anders ausgedrückt:

Die den Pheromonen beigemessene evolutionäre Bedeutung bestimmt partiell auch die Interpretation der Wirkung, die sie hier und dort (scheinbar) besitzen. Worin jedoch liegt diese evolutionäre Bedeutung? Was sind die Vor- und Nachteile von Pheromonen im Licht der Fortpflanzung? Bei diesen Fragen gehen die Auffassungen auseinander.

Der Frau ist nicht anzusehen, wann sie fruchtbar ist. Das unterscheidet sie von vielen anderen Säugetieren, die typische Körperschwellungen erkennen lassen (zum Beispiel Affen) oder einen spezifischen Geruch absondern (zum Beispiel Hunde). Nach Ansicht mancher Forscher ist die »verborgene« Ovulation beim Menschen eine Folge seines im Zuge der Evolution immer stärker entwickelten Selbstbewußtseins.[287] Dieses Selbstbewußtsein könnte in gewissem Sinne eine Gefahr für die Fortpflanzung bedeuten, da wir wissen, daß das Gebären und Aufziehen von Kindern eine schmerzhafte bzw. schwierige Sache ist. Um das Aussterben der Art zu verhindern, hat der Mechanismus der natürlichen Selektion dazu geführt, daß wir Spaß haben am Sex, dieser Spaß jedoch auch – relativ – unvorhersehbare Folgen hat.

Eine solche Kombination wird verhindern, daß der Mensch ohne weiteres zu einer genauen »Planung« übergeht. So gesehen besitzen wir sowohl intelligente als auch opportunistische Eigenschaften und stellen unser Eigeninteresse über alles andere. Angesichts der Investitionen, die nötig sind, um ein Kind zur Welt zu bringen, zu säugen und aufzuziehen, lassen wir uns nicht allzu schnell zur Fortpflanzung verleiten. Damit dennoch für Nachkommenschaft gesorgt ist, muß es einen »harten Kern« relativ autonom funktionierender körperlicher und sozialer Prozesse geben, der uns vor dem Aussterben bewahrt – so zumindest diese Argumentation.

Mit dieser Auffassung zu vereinbaren ist die verborgene Ovulation ebenso wie das Fehlen einer spezifischen Brunftzeit beim Menschen, was den »Nachteil« hat, daß wir statistisch gesehen oft kopulieren müssen, um eine Schwangerschaft zu erzeugen. Einer biologisch-evolutionären Moral gemäß, müßten wir hingegen dazu gebracht werden, direkt nach dem Eisprung miteinander ins Bett zu gehen, da die Chance einer Befruchtung dann am größten ist. Die Absonderung eines spezifischen Geruchsstoffes, dem man nur schwer widerstehen kann, kurz eines Pheromons, paßt in dieses Konzept. Um die sexuelle Aktivität in der Zeit des Eisprungs zu steigern, macht es Sinn, das System durch einen überwiegend unbewußt verlaufenden Prozeß steuern zu lassen. Das verringert die Chance, daß der Mensch versucht, seine Impulse zu unterdrücken. Ein bewußt vollzogener sexueller Akt bedeutet zwangsläufig immer auch, daß wir allerlei Nachteile und Risiken klar vor Augen haben.[288]

Diese Argumentation scheint doch recht weit hergeholt. Vermutlich ist das *Selbst*bewußtsein angesichts der zeitlichen Dimensionen der Evolution noch relativ jung.

Der Prozeß der natürlichen Selektion braucht wahrscheinlich wesentlich mehr Zeit, um die beschriebene subtile Funktion von Pheromonen fördern zu können und außerdem sehen (sahen) weder Mensch noch Tier den Zusammenhang von Ereignissen, die zeitlich sehr weit auseinander liegen (nämlich Kopulation und Geburt). Wäre es nicht wesentlich plausibler zu behaupten, daß die Entfaltung des Selbstbewußtseins *nicht* in einem Spannungsverhältnis zur Fortpflanzung und unserer Leidensfähigkeit steht?

Ein andere Überlegung[289] beinhaltet, daß Pheromone sich derart nachteilig auf den Menschen ausgewirkt haben, daß ihr Effekt so gut wie verlorengegangen ist. Die verborgene Ovulation wird Veränderungen in der Sozialstruktur angelastet, die sich bei unseren (sehr entfernten) Vorfahren abgespielt haben. Man geht davon aus, daß diese Menschen in kleinen Gruppen zusammenlebten, die sich um eine Familie mit einem erwachsenen Männchen und einem (oder mehreren) erwachsenen Weibchen scharten (wie das jetzt noch bei Affenarten wie Gorillas und Gibbons zu sehen ist). Unter solchen Gegebenheiten ist es wichtig, daß das Weibchen durch Körperschwellungen und/oder Gerüche ihre Fruchtbarkeit manifestiert. Ein System mit vielen »verpaßten Chancen« würde sehr bald aufgrund der natürlichen Selektion eliminiert sein.

Die Situation veränderte sich jedoch nach dieser Theorie, als die Menschenartigen aufgrund klimatologischer Umschwünge gegen Ende des Miozän in neue Lebensräume, und zwar in die Savannen, vordrangen – und mit ihnen auch sehr viele Graser. Die Jagd wurde zur einzigen Möglichkeit, derart große Tiere zu töten. Diese Entwicklung zwang den Menschen, in größeren Gruppen zu leben, während die Investitionen in die Nachkommenschaft gleichzeitig eine Beibehaltung der monogamen (oder hin und wieder auch polygamen) Beziehungsstrukturen verlangten.

So gerät die »offene« Ovulation – folgt man dieser Theorie – zunehmend unter Druck. Da die Frau innerhalb einer großen Lebensgemeinschaft wesentlich mehr Kontakte zu Männern hat, wird es schwierig, ihre Treue zu kontrollieren. Außerdem kann die Zahl der potentiellen Väter so groß werden, daß sich kein Mann mehr bereitfinden wird, die Sorge für ein Kind zu übernehmen. Das ist eine ernste Angelegenheit und Treue bei der Investition in die Nachkommenschaft ein wesentlicher Aspekt. Die Frau hat ein grundlegendes Interesse daran, daß der Mann die erbeutete Nahrung mit ihr und ihren Kindern teilt. Auf der anderen Seite (wir argumentieren hier wohlgemerkt vom Standpunkt der natürlichen Selektion aus) ist es auch für den Mann sehr wichtig, daß die Beute seiner Frau und seinen Kindern zugute kommt. Eine verborgene Ovulation und die Tendenz, Gerüche, welche die Ovulation verraten, stark zu reduzieren oder sie ihrer Bedeutung zu berauben, könnten also durch die natürliche Selektion gefördert werden.

Kurzum, lange Geschichten und ganze Romane mit vielen Spekulationen und Hypothesen, wobei das letzte Erklärungsmodell ein wenig eleganter ist, weil es das langsame Fortschreiten des

Evolutionsprozesses berücksichtigt. Dem Menschen unterstellt dieses Denken ein wesentliches Interesse daran, Pheromone aus ihrem ursprünglichen Kontext zu befreien und ihnen eine neutrale oder unschuldige Bedeutung zu geben. Wir können dies heutzutage selbst konstatieren. Eine angenehm duftende Frau wird von Männern und Frauen vielleicht etwas freundlicher aufgenommen, willen- und wehrlos ausgeliefert wird man sich ihrer Attraktion jedoch keineswegs fühlen. Oder anders gesagt, wir haben die Möglichkeit, die Bedeutung eines Geruchs zu sublimieren, der seinen zwingenden Charakter verloren hat. Wir werden diesen Aspekt noch einmal aufnehmen, wenn wir über die Rolle von Parfüms sprechen.

Diese Erklärungsversuche basieren vor allem auf einer fehlenden Bedeutung weiblicher Pheromone, aber es gibt Hinweise darauf, daß der Mensch durchaus aktive männliche Pheromone kennt. Woher kommt diese Asymmetrie? Statt daraus zu schließen, daß weibliche Pheromone eine zwar subtile, aber dennoch wichtige Funktion besitzen, können wir uns auch versuchsweise eine etwas simplere, aber in gewisser Weise nicht weniger spekulative Argumentationskette ausdenken.[290]

Bei einer ausgeprägten sexuellen Dimorphie ist in der Tierwelt häufig eine Haremsbildung zu beobachten – Beispiele sind der Edelhirsch, das Zebra, der Pavian. Unter diesen Gegebenheiten muß das männliche Tier die Weibchen ständig unter Aufsicht haben, und es gehört auch zu seinen Aufgaben, eventuelle Belagerer zu vertreiben. Die Vorstellung fällt nicht schwer, daß ein Pheromon, das die Weibchen anzieht und (andere) männliche Tiere gleichzeitig abstößt, hier äußerst willkommen wäre. Umgekehrt kann es für ein Weibchen in einem Harem wichtig sein, je nach ihrer Rezeptivität wechselnde Gerüche abzusondern, einen abstoßenden Geruch, wenn sie nicht fruchtbar ist, und einen anziehenden in der empfängnisbereiten Phase. Die Folge wäre, daß sich der Herr des Harems nur dann der Frau nähern würde, wenn dies auch einen *Sinn* hätte.

Ein Beispiel: Weibliche Löwenaffen »markieren« am meisten, wenn sie schwanger sind; dies Verhalten kann nützlich sein, wenn der Geruch auf das Männchen sexuell bremsend wirkt (dies entzieht sich jedoch unserer Kenntnis).

Im übrigen ist der Sexualkontakt bei einer ausgeprägten sexuellen Dimorphie nicht immer ohne Risiken. Selbst wenn Männchen und Weibchen gleich stark sind, kann er Schaden zufügen. Im Balzverhalten liegt häufig eine aggressive Komponente (eventuell in der sublimierten Form des *Liebesbisses*), und hin und wieder ufert es aus – wie zum Beispiel bei Erpeln, die in kleinen Gruppen ein einzelnes Weibchen so massiv vergewaltigen können, daß es ertrinkt.

Beim Menschen könnte diese durch sexuelle Dimorphie bestimmte Funktion von Pheromonen noch immer, wenn auch in abgeschwächter Form existieren. Männer sind im Durchschnitt schwerer, stärker, schneller und aggressiver als Frauen, werden aber dennoch ihr Bestes tun müssen, um Frauen »milde« zu stimmen. Das nächste Glied in dieser Argumentationskette würde lauten, daß Männer gut beraten sind, angenehme Gerüche zu produzieren, um Frauen anzuziehen. Das Theaterexperiment und die Geschichte aus dem Zahnarztwartezimmer widersprechen diesem Gedanken in keiner Weise.

Ansonsten knüpft dieser Gedankengang daran an, daß unsere Vorfahren anfangs in kleinen Gruppen lebten. Wie es jetzt noch bei Gorillas und Orang Utans der Fall ist, bilden sich dabei auch »Gruppen von Junggesellen«, und es gibt erwachsene Männchen, die allein umherziehen. Die Weibchen bleiben meistens in ihrer Familiengruppe, es sei denn, einem Männchen gelingt es, sie zu »kapern«. Dann ist es sehr entscheidend, daß ein solches Männchen nicht stinkt oder aggressiv ist. Möglicherweise wird das Weibchen durch Androstene so milde gestimmt, daß es die männliche Gesellschaft bereitwillig akzeptiert.

Da Polygamie im großen und ganzen der Vergangenheit angehört, gibt es für den Mann keinen zwingenden Grund mehr, eine einmal eroberte Frau mit angenehmen Gerüchen zu umschmeicheln. Das bedeutet, daß Pheromone zu Anachronismen geworden sind, die aus einer Zeit stammen, in der wir unser Leben noch in den Savannen verbrachten. Da diese Stoffe jedoch ihre Bedeutung für das Funktionieren des Mannes nicht ganz und gar verloren haben, wird die Produktion solcher Substanzen über die natürliche Selektion nicht wirklich verhindert. Andererseits bergen weibliche Pheromone eine gewisse »Gefahr«, da sie etwas über die Ovulation preisgeben. Vielleicht ist dies der Grund, daß Pheromone allmählich herausselektiert wurden; möglicherweise ist auch die männliche Fähigkeit, solche Stoffe aufzuspüren, zunehmend ins Hintertreffen geraten.

Aber auch damit ist die Geschichte noch nicht zu Ende. Es könnte im weiblichen Interesse liegen, Männer durch abstoßende Gerüche bei ihren Annäherungsversuchen zu *bremsen*, während ein anziehender Geruch die Frau über Gebühr zur Zielscheibe unerwünschter Belagerer machen könnte. Möglicherweise benutzen Frauen auch aus diesen Gründen, sozusagen als »Maskierungsdüfte« für pheromonartige Stoffe, Parfüms – ein Gedanke, der streng genommen impliziert, daß Frauen sich parfümieren, um sexuell *un*attraktiv zu wirken.

Eine zweite Implikation besteht darin, daß männliche Parfüms heutzutage vor allem im Rahmen des Balzverhaltens eine Rolle spielen, Frauen also »bezirzen« sollen. Wenn sich die Beziehung einmal stabilisiert hat, bedarf ein solches Bemühen keiner Wiederholung mehr, und der Mann wird möglicherweise in sein altes Geruchsmuster zurückfallen, auch wenn dies die Gattin weniger animieren sollte. Aus biologischer Sicht haben Frauen unter dem Aspekt der Sorge für den Nachwuchs durchaus ein Interesse daran, den Mann auch nach der Schwangerschaft an sich zu binden. Vielleicht benutzen sie aus diesem Grund auch weiterhin Parfüms – um dem Mann in einem sehr viel weitergefaßten Sinn zu gefallen oder zumindest, um ihn nicht abzustoßen.

7. Parfüms und Duftpässe

Wie bereits gesagt können Körpergerüche das menschliche Verhalten beeinflussen (siehe das Theaterexperiment). Zudem wirken sie auf unsere Beurteilung anderer ein, wobei rationale Überlegungen manchmal an die zweite Stelle rücken (siehe das Bewerbungsexperiment). So kann man sich vorstellen, daß Menschen, die unangenehme oder verräterische Gerüche verbreiten (oder zu verbreiten glauben), diese vor anderen kaschieren möchten, auch wenn dazu aus biologischer Sicht kein Grund besteht.

Natürlich ist dieses Verbergen bestimmter Gerüche oder die Unsicherheit, die durch die Wahrnehmung vor allem fremder (das heißt, nicht vertrauter) Körpergerüche entsteht, in hohem Maße kulturell bedingt. So kann mitspielen, daß wir bei formellen Kontakten keine allzu persönliche Annäherung wünschen – schließlich gibt es nichts Spezifischeres als den Körpergeruch. Um »Abstand zu wahren« bietet es sich an, den eigenen Körpergeruch durch eine »namenlose« Lotion, ein Aftershave oder Parfüm zu ersetzen. Daß diese Duftstoffe Komponenten enthalten können, die mit den Körpergerüchen in gewisser Weise verwandt sind, ist durchaus begreiflich, denn allzusehr möchten wir den uns vertrauten Geruch denn doch nicht verfremden.[291]

Verschiedene Wissenschaftler halten diese Überlegung insofern für berechtigt, als daß Parfüms für Frauen eine gewisse Schutzfunktion haben. Wir sahen schon in dem vorangegangenen Kapitel, daß Frauen aus biologischer Sicht in sehr grauer Vorzeit ein Interesse am Verbergen ihrer Ovulation hatten. Der Evolutionstheorie zufolge soll der natürliche Selektionsprozeß die Produktion maskierender Stoffe gefördert haben. Möglicherweise suchen Frauen (wenn es diese kaschierenden Stoffe noch nicht gibt) in ihrer Umgebung auch nach geeigneten Substanzen, die den Körpergeruch unterdrücken, der ihre Fruchtbarkeit verrät.

Parfüms in früherer Zeit

Diese hypothetische (sexuelle) Schutzfunktion künstlich aufgetragener Düfte ist in unserer Zeit bedeutungslos geworden. Einige Jahrhunderte früher herrschten dazu ganz andere Auffassungen, die heftige Diskussionen entfachten.[292] Nach landläufiger Meinung war Frauen, die sich parfümierten, mit äußerster Vorsicht zu begegnen, verrieten die Duftstoffe doch unverblümte Ambitionen Richtung Heiratsmarkt. »Der zarte Duft von Majoran, den eine Jungfrau verströmt, ist sanfter und betörender als alle arabischen Parfüms«, so ein zeitgenössischer Moralist. Jemandem indiskret den Hof zu machen, galt als verwerflich; die Aufgabe des Geruchssinns sollte sich darauf beschränken, Verlangen zu wecken, ohne die Ehrbarkeit in Gefahr zu bringen. Zu hören war allerdings auch die Meinung, daß man sich nicht schwer genug parfümieren könne, da auf diese Weise die Miasmen unschädlich gemacht würden (Kapitel 1). Aus analogen Gründen empfahl man Totengräbern, in Essig getränkte Watte bei sich zu haben. Cleopatra, um eine im wörtlichen wie übertragenen Sinne klassische Figur zu nennen, ließ sich täglich mit Henna, Olivenöl, Jasmin und vielen anderen Essenzen einreiben, während Kaiserin Josephine solch gigantische Mengen Moschus verwendete, daß die Dienerinnen in ihrem Schlafgemach reihenweise in Ohnmacht fielen.

Nicht unerwähnt bleiben soll auch die von manchen Ärzten ausgesprochene Empfehlung, sich gründlich zu waschen und kein Parfüm zu benutzen, da »die stinkende Kruste ein Zurückpumpen der Unreinheiten verhindert, welche die Haut steif abstehen lassen«. Kurzum – an unterschiedlichen Meinungen und strittigen Fragen herrschte kein Mangel.[293]

Abgesehen davon hat sich die Präferenz für bestimmte Düfte im Verlauf der Geschichte verschoben. So besitzt Baldrian für uns einen penetranten, schweißartigen »Ziegengeruch« und ist heutzutage sicherlich nicht sehr populär. Vor einigen Jahrhunderten verwendete man diesen Stoff hingegen reichlich, um Kleider »frisch« zu halten, vielleicht auch, um allzu störende Körpergerüche zu überdecken. Da man den Geruchssinn mit dem Tierhaften assoziierte, erfreuten sich Moschus, Amber und Zibet im achtzehnten und neunzehnten Jahrhundert keiner großen Beliebtheit, da sich diese »fauligen Stoffe« katastrophal auf die psychische Befindlichkeit auswirken sollten. (Mit Zibet pflegte man auch Briefe zu parfümieren.) Man glaubte, daß derartige Substanzen die Reizbarkeit des Nervensystems erhöhten und zu allem Überfluß »feministischen Ideen« zuträglich wären. Statt dessen empfahl man Blumendüfte; vor allem der Duft von Rosen, Jasmin, Orangenblüten, Mimosen, Veilchen und Nachthyazinthen stand hoch in der Gunst. Wenn sich die Frau mit lieblichen Düften schmückte, die ebenso sinnenbetäubend waren wie die der Kommunionbildchen, würde ihr Geist nicht länger von tierhaften Trieben beschmutzt.[294] Aus Bewunderung für die griechische und römische antike Kultur kamen in dieser Zeit auch wieder Massagen und parfümierte Bäder in Mode.

Ein anschauliches Beispiel aus der Geschichte, das eine erstaunliche Toleranz gegenüber Gestank deutlich macht, ist der aus dem antiken Rom stammende Brauch, weiße Togas in altem, stinkenden Urin zu waschen. Das darin enthaltene Ammoniak wirkte fettlösend und diente gleichzeitig als Bleichmittel. Kaiser Vespasian, dem das geflügelte Wort *pecunia non olet*, Geld stinkt nicht, zugeschrieben wird, trug sich mit dem Gedanken, bei den betreffenden Wäschereien und öffentlichen Pissoirs Steuern einzutreiben.[295]

In vielen Kulturen sind Parfüms und Duftstoffe auch mit religiösen Praktiken und Ritualen verbunden. In der Bibel finden wir dazu zahllose Textstellen. Moses erhielt den Auftrag, ein Rauchopfer darzubringen. »Nimm Dir Spezereien, Balsam, Onyx, Galbanum und reinen Weihrauch, von einem so viel wie vom anderen. Und mache Räucherwerk daraus, gemengt nach der Kunst des Salbenbereiters, gesalzen, rein, zum baldigen Gebrauch. Und Du sollst es zu Pulver stoßen und sollst etwas davon vor die Lade mit dem Gesetz in die Stiftshütte bringen, wo ich Dir begegnen werde. Es soll Dir ein Hochheiliges sein« (Ex. 30: 34–37). Könige wurden gesalbt, Maria Magdalena wusch Jesus die Füße mit Myrrhe, um sie dann mit ihren Haaren abzutrocknen, im Hohen Lied besingen Braut und Bräutigam einander in Begriffen duftender Essenzen usw. Ein etwas ernüchterndes Beispiel ist das Verbrennen von Weihrauch in Kirchen, mit dem man den Leichengeruch zu überdecken versuchte. Im allgemeinen war Weihrauch jedoch weit verbreitet und wurde zu vielen Zwecken verwendet. Im alten Ägypten und in vielen anderen alten Kulturen wie der griechischen sollten Rauchopfer dazu dienen, die Götter günstig zu stimmen (und Menschen zu heilen). So ließ Nero tonnenweise Duftstoffe verbrennen, um der Seele Poppaeas den richtigen Weg zu weisen. Im übrigen enthalten manche dieser Substanzen (angenehme) Komponenten unseres Körpergeruchs; ein Beispiel dazu findet sich in Hesekiel 23: 40–41, wo der Versuch einer Verführung beschrieben wird.

Duftstoffe in heutiger Zeit

Heutzutage lassen sich Gerüche, die wegen ihrer Anziehungskraft in gewisser Weise als »gefährlich« gelten könnten, uneingeschränkt verwenden, denn schließlich haben wir gelernt, daß eine verführerisch duftende Frau nicht ohne weiteres sexuell »verfügbar« ist. So ist mehr Spielraum für die Verwendung von Parfüms entstanden, während eine mögliche alte Funktion (die des Verbergens von Gerüchen) nicht mehr besteht. Es sei nochmals und in aller Deutlichkeit gesagt: Aus biologischer Sicht ist es denkbar, daß ein Parfüm an sich angenehme Signale besitzt, die als Auslöser sexueller Reaktionen eigentlich *nicht* gerochen werden sollten. Da jedoch heutzutage jedem *bewußt* ist, daß es sich bei solchen Stoffen um künstliche Düfte handelt, bleibt die »befürchtete« Reaktion (des Mannes) in der Regel aus. Noch anders formuliert: Die in Parfüms verwendeten Stoffe enthalten keine selbstverständlichen Informationen, die in einem Zusammenhang mit der Sexualität stehen.

Diese Argumentation fußt auf der großen Bedeutung der kulturellen Evolution, der es gelingt, Mechanismen, die sich im Laufe der biologischen Evolution herausgebildet haben, in einen anderen Kontext zu bringen beziehungsweise ihre Bedeutung umzukehren oder umzuformen – ein Phänomen, das sogar auf rein anatomischer Ebene bekannt ist. Unter dem Einfluß von Kultur und Erziehung unterliegt die »Verdrahtung« unseres Gehirns in der frühen Kindheit ganz einschneidenden Veränderungen.[296] So gesehen erfüllen Parfüms sozusagen den Zweck, Verwirrung zu stiften. Wir riechen etwas Angenehmes, sollen damit jedoch nicht sofort bestimmte Verhaltensweisen verknüpfen. Der Geruch verweist weder auf Eßbares noch auf eine Gefahr und nur in seltenen Fällen – und gewiß nicht ohne zusätzliche Informationen anderer Sinnesorgane – auf einen eventuell zu bezirzenden Partner.

Daß tierische Pheromone wie Muscon oft in Parfüms enthalten sind, steht nicht im Widerspruch zu der Auffassung, daß die kulturell geprägte Bedeutung von Gerüchen eine mögliche alte biologische Funktion verdrängt hat. Ein solches Pheromon könnte den Zweck erfüllen, bei Männern eine bestimmte Stimmung oder ein Gefühl der Sympathie hervorzurufen, was jedoch beileibe nicht gleichbedeutend ist mit einem blindlings praktizierten sexuellen Akt.[297] Im übrigen reagiert die weibliche Nase weitaus sensibler auf Muscon als die des Mannes.[298] Hinzu kommt, daß Parfüms oft männliche pheromonartige Stoffe enthalten, die von Frauen – und nicht von Männern – als angenehm empfunden werden. Parfüms haben also nicht in erster Linie den Zweck, Frauen sexuell attraktiv zu machen (auch wenn Parfümeure dies zuweilen denken) und werden im allgemeinen von Frauen auch nicht aus diesem Grund gekauft.

Heutzutage werden in Parfüms nicht selten kostbare Stoffe verarbeitet. Amber, eine Substanz aus dem Magendarmtrakt des Pottwals, kostet pro Kilo mehr als hunderttausend Mark. Das kostbare Zibet ist die Ausscheidung einer Drüse, die unter dem Schwanz der Zibetkatze sitzt. In freier Wildbahn dient der Duft zur Abschreckung von Angreifern. Der Riechstoff Muscon stammt ursprünglich vom Moschusbock, ein ihm verwandter Stoff ist Castor. Da diese Substanzen extrem teuer sind, verwendet man heute statt dessen oft synthetische Produkte (wie Aldehyde). Viele Parfüms enthalten sogar ein wenig Kotgeruch. Das klingt merkwürdiger, als es ist. Menschen haben keine so intensive Abneigung gegen den Geruch ihrer (eigenen) Exkremente. Kinder schmieren sich oft damit ein, und auch Erwachsene sitzen nicht selten ein wenig länger auf der Toilette, als notwendig wäre.

Dahinter verbirgt sich möglicherweise, daß die Exkremente durch in Anusnähe gelegene Drüsen einen bestimmten pheromonartigen Geruch mitbekommen.[299] Davon abgesehen enthalten menschliche Exkremente geringe Konzentrationen an Skatol und Indol – Stoffe, die auch im Jasmin zu finden sind.

Aus diesen genannten sowie zahllosen weiteren Substanzen wird ein Gemisch hergestellt. Dies geschieht nicht beliebig – kein Parfümeur würde sich schon mit dem ersten Eindruck eines Duftes zufrieden geben. Ein gutes Parfüm produziert drei aufeinanderfolgende Dufttypen: Zuerst werden die flüchtigsten Bestandteile freigesetzt: die sogenannte »Topnote«, Stoffe, die einen anhaltend frischen Geruch verbreiten. Dann folgt das »Herz« des Parfüms, ein voller, warmer Duft, dem ein Nachduft folgt, der die Person lange Zeit wie ein Hauch umgibt.[300] Die Topnote besteht häufig aus Düften, mit denen Insekten zur Bestäubung von Pflanzen angezogen werden, also aus einer Art pflanzlicher Pheromone, während das Herz oft tierische Pheromone enthält.

Die letztliche Ausprägung eines Parfümduftes hängt auch ein wenig von der jeweiligen Person ab – ein Punkt, den wir schon in Kapitel 3 ansprachen. Die Temperatur der Haut beeinflußt die Verflüchtigung der Riechstoffe, zudem können Reaktionen zwischen dem Parfüm und Substanzen auf der Haut entstehen – was manchmal zu überraschenden Effekten führt. Auch Interaktionen zwischen dem Parfüm und dem natürlichen Körpergeruch, einschließlich dem des Kopfhaars, sind nicht selten. Und last not least scheint es einen gewissen Zusammenhang zwischen der Wahl eines bestimmten Parfüms und der jeweiligen Persönlichkeitsstruktur zu geben. Dem optimalen Verhältnis zwischen Rasse, Persönlichkeit und Parfüm sind durchaus tiefsinnige Betrachtungen gewidmet.[301]

So bevorzugen extrovertierte Menschen angeblich Parfüms mit einer frischen Duftnote.

Über den Zusammenhang mit Emotionen

Manche Wissenschaftler vertreten die Auffassung, daß sich das Geruchsempfinden in jüngster Zeit zunehmend verfeinert hat, da die Palette der Riechstoffe immer reichhaltiger und differenzierter wird. Dies soll ihrer Meinung nach auch den Bereich unserer Emotionen und Gefühle erweitert haben.[302] Einige wenige gehen sogar soweit, den berühmten Ausspruch von Descartes: *Cogito ergo sum* – Ich denke, also bin ich – in *Olfacio ergo sum* – Ich rieche, also bin ich – umzuwandeln.[303] Diese Behauptung ist allerdings wissenschaftlich sehr schwer zu überprüfen und zudem rein spekulativ. Wir sind nicht in der Lage herauszufinden, ob die Menschen früherer Zeiten tatsächlich ein ärmeres Gefühlsleben *und* ein anderes Geruchsvermögen hatten (untersucht werden könnte dies eventuell anhand von Berichten aus früheren Zeiten über einen Geruchsstoff, den wir zwar kennen, aber nicht riechen können).[304] Deutlich ist allerdings, mit welchem Gedanken hier gespielt wird. Mehr Gerüche sollen auch eine größere Vielfalt an Gefühlen erzeugen und die emotionale Entwicklung beeinflussen. Aber nochmals: Diese Auffassung ist rein spekulativ und steht zudem auf Kriegsfuß mit dem faktischen Wissen, das wir über den Bau und die Struktur des Gehirns haben. Emotionen und der Geruchssinn sind vor allem an das limbische System, den Hirnstamm und die Hypophyse gebunden. Die schnelle Entwicklung und intensive Nutzung des Neocortex haben sich vor allem auf die intellektuelle und kulturelle Entwicklung ausgewirkt und die Art und Weise geprägt, in der Gefühle (in Sprache) *ausgedrückt* werden. Dies ist etwas ganz anderes, als Gefühle zu *haben* oder zu erfahren. Zum zweiten wird gegenwärtig in der Intelligenzforschung die These verteidigt, daß die sozial-emotionale und die intellektuelle Entwicklung zu einem wesentlichen Teil getrennt voneinander verlaufen. Auch wenn der Intellekt viele neue Gerüche hervorgebracht hat, folgt daraus nicht, daß die Funktion des limbischen Systems verändert ist.[305] Außerdem gibt es gute Gründe zu der Annahme, daß sich dieses System beim Menschen schon seit Zehntausenden von Jahren evolutionär nicht mehr weiterentwickelt hat.

Kinder lassen bemerkenswert oft eine Abneigung gegen Parfüms erkennen. Wenn sie Gerüche als angenehm empfinden, handelt es sich meisten um den Duft von Blumen. Man erklärt das damit, daß Kindern die ästhetische Dimension von Gerüchen noch fremd sei. Die Ursache dieser Aversion ist jedoch wohl eher darin zu suchen, daß die Mutter Parfüm benutzt und dieser Duft oft bedeutet, daß die Eltern ausgehen – ein Geschehen, das mit Verlassensängsten verknüpft wird. Dennoch liegt es nahe, von einem gewissen Zusammenhang zwischen Emotionen und allerlei Gerüchen und Düften auszugehen. Gerüche können Angst verringern, Leistungen herauf- oder herabschrauben (dies meistens durch Konditionierung), sie werden sporadisch und mit einigem Erfolg in der Psychotherapie (siehe die »Osmotherapie« oder »Aromatherapie«)[306] sowie zur Behandlung körperlicher Beschwerden eingesetzt. In Einzelfällen sollen Phobien, Depressionen, Einschlafstörungen und Suchterkrankungen unter Einbeziehung bestimmter Gerüche besser zu behandeln sein. Darüber hinaus haben manche Gerüche eine entspannende Wirkung. Insbesondere der Seeluft wird dieser Effekt zugeschrieben. So soll die Spannung der Gesichtsmuskulatur bei der Wahrnehmung einer frischen Meeresbrise um 20 Prozent nachlassen.[307]

Eine solch allgemein streßreduzierende Funktion kann auch bei der Verwendung von Parfüms eine Rolle spielen. Wenn man jemanden fragt, warum er oder sie ein Parfüm aufgetragen habe, so wird die Antwort wahrscheinlich lauten: »Ich finde es einfach angenehm«, »Ich fühle mich dann frisch und gepflegt«, oder »Es gibt mir ein besseres Gefühl«, und nicht unbedingt: »Das tue ich für andere, ich finde es wichtig, daß andere finden, daß ich gut rieche«. Der eigene sinnliche Genuß scheint bei der Benutzung eines Parfüms also eine wesentliche Rolle zu spielen. Ein Erklärungsversuch wurde bereits gemacht: Geruchssignale haben verhältnismäßig wenig Kontakt mit den Teilen unseres Gehirns, die bei der Herausbildung eines rationalen Urteils über den Eindruck, den wir auf andere machen, beteiligt sind (Prozesse, die sich überwiegend im Neocortex abspielen). Sie sind wesentlich enger mit den Systemen verknüpft, die etwas darüber aussagen, ob wir uns entspannt fühlen und wie wir anderen gefühlsmäßig gegenüberstehen (das limbische System).

Parfüms im jeweiligen Kontext

Die Beurteilung eines Geruches wird in hohem Maße von dem jeweiligen Kontext bedingt, in dem er aufgenommen wird. In einer Sportschule wird man es niemandem übelnehmen, wenn er nach Schweiß riecht, ein Bewerber für eine Stelle in der Verwaltung derselben Sportschule täte hingegen besser daran, nicht allzu stark zu transpirieren. Unter gewissen Umständen wird ein unangenehmer Körpergeruch also durchaus akzeptiert, während er in anderen Situationen absolut fehl am Platze ist. Ein parfümierter Bauer stiftet nur Verwirrung. Ihn muß ein Hauch von Mist umgeben, ebenso wie dem Automechaniker ein Geruch von Öl und Gummi anhaften muß und nicht der Duft von Aftershave. Ansonsten ist es nicht schlimm, wenn man stinkt, vorausgesetzt der Gestank hält nicht lange an und die Ursache ist bekannt, so daß er einem benennbaren, von außen kommenden Faktor (Benzin, Öl, Farblöser) zugeschrieben werden kann. Hingegen werden angenehme Gerüche oft mit persönlichen Eigenschaften in Verbindung gebracht – eine Assoziation, die auch ein Charakteristikum vieler Parfüms ist. Vielleicht läßt sich dies durch den sogenannten fundamentalen Attributionsfehler erklären. Dies will sagen, daß wir dazu neigen, Erfolge uns selbst zuzuschreiben und für Mißerfolge gern externe Ursachen verantwortlich machen. Wenn die Urlaubsfotos schlecht geworden sind, gibt man gern dem Apparat oder dem Fotolabor die Schuld. Sind die Bilder gelungen, neigen wir dazu, uns für talentierte Fotografen zu halten. Wenn man also analog dazu dank eines Parfüms angenehm duftet, liegt das an der eigenen Attraktivität; auf subjektiver Ebene bringt das Parfüm diese Eigenschaften zum Ausdruck.

Angesichts der kontextabhängigen Beurteilung von Gerüchen ist es erstaunlich, daß Riechstoffe so wenig genutzt werden, um unser Urteil über jemanden in eine bestimmte Richtung zu lenken. In der Verhaltensforschung ist bekannt, daß bestimmte Stimuli bei Tieren einen enormen Einfluß auf das Verhalten haben können. Der Kuckuck nutzt seinen bevorzugten Wirt, das Gartenrotschwänzchen, geschickt aus, indem er ihm ein viel größeres

Ei ins Nest legt, da Vögel am liebsten auf dem dicksten Ei brüten. Bietet man dem Austernfischer ein Pseudo-Ei an, wird das Weibchen darauf brüten, auch wenn sie diese Aufgabe kaum bewältigen kann, weil das Ei im Prinzip zu groß ist. Das Küken, das den Schnabel am weitesten aufreißt, wird auch das meiste zu essen bekommen – genauso wie das Kuckucksjunge, das außerdem groß und stark genug ist, um seine Konkurrenten aus dem Nest zu werfen. Das Küken der Silbermöwe bettelt lieber einen roten Kunstschnabel an als den normalen gelben Schnabel seiner Eltern – und so ließe sich die Reihe beliebig fortsetzen.[308]

Auch bei den Menschen hat man derartig bevorzugte Stimuli gefunden, also Reize, die das Verhalten und Erleben allgemein beeinflussen. Bekannt geworden ist das *Kindchenschema*, das ein Gefühl der Zärtlichkeit und Rührung hervorruft: ein relativ dicker Kopf, große Augen, Pausbacken, eine rundliche Figur, verbunden mit angenehmen Tönen. Vielleicht mögen Menschen Kanarienvögel deshalb lieber als Möwen, weil die Gestalt des Kanarienvogels, einschließlich seines Piepens, etwas besser in das *Kindchenschema* paßt. Er löst bei uns ein echtes Pflegeverhalten aus und wird entsprechend liebevoll umsorgt. Dafür zahlt das Tier dann auch einen deutlichen Preis – Möwen leben in Freiheit. Könnte auch ein Parfüm ein vergleichbarer Stimulus sein, anders gesagt, kann ein Parfüm eine positive Gefühlsnuancierung auslösen oder ist seine Funktion auf eine Form der Selbststimulanz beschränkt?

Die kommerzielle Seite

Über den angenehmen Duft von Parfüms läßt sich nur schwer eine Aussage machen. Kinder entwickeln oft, wie wir bereits sagten, einen Widerwillen gegen Parfüms. Außerdem sind die hedonischen Eigenschaften von Riechstoffen in hohem Maße abhängig von der (sozialen) Umgebung, in der sie verbreitet werden. »Intrinsisch« angenehme Gerüche gibt es wahrscheinlich kaum oder gar nicht. Wer glaubt, Auspuffgase mit Chanel No. 5 verbrämen zu können, irrt sich gewaltig: Das Parfüm würde vermutlich mit dem täglich erlebten Ärger des Staus assoziiert.

In der Werbung kommt es wesentlich darauf an, dem Käufer das Gefühl zu vermitteln, daß ein bestimmtes Parfüm seine positiven Eigenschaften verstärkt und akzentuiert. »Nightflight symbolisiert das brennende Verlangen der Männer nach einer eigenen, neuen Identität. Nightflight, das ist die neue Perspektive im Leben eines Mannes« – so der Text in der Werbebroschüre einer großen Drogeriekette. Das Ganze trug zudem die Überschrift: »Ein Jungentraum wird Wirklichkeit.« Wohlgemerkt geht es hier nicht darum, einen Nachtflug mit dem Space Shuttle zu buchen, sondern um ein für jeden normal verdienenden Arbeitnehmer erschwingliches Eau de Toilette. Die Werbekraft von Parfüms wird stärker durch das Marketing und diverse (oft schräge) Eingebungen der Werbestrategen bestimmt als durch verläßliche Untersuchungen. Anknüpfend an unsere Äußerungen zur Steuerung von Verhaltensweisen durch Gerüche sei die Behauptung erlaubt, daß Frauen wohl kaum Parfüms kaufen, um ihre Anziehungskraft auf Männer bewußt zu steigern – das ist eine Erfindung der Werbebranche. Wenn Parfüms eine sexuelle Wirkung erzielen, spielt dieser Aspekt für Frauen beim Kauf in der Regel keine Rolle. Außerdem ist es nicht unwahrscheinlich, daß ein Parfüm sogar den Zweck erfüllt, sich einer Annäherung zu entziehen.

Damit soll jedoch den Parfüms nicht jegliche Bedeutung im Rahmen zwischenmenschlicher Kontakte abgesprochen werden. Es hat recht hübsche Experimente gegeben, die deutlich machten, daß Parfüms – um nur ein Beispiel zu nennen – ein Bewerbungsgespräch beeinflussen können.[309] So zeigte sich, daß eine Studentin in Jeans und T-Shirt auf Männer attraktiver wirkte, wenn sie ein Parfüm aufgelegt hatte – ein Effekt, der verloren ging, wenn sie sich formeller gekleidet präsentierte. Im letzteren Fall fühlten sich die Herren der Schöpfung ganz offensichtlich etwas unbehaglich und neigten zu Beurteilungen wie »distanziert« und »unzugänglich«. Eine weitere Untersuchung kommt außerdem zu dem Ergebnis, daß Männer parfümierte Bewerber und Bewerberinnen im allgemeinen für weniger geeignet halten als unparfümierte Kandidaten. Sie schätzen sie als relativ unzureichend qualifiziert ein und neigen dazu, den jeweiligen Persönlichkeitsmerkmalen einen negativen Touch zu geben. Demgegenüber werden parfümierte Bewerber von Frauen genau gegenteilig beurteilt.

In ihren Bemühungen um eine entsprechende Erklärung kamen Wissenschaftler zu folgender Hypothese: Männer werden durch den Duftwassergeruch der Bewerber abgelenkt. Vielleicht fassen sie ihn als eine Art »Beleidigung« auf bzw. interpretieren ihn als Angriff auf ihr objektives Urteilsvermögen. Daß Frauen dies anders deuten und weniger Probleme damit haben, bestimmte Aspekte einer Erscheinung zu ignorieren bzw. nicht auf sich selbst zu beziehen, bestätigt eine frühere These (siehe den Abschnitt über männliche Pheromone, Kapitel 6). So kann es vor allem für Männer sinnvoll sein, Düfte zu benutzen, um bei Frauen eine bestimmte Stimmung auszulösen, während Männer anscheinend lieber nicht mit Männern *und* Frauen konfrontiert werden, die Parfüms oder vergleichbare Duftstoffe benutzen, vor allem, wenn die betreffende Duftnote recht prägnant ist. Dennoch ist deutlich, daß Parfüms in der Situation eines *impression management*, wo es um einen schnellen ersten Eindruck geht, eine Rolle spielen. Hier ist jedoch auch Vorsicht geboten, denn je mehr Taktiken *gleichzeitig* zum Einsatz kommen, desto schwächer wird der Einfluß des Duftstoffes. Vor allem Frauen, die mit Männern zu tun bekommen, sollten sich etwas zurückhalten. Vielleicht beruht dies auf der bei Männern schlechter entwickelten Fähigkeit, ein kompliziertes Zusammenspiel unterschiedlicher Sinneseindrücke auf eine »holistische« Weise zu verarbeiten.[310]

Aus einer Anschlußstudie zu dem Bewerber-Experiment wurde deutlich, daß nonverbale Kommunikation in Form positiver Signale wie Lächeln, sich in die Richtung des Befragers lehnen u.ä. *mit* der Benutzung eines Parfüms vor allem bei Männer die entgegengesetzte Wirkung hervorrief.[311] Die Befrager konnten sich unter diesen Umständen sogar schlechter an die Äußerungen des betreffenden Bewerbers erinnern. Wenn jemand schon dazu neigt, mit Hilfe der Körpersprache einen guten Eindruck zu machen, wäre er gut beraten, nicht auch noch zu einem Parfüm zu greifen. Vielleicht hilft ein Parfüm denjenigen, die in der nonverbalen Kommunikation ein wenig steif und unbeholfen sind.

Ferner weiß jeder Hochschuldozent ein Lied davon zu singen, wie schwierig es sein kann, eine verführerisch gekleidete, in eine schwere Parfümwolke gehüllte Studentin fachgerecht mündlich zu prüfen. Eine solche Situation kann dazu führen, daß die Fragen undeutlich formuliert werden, während man bei den Antworten nicht richtig zuhört. Daraus kann sich ein Prüfungsablauf entwikkeln, in dem Verwirrung mit Unverständnis wechselt. Die Studentin täte vielleicht besser daran, sich in dezenter und ein wenig ungezwungener Kleidung zu präsentieren und höchstens einen Hauch Parfüm aufzulegen. Eventuell werden die Fragen dann zwar schwieriger, weil der Dozent einen klaren Kopf behält, aber andererseits werden ihre Antworten wahrscheinlich auch besser zu ihm durchdringen.

Zusammenfassend sei noch die Bemerkung erlaubt, daß die Parfümindustrie in ihrer Werbung häufig daneben greift.

Parfüm hat keinen Hauruck-Effekt, mit Sicherheit nicht, wenn das andere Geschlecht angesprochen werden soll. Das emotionale und intellektuelle Urteilsvermögen von Männern wird durch Parfüms im allgemeinen eher unterminiert als geschärft. Des weiteren sind das soziale Umfeld und der Eindruck, den jemand ohne Parfüm macht, sehr wichtig, um dem Geruchsstoff einen bestimmten Mehrwert zusprechen zu können. Nicht selten wird letztendlich von der Benutzung eines Parfüms abzuraten sein. Von daher hat der große Absatzmarkt, den Parfüms nun einmal unbestritten haben, eine andere Ursache. Wir haben bereits gesagt, daß Duftstoffe emotionale Spannungen regulieren können und in vielen Fällen das Selbstwertgefühl fördern. Deutlich wurde auch, daß ein parfümierter Duft für eine Frau (aus historischer Sicht) eine Schutzfunktion gehabt haben kann, da solche Maskierungsgerüche ihre mögliche Fruchtbarkeit verborgen hielten. Auch die Ergebnisse des Bewerber-Experiments decken sich in gewisser Weise mit diesem Gedanken. Der Effekt, den Parfüms auf andere ausüben, ist häufig ambivalent.

All dies läßt also den Schluß zu, daß Parfüms das Verhalten anderer nicht auf eine vorhersehbare Weise in eine bestimmte Richtung lenken. Negativ formuliert bedeutet das, daß vor allem Männer durch Parfüms in einen Zustand geistiger Verwirrung gestürzt werden können. Aus Sicht der Evolution kommt diese Verwirrung in erster Linie der Frau entgegen, die in einer großen Gruppe lebt, da das monogame Band, das die Aufzucht des Nachwuchses garantiert, mehr Chancen hat, intakt zu bleiben. Eventuelle Annäherungsversuche von Männern aus der Gruppe werden sich als vergeblich erweisen, und ein System mit vielen vertanen Chancen wird durch die Selektion nicht gefördert.

Vielleicht läßt sich sogar sagen, daß Gerüche einen besseren Schutz gegen unerwünschte Intimitäten bieten als Messer und andere Waffen.

Dazu ein extremes Beispiel. Vor einiger Zeit kam eine Ampulle auf den Markt, mit der sich Frauen (zumindest bildeten sie die Zielgruppe) gegen Angreifer zur Wehr setzen konnten. Die Ampulle kann mit einem Clip am BH befestigt werden, womit die Flüssigkeit auf die richtige Temperatur gebracht wird. Bei Gefahr muß die Ampulle zerbrochen werden; daraufhin verbreitet sich wenige Sekunden später ein bestialischer Gestank, der an brennende Autoreifen erinnert und einen Brechreiz erzeugt – ein Effekt, der allerdings auch die Benutzerinnen nicht verschont.[312]

Zusammenfassend ist zu sagen, daß Frauen in erster Linie Parfüms nicht verwenden, um Männern damit zu gefallen, sondern weil sie sie als angenehm empfinden. (In einem Werbeprospekt stand: »Escada light ist die perfekte Ergänzung für die Momente des Tages, in denen Sie den sensuellen, weiblichen und luxuriösen Duft intensiver genießen möchten«, eine Aussage, die durchaus zutreffend sein könnte.) Ein Gang durch die Parfümabteilung eines Kaufhauses bestätigt dies. Meistens kaufen Frauen auch ein Parfüm für ihren Partner – oder benutzen nicht selten »männliche« Duftnoten, die sie attraktiver finden. Parfüms sind also keine künstlichen Pheromone. Frauen finden ein Parfüm vor allem *gut duftend*, wenn ein Mann jedoch mehr Wirkung erzielen möchte, können parfümierte Düfte dabei durchaus hilfreich sein. Tatsächlich ist in den letzten Jahren ein Markt für Männerparfüms alias pheromonartige Stoffe entstanden, die den Frauen augenblicklich das Bewußtsein rauben sollen. Es ist jedoch auffallend, daß Männer selbst oft eine Abneigung gegen solche Duftstoffe haben – man denke an das Wartezimmer des Zahnarztes.

Duftpässe und tierische Leistungen

Noch einmal kurz zurück zu den Pheromonen. In der Tierwelt lösen diese Stoffe ein bestimmtes Verhalten aus. Viele Pheromone wurden isoliert und auf ihre Wirkungsweise untersucht. Beim Menschen ist die Situation, wie wir gesehen haben, allerdings komplizierter. Wenn jeder Mensch sein eigenes Aroma oder seinen spezifischen Körpergeruch besitzt, ist dessen Erkennen oder Bewertung nicht an einen bestimmten Stoff, das heißt, an ein bei jedem vorhandenes Pheromon, Parfüm oder Ähnliches gebunden. Beim Körpergeruch geht es um eine Gesamtheit an Geruchsstoffen, die auch als eine Art »Duftpaß« umschrieben werden kann. (Die persönliche Aura in der ursprünglichen lateinischen Bedeutung des Wortes wäre ein besserer Ausdruck, um die Gesamtheit an Gerüchen, die einen Menschen umgeben, wiederzugeben, aber dieser Begriff wird inzwischen mit recht unwissenschaftlichen Inhalten gefüllt.) Der Duftpaß des Menschen hängt unter anderem auch mit der Ethnie und der Ernährung zusammen. So bildet sich beispielsweise bei übermäßigem Genuß von Fisch ein Stoffwechselprodukt, das bei manchen Menschen nicht richtig abgebaut wird und einen recht üblen Geruch produziert.

Eine von vielen Fragen lautet, ob das Geruchsorgan in der Lage ist, einen Menschen an seinem Aroma oder Körpergeruch zu erkennen und was dies, sollte es möglich sein, im einzelnen für Konsequenzen hat.

Wir sind uns des eigenen Körpergeruchs selten bewußt, es sei denn, er verändert sich plötzlich stark in seiner Art oder Zusammenstellung. Die wichtigste Ursache dieses fehlenden Bewußtseins liegt in der Adaption oder Gewöhnung, wenn auch ein Deodorant oder Parfüm für etwas mehr Abwechslung sorgen können. Die Tatsache, daß wir unseren Körpergeruch häufig nicht nachdrücklich wahrnehmen (was im übrigen auch für die oft üble Luft in unseren Nasenlöchern gilt!), schließt jedoch keineswegs aus, daß wir ihn gut von anderen Gerüchen unterscheiden können. Ferner neigen wir offensichtlich dazu, Menschen, die stark mit unserem eigenen Fluidum kontrastieren, weniger zu unserem nächsten Umkreis zu zählen als solche, die einen ähnlichen Duftpaß wie wir besitzen.

Die Merkmale des Körpergeruchs haben, wie gesagt, wesentlich mit Faktoren wie Eßgewohnheiten, Hygiene und Wohnverhältnissen zu tun – Größen, die unter den Sammelbegriff der *Chemosphäre* gefaßt werden. In Kriegen versuchte man sogar, den Feind an seinen »herüberwehenden« Körpergerüchen auszumachen.[313] Auch psychische Prozesse spielen bei der Chemosphäre eine Rolle. Es gibt Anzeichen dafür, daß der Schweiß bei Menschen (und Tieren), die Angst haben, eine spezielle Geruchsnote annimmt. Auch körperliche Faktoren wie die vermutlich erblich bedingte Verteilung und Funktionsweise der Schweißdrüsen und auch physiologische Prozesse, die sich im kranken oder gesunden Zustand bei uns abspielen, drücken dem Duftpaß ihren Stempel auf. Deutlich geworden ist außerdem, daß die Intensität des Körpergeruchs, insbesondere im Bereich der Achselhöhlen, wo er hauptsächlich durch die Anzahl der Schweißdrüsen bestimmt wird, je nach Kulturkreis sehr unterschiedlich ist. Extreme sind hier Farbige und Koreaner. Dies erklärt, warum Koreaner und andere Asiaten den Körpergeruch farbiger Menschen als aufdringlich und unangenehm empfinden.[314]

Daß die persönliche Ausprägung eines Körpergeruchs auch durch Erbfaktoren bedingt ist, wurde in einem Experiment nachgewiesen, in dem vier Hunde mit ausreichender Apportiererfahrung versuchen sollten, menschliche Zwillinge anhand ihres Geruchs voneinander zu unterscheiden.[315]

Sowohl eineiige wie zweieiige Zwillinge (insgesamt 50 Paare) trugen 24 Stunden lang dasselbe T-Shirt, unter festgesetzten Bedingungen. Alle T-Shirts waren zuvor mit demselben Waschmittel gewaschen worden, und während des Tragens durfte kein Deodorant oder Parfüm benutzt werden. Anschließend wurden die Kleidungsstücke in Plastiktüten verpackt, wobei sie nur mit Plastikhandschuhen angefaßt wurden, um den Einfluß von Fremdgerüchen auszuschließen. Jeder Hund durfte fünfzehn Sekunden lang ein T-Shirt beschnüffeln, dann wurde es – in Abwesenheit des Hundes – zu dem T-Shirt des anderen Zwillings gelegt. Anschließend mußte der Hund das betreffende T-Shirt auf Kommando apportieren.

Die Ergebnisse dieses Tests waren bemerkenswert. Die Hunde waren in der Lage, 90 Prozent der T-Shirts von genetisch unterschiedlichen Zwillingen richtig zu unterscheiden, während ihre Erfolgsquote bei den genetisch identischen Zwillingspaaren, die allerdings unter nicht gleichen Bedingungen lebten, bei 80 Prozent lag. Bei der letztgenannten Gruppe zögerten die Hunde sehr oft bei ihrer Entscheidung.

T-Shirts von eineiigen Zwillingen, bei denen das Lebensumfeld und die Ernährung übereinstimmten, konnten von den Hunden *nicht* auseinandergehalten werden. Zur Kontrolle wurden nicht getragene T-Shirts verwendet, die man einfach in der Wohnung aufgehängt hatte. Diese Kleidungsstücke wurden nach dem Zufallsprinzip apportiert. Schlußfolgerung: Die Ergebnisse können tatsächlich auf die unterschiedlichen Körpergerüche der Zwillinge zurückgeführt werden und nicht primär auf andere Gerüche, die für ihre jeweilige Wohn- und Lebensumgebung prägnant waren. Zum zweiten läßt sich mit Fug und Recht sagen, daß der individuelle Körpergeruch auch durch einen Erbfaktor geprägt wird.

Der Hund besitzt also ein ausreichend entwickeltes Geruchsvermögen, um Menschen aufgrund ihres persönlichen Körpergeruchs voneinander unterscheiden zu können, vorausgesetzt, die genetische Struktur und/oder das Lebensumfeld der betreffenden Personen sind unterschiedlich. Im übrigen war dieses Experiment insofern »unnatürlich«, als ein Hund vertraute und fremde Menschen unterschiedlich beschnüffelte. Unbekannte werden mehr im Genitalbereich berochen, der dem Hund offensichtlich viele »Informationen« bietet, bei dem genannten Experiment jedoch keine Rolle spielte.[316]

Gegenseitiges Erkennen des Körpergeruchs

Zur Beantwortung der Frage, ob der Mensch einen anderen (und sich selbst) aufgrund von Gerüchen identifizieren kann, wurde hundert Menschen die Aufgabe gestellt, ihr eigenes T-Shirt zu

»apportieren.« Sie hatten es 24 Stunden getragen, und zwar ohne eine Seife, ein Deodorant oder ein Parfüm zu benutzen.[317] Gleichzeitig forderte man sie auf, möglichst wenig von ihrem normalen Alltagsschema oder ihren Eßgewohnheiten abzuweichen. Das unter diesen Bedingungen getragene T-Shirt wurde in einem Beutel verstaut, der anschließend fest verschlossen wurde. Einige Tage später mußten die Testpersonen versuchen, das eigene Kleidungsstück aus einer Sammlung von 10 Beuteln mit identisch aussehenden T-Shirts anderer Träger herauszufinden. Dreiviertel der Beteiligten lösten diese Aufgabe erfolgreich. Unter denen, die scheiterten, waren signifikant viele starke Raucher, Personen unter zwanzig Jahren, verhältnismäßig viele Männer und schließlich auch sehr viele menstruierende Frauen. Bei einer etwas länger zurückliegenden, aber ähnlichen Studie hatte das Ergebnis bei nur 30 Prozent gelegen; hier hatten die Beteiligten allerdings auch weitaus weniger Zeit für ihre Entscheidung gehabt.[318] Gibt man Menschen genügend Gelegenheit, ihre Nase unter Beweis zu stellen, wird ihnen dies auch wesentlich besser gelingen.

Aus diesem Experiment läßt sich also ableiten, daß wir in der Lage sind, unseren eigenen Duftpaß zu erkennen, vorausgesetzt, das Geruchsorgan erhält die nötige Zeit und hat genügend Erfahrungen sammeln können, um zwischen subtilen Geruchsnuancen zu unterscheiden – und vorausgesetzt, es hatte nicht allzusehr unter den Attacken des Tabakqualms zu leiden. Ferner ist diese Fähigkeit bei Frauen etwas stärker ausgeprägt als bei Männern, ausgenommen während der Menstruation. In dieser Zeit läßt die weibliche Geruchssensibilität erheblich nach, was mit einer veränderten Konzentration verschiedener Hormone wie dem luteinisierenden Hormon (LH), dem Follikel stimulierenden Hormon (FSH) und dem Progesteron zusammenhängt.[319]

Nachdem wir festgestellt haben, daß wir unseren eigenen Geruch erkennen können, liegt die anschließende Frage auf der Hand: Verbuchen wir ähnlich gute Resultate, wenn es darum geht, den Geruch anderer zu erkennen? Wir werden hier nicht alle dazu vorliegenden Erkenntnisse aufzählen, sondern uns auf das Wissen konzentrieren, das wir über das Geruchsband zwischen Mutter und Kind und zwischen den Mitgliedern einer Familie besitzen.

Eltern und Kinder

Verschiedene Studien haben deutlich gemacht, daß es Müttern relativ leicht fällt, ihren Säugling aufgrund seines Körpergeruchs zu erkennen.[320] Man forderte zwanzig Mütter auf, an Tüchern zu riechen, in die man die Babys direkt nach der Geburt eingewickelt hatte und in denen sie etwa 24 Stunden gelegen hatten. 80 Prozent der Mütter gelang es, das Wickeltuch ihres Kindes zu identifizieren. Dabei machte es keinen Unterschied, ob das Kind auf normalem Wege oder mit einem Kaiserschnitt zur Welt gekommen war. Unwesentlich war auch, ob es sich um einen Jungen oder ein Mädchen und ob es sich bei der Mutter um eine Erstgebärende handelte. Auch die Fütterungsweise (Flasche oder Stillen) hatte bei der Identifizierung des Tuches keine entscheidende Bedeutung. Ein wichtiger Aspekt war jedoch, daß dieser Test einige Tage nach der Geburt oder kurz vor der Entlassung aus dem Krankenhaus durchgeführt wurde und die Mutter somit genügend Zeit und Gelegenheit gehabt hatte, sich mit dem Geruch ihres Kindes vertraut zu machen.

In einem anderen Experiment wurde dann untersucht, ob auch Mütter, die wenig Kontakt mit ihrem Kind gehabt hatten, das Tuch aufgrund des Geruchs erkennen konnten. Siebzehn Mütter, die ihr Kind mit einem Kaiserschnitt zur Welt gebracht hatten, nahmen an diesem Versuch teil, bei dem das Wickeltuch 24 Stunden nach der Geburt identifiziert werden mußte. Dieser Test unterschied sich von dem vorhergehenden in einem wesentlichen Punkt. Nach einem Kaiserschnitt ist die Mutter am ersten Tag nach der Geburt von den Auswirkungen der Narkose noch benommen und kaum in der Lage, einen Kontakt zu ihrem Kind herzustellen. Somit hat sie auch wenig Gelegenheit, sich mit seinem Geruch vertraut zu machen. Da wir über den Prozeß der Geruchserkennung zwischen Mutter und Kind jedoch nichts wissen, konnte auch hier eine Einprägung, die möglicherweise sehr schnell verläuft, nicht völlig ausgeschlossen werden.

Wie dem auch sei, dreiviertel der betreffenden Mütter entschied sich für das richtige Wickeltuch – also wiederum ein signifikantes Ergebnis.

Schon früher kamen andere Wissenschaftler zu ähnlichen Resultaten. Außerdem wußten sie von einer bemerkenswerten Nebenerscheinung zu berichten. Am fünften oder sechsten Tag nach der Geburt ließ das Geruchserkennen der Mutter deutlich nach.[321] Dies könnte mit physiologischen Veränderungen – sowohl bei der Mutter wie auch beim Kind – zu tun haben. Das Baby nimmt durch seine Schweißabsonderung und die Sekretion der Fettdrüsen einen zunehmend persönlicheren und folglich weniger »fruchtwasserartigen« Geruch an, während die Mutter aufgrund eines veränderten Hormonspiegels vorübergehend ein schlechteres Geruchsempfinden entwickeln könnte (wie bei der Menstruation).

Natürlich wurde auch untersucht, ob das Neugeborene die Fähigkeit besitzt, seine Mutter zu erkennen. Dazu deckte man die beim Füttern wichtigen Körperzonen der Mutter, also Brust, Hals, Wangen und Schultern, mit einem Gazeverband ab. Dieser Verband wurde abwechselnd links und rechts vom Kopf des Kindes in der Wiege aufgehängt, während man gleichzeitig auf der jeweils anderen Seite den Gazeverband einer anderen Mutter anbrachte. Die Bewegungen des Babys wurden gefilmt. Die anschließende Einzelbildanalyse ließ erkennen, daß sich das Kind mit seinem Arm und Kopf viel häufiger in Richtung des mütterlichen Gazeverbands wandte als zur anderen Seite.[322] Wenn nur der Gazeverband der Mutter aufgehängt wurde, bewegte sich das Kind viel weniger, war also insgesamt ruhiger. Aufgrund dieser Ergebnisse läßt sich sagen, daß es – zumindest anfangs – einen Zusammenhang zwischen dem Geruch von Mutter und Kind gibt und daß das Kind den mütterlichen Geruch erkennt.

Weitere recht ertragreiche Experimente folgten.[323] So hat sich gezeigt, daß der Geruch des Vaters für ein Baby nicht bedeutungsvoller ist als der eines beliebigen anderen Mannes. Dies läßt vielleicht die Behauptung zu, daß der Faktor »genetische Identifikation« oder »genetische Verwandtschaft« in diesem Zusammenhang keine allzu große Relevanz hat und es vor allem um den mit der Mutter erfahrenen *Kontakt* geht. Wichtig ist dabei das Stillen. Kinder, die mit der Flasche gefüttert werden, lassen kaum eine Vorliebe für ihre Mutter erkennen. Daraus ließe sich vielleicht auch schließen, daß Babys den Geruch ihres Vaters ansprechend finden würden, wenn er sich intensiver um sein Kind kümmerte, als dies jetzt im Rahmen der im großen und ganzen doch recht eigenartigen Rollenverteilung zwischen Männern und Frauen der Fall ist.

Beobachtungen dieser Art haben auch die Frage aufgeworfen, ob es für Außenstehende möglich ist, mit Hilfe des Geruchssinns die Zugehörigkeit eines Kindes zu seiner Mutter zu bestimmen.[324] Um dies herauszufinden, war wieder eine große T-Shirt-Bestellung nötig. Mutter und Kind mußten die Kleidungsstücke unter Beachtung der bereits genannten Bedingungen tragen. Insgesamt 28 Testpersonen, mit Mutter und Kind weder verwandt noch bekannt, rochen an den beiden T-Shirts, um anschließend zu versuchen, die T-Shirts des Babys und seiner Mutter aus einer Vierergruppe herauszufinden. Dies gelang etwa der Hälfte der an dem Versuch Beteiligten – ein statistisch signifikantes Ergebnis, da die Zufallsprognose bei einem Viertel liegt. Daraus kann natürlich nicht definitiv abgeleitet werden, daß der Geruch von Mutter und Kind identisch ist. Möglicherweise haben sich die Testpersonen schlicht und einfach zwei Gerüche gut merken können.

Man hat dies näher untersucht, indem man andere Familienmitglieder, Väter, Tanten und Großmütter, aufforderte, ein Neugeborenes anhand eines Wickeltuches zu identifizieren, ohne daß zuvor ein nennenswerter Kontakt zu dem Kind bestanden hätte.[325] Von den 30 Vätern waren 26 dazu in der Lage, von den 20 Tanten 15 und von den 20 Großmüttern ebenfalls 15. Dazu muß allerdings gesagt werden, daß die Testpersonen das richtige Tuch nur mit einem einzigen anderen vergleichen mußten. Andere Studien machten deutlich, daß es Vätern häufig *nicht* gelingt, ihr Kind aufgrund seines Körpergeruchs zu erkennen – allerdings war bei diesen Experimenten die Auswahlprozedur erheblich erschwert.[326]

Bei einem weiteren T-Shirt-Test, diesmal mit Ehepaaren, vermochten nur 10 der 28 Testpersonen zwei Shirts auf die richtige Weise zu kombinieren – ein Resultat, das sich von dem der Zufallsselektion nicht unterscheidet. Daraus scheinen wir die Schlußfolgerung ziehen zu können, daß zwischen Mutter und Kind ein etwas stärkeres oder prägnanteres Geruchsband besteht als zwischen zwei Erwachsenen, die eine Beziehung miteinander haben. Die gleiche Beobachtung wurde im übrigen auch bei Tieren gemacht (siehe Kapitel 1). Außerdem zeigen die genannten Befunde, daß übereinstimmende Umfeld- und Lebensbedingungen nicht ausreichen, um denselben Körpergeruch zu entwickeln. Vermutlich wird die chemische Signatur des Individuums teilweise auch durch einen Erbfaktor bestimmt, der zwar auch unter dem Einfluß von Umfeldfaktoren steht, seine individuelle Prägung jedoch niemals völlig verliert. Zusammenfassend läßt sich sagen, daß die Geruchssignatur eines anderen Menschen innerhalb einer Familie bis zu einem gewissen Grad identifizierbar ist. Auch Geschwister, die eine Weile (länger als einen Monat) voneinander getrennt waren, besitzen diese Fähigkeit. Sie sind in der Lage, signifikant besser oder öfter das richtige T-Shirt herauszufinden, wenn es mit dem eines Unbekannten verglichen werden muß.

Dennoch sollten wir uns nicht allzusehr auf genetische Verwandtschaft oder Umfeldeinflüsse festlegen. Wie bereits gesagt, haftet einem Baby noch eine Zeitlang der mütterliche Geruch an, bevor es seinen eigenen Duftpaß entwickelt. Gleichzeitig ist denkbar, daß sowohl die Väter wie auch andere Familienmitglieder an dem Wickeltuch primär nicht den Geruch des Babys wahrnehmen, sondern den der Mutter. Möglicherweise kann man in einer Fortführung dieses Gedankens sagen, daß Geschwister den Geruch des anderen auch deshalb nach einer Zeit der Trennung erkennen, weil sie in einem früheren Lebensabschnitt einen vertrauten und intensiven Bezug zueinander hatten.

Geruch und elterliche Fürsorge

Bei der Beschäftigung mit den Pheromonen wurde deutlich, daß diese Stoffe von uns in der Regel unbewußt wahrgenommen werden und ihre Funktionsweise keineswegs eindeutig oder gradlinig ist. Der Einfluß vermeintlicher Pheromone wie Östradiol ist vage und ambivalent, mit Ausnahme des Androstenol, das bei Männern deutlich eine gewisse Abneigung auslöst. Beim Menschen ist die Funktion der Sexualpheromone im allgemeinen also unklar, und die Forschungsergebnisse lassen unterschiedliche Interpretationen zu. Dies sollte uns jedoch nicht zu der Schlußfolgerung verleiten, daß der persönliche Körpergeruch eines Menschens bedeutungslos sei. Das persönliche Aroma besteht aus zahllosen flüchtigen Stoffen, die sich in ihrer Konzentration und Zusammensetzung verändern.

Ein einzelner Bestandteil mag vielleicht keine ausschlaggebende Bedeutung haben, der Gesamteindruck spielt jedoch eine sehr wesentliche Rolle.

Es ist unbestritten, daß Gerüche in der Erziehung von Kindern und Tieren eine wichtige Funktion haben. Die Hinweise auf den Einfluß von Gerüchen sind zahlreich und solide untermauert (Kapitel 1). Dazu nochmals ein Beispiel aus dem Tierreich. Man hat nachgewiesen, daß ein Rattenjunges, dessen olfaktorischer Bulbus beschädigt wird, weniger Nahrung aufnimmt und sogar verhungern kann.[327] Vermutlich hat der beim Säugen aufgenommene Geruch des Muttertieres die Produktion von Endorphinen im Gehirn des Jungen angeregt. Durch die Konditionierung über ein Genußgefühl verstärken diese Geruchsstoffe vielleicht die Bindung an die Mutter. Auch für die Mutter kann ein solcher Effekt wichtig sein – man denke nur an das nicht immer schmerzlose Saugen des Kindes. In einem noch globaleren Kontext läßt sich sagen, daß Gerüche (eventuell ebenfalls über die Produktion von Endorphinen) bestimmte Reaktionen fördern. Dem ist hinzuzufügen, daß die direkt mit dem Geruchssinn verbundenen Teile des Gehirns auffallend reich an Rezeptoren sind, die für diese Endorphine eine gewisse Sensibilität besitzen.[328]

Auch für den gerade auf die Welt gekommenen Menschen haben Gerüche einen verstärkenden Einfluß auf Mechanismen, die eine Bindung auslösen, prägen und erhalten. Dieser Prozeß kann unterschiedliche Verlaufsformen annehmen.[329] Im Verhältnis zu der Vielzahl an Erfahrungen, die kleine Kinder allgemein machen, lernen sie sehr schnell, einen Geruch zu erkennen und ihm eine bestimmte Bedeutung zuzuordnen.

Oft wird ein solcher Geruch auch als angenehm empfunden; schließlich ist das Kind hilfsbedürftig und wird sich an den Gerüchen orientieren, mit denen es am meisten in Berührung kommt.

Tatsächlich zieht ein Kind einen beliebigen Geruch, der nicht einmal unbedingt ein menschlicher sein muß, anderen und unbekannten vor, wenn es mit ihm über einen längeren Zeitraum konfrontiert wird.[330] Zur Neigung, eine vertraute Erfahrung zurückzuholen, gesellt sich ein weiterer Aspekt, und zwar der Wunsch, die eigene soziale Umgebung zu erkennen. Wie gesagt bevorzugen sowohl Kinder wie auch Tiere den Kontakt zur eigenen Mutter, auch wenn er zuvor nicht besonders ausgeprägt gewesen ist.[331] Dazu gibt es noch mehr zu sagen. Gerüche können nicht nur das kindliche Verhalten, sondern auch bestimmte Körperfunktionen beeinflussen. Die Wahrnehmung vertrauter Gerüche mildert das Weinen und beruhigt das Kind – ein wohl allen Eltern bekannter Aspekt, der beim Füttern sehr wichtig ist. Der mütterliche Geruch besitzt sogar eine allgemein angstreduzierende Wirkung. Auch das kann mehr oder weniger aus der Verhaltensweise kleiner Kinder abgeleitet werden, die sich bei einer Trennung von der Mutter an vertrauten Objekten wie Teddybären, aber auch Kissenbezügen oder Kleidungsstücken der Mutter festklammern – vorausgesetzt, diese Gegenstände haben den Geruch bewahrt. Kurzum, Gerüche verstärken und erhalten Beziehungen zwischen Menschen, wobei die *Qualität* der jeweiligen Düfte nur sekundäre Bedeutung hat – Gewöhnung ist (fast) alles. Nur einige wenige Menschen werden sagen, daß der Partner einen üblen Geruch verbreitet (vorausgesetzt, die Beziehung stimmt) oder die Eltern, Geschwister oder Freunde stinken. Selbst wenn die Betreffenden nach »objektiven Maßstäben« tatsächlich unangenehm riechen, ist das für uns im großen und ganzen nicht sehr wichtig. Sie schenken uns Zuwendung, Liebe und Fürsorge – Faktoren, die über die Konditionierung im Prinzip mit fast jedem beliebigen Körpergeruch verknüpft werden können.

Die Bedeutung des Geruchssinns für die Eltern-Kind-Beziehung und das Leben im Familienverband ist auch anhand von Untersuchungen an Tieren deutlich geworden, die nicht zu den Säugetieren zählen. Reptilien müssen ohne olfaktorische Cortex leben und lassen (demzufolge?) ein nur mäßiges Interesse an ihrem Nachwuchs erkennen – eine Ausnahme bilden Krokodile und Eidechsen.[332] Auch Vögel stellen vermutlich Bezüge nicht aufgrund von Gerüchen her, ihr Geruchssinn ist im allgemeinen schlecht, sie folgen, nachdem sie aus dem Ei geschlüpft sind, oft dem erstbesten Objekt, das sich bewegt. Einmal erwachsen geworden, kann dies bedeuten, daß sie beispielsweise auch einem Menschen nachlaufen. Die meisten Vögel sind Mikrosmaten. Auch die menschliche Nase dieser Kategorie zuzuordnen, läßt sich, wie die Überlegungen und Befunde zeigen, nicht in jeder Hinsicht rechtfertigen.

Atemgerüche von Männern und Frauen

Wie verhält es sich mit dem Körper- und insbesondere mit dem Atemgeruch von Männern und Frauen? Viele Männer benutzen Mundwasser – daß sich dahinter möglicherweise mehr verbirgt, als so mancher Film uns vorspiegelt, kann aus einer Untersuchung abgeleitet werden, die dem Atemgeruch und im speziellen seiner hedonischen Qualität galt.[333]

Man rekrutierte Männer und Frauen des Fachbereichs für Zahnmedizin einer Universität, um zu untersuchen, ob die ausgeatmete Luft eines Menschen etwas über seine Geschlechtzugehörigkeit verrät.

Die Testpersonen bliesen in eine Glasröhre, die in einen Trichter mündete. Diese Luft wurde von einer Gruppe von Menschen inhaliert, die sich auf der anderen Seite einer hölzernen Trennwand befanden. Die Ergebnisse bestätigten, daß Frauen im Durchschnitt ein besseres Geruchsvermögen haben als Männer. Im vorliegenden Fall waren ihre Leistungen sogar so gut, daß ungefähr 90 Prozent der Männer und 80 Prozent der Frauen, die hinter der Trennwand saßen, anhand ihres Atems bestimmt werden konnten. Die männlichen Testriecher schnitten zwar nicht schlecht ab, blieben jedoch in ihren Leistungen hinter den Frauen zurück (15 Prozent weniger Erfolg). Bemerkenswert war, daß die Frauen den Atemgeruch als unangenehmer und auch als stärker oder prägnanter erfuhren als ihre männlichen Kollegen. Da Männer weniger gut riechen können, fällt es ihnen vielleicht auch schwerer, solche Gerüche – und somit auch den geschlechtsspezifischen Unterschied – richtig wahrzunehmen. Ähnliche Ergebnisse gab es auch mit Achsel- und Handflächenschweiß. Auch in diesem Fall konnten Frauen und Männer das Geschlecht der Testperson im großen und ganzen relativ gut bis ziemlich gut bestimmen.[334]

Amüsant ist, daß eine Frau mit einem unangenehmen Atemgeruch von den weiblichen Mitgliedern oft für einen Mann gehalten wurde. Mit anderen Worten: Frauen und Männer unterscheiden primär nicht zwischen den Geschlechtern, sondern verbinden eine höhere Intensität und eine oft unangenehmere Qualität des Atemgeruchs mit einem Mann, was im übrigen auch für den Körpergeruch gilt. Folglich könnte man Männern von Mundwassern abraten, weil sie den »männlichen Geruch« überdecken. Dem wäre entgegenzuhalten, daß Männern daran gelegen sein müßte, ihren starken Atemgeruch durch eine frische Brise zu neutralisieren (siehe dazu auch die in Kapitel 1 genannte *aura seminalis* des Mannes und die Vorstellung, daß Frauen nach Milch riechen).

8. Riechstörungen, Geruch und Krankheit

Am Geruchsorgan werden in der Regel wenig »Konstruktionsfehler« oder schwere, angeborene Mängel entdeckt. Der Geruch ist ein recht einfaches Gefüge, verglichen beispielsweise mit dem Auge, das von vielen Problemen heimgesucht werden kann: Brechungsfehler (die mit einer Brille, Kontaktlinsen oder eventuell mit einer Laserstrahlenbehandlung der Hornhaut behoben werden können), Star, erhöhter Augendruck (Glaukom), Glaskörperverflüssigung, zahllose Erkrankungen der Netzhaut, Netzhautablösung, Degeneration der Fovea, etc. Für das Ohr gilt eine analoge Geschichte. Zudem kommt ein fehlender angeborener Geruchssinn im Vergleich zu angeborener Blindheit oder Taubheit selten vor. Eine Ausnahme sind die Albinos, wo eine bestimmte genetische Abweichung das Fehlen geruchsbindender Proteine bedingen kann (siehe Kapitel 2). Vielleicht ist der einfache Bau des Organs auch der Grund dafür, daß es keine spezialisierten »Geruchsärzte« gibt.

Zunächst jedoch einige Anmerkungen allgemeiner Art.

Kulturelle Evolution, Lebenserwartung, Vorurteile

Genau betrachtet ist unsere biologische Lebenserwartung nicht bekannt. Dies rührt daher, daß wir im Gegensatz zu Tieren zwei Formen der Evolution kennen: eine biologische und eine kulturelle. Wie bereits erwähnt, bedeutet der Begriff der kulturellen Evolution, daß wir unsere Umwelt zu wesentlichen Teilen selbst geschaffen haben. Man denke an Kleidung, Häuser, Kunst, Wissenschaft, Technologie, Verkehrsmittel. Tiere können ihre Umgebung in weitaus geringerem Maße manipulieren, auch wenn man die kunstvollen Bauwerke von Termiten und Bienen bis zu einem gewissen Grad als Ausnahme betrachten könnte.

Die kulturelle Evolution bestimmt auch wesentlich unsere Lebenserwartung. Dabei wird meistens an einen positiven Einfluß gedacht, in dem zweifellos richtigen Sinne, daß sich sehr viele von uns mittlerweile eine relativ gute Existenzgrundlage haben aufbauen können. Nach wie vor gibt es jedoch unglaublich viele Menschen, die von diesem Fortschritt kaum profitieren. In den sogenannten Entwicklungsländern liegt die durchschnittliche Lebenserwartung bei 40 Jahren, unter anderem bedingt durch mangelhafte Ernährung, hohe Kindersterblichkeit und schlechte hygienische Verhältnisse. Der griechische Mensch der Antike wurde im Durchschnitt nicht älter als 35, auch im Mittelalter lag die Lebenserwartung in unseren Breiten nicht höher, während sie heute für den Mann auf 74 und für die Frau auf 81 Jahre gestiegen ist. Dieser Unterschied ist großenteils noch ungeklärt, das heißt, er ist keineswegs darauf zurückzuführen, daß mehr Männer durch Unglücksfälle und Berufskrankheiten ums Leben kommen als Frauen.

Im Gegensatz zur gängigen Argumentation ist die stark angestiegene Lebenserwartung nur zu einem geringen Teil den Fortschritten der Medizin zuzuschreiben. Selbstverständlich haben die Säuglingspflege, das Pasteurisieren der Milch, die Reinigung des Wassers und die Immunisierung gegen Krankheiten unser Leben verlängert.[335] Man schätzt jedoch, daß die medizinische Wissenschaft im engeren Sinn die Lebenserwartung über das ganze letzte Jahrhundert betrachtet um nur etwa drei Jahre verlängert hat – und das sind Jahre, die im allgemeinen als »qualitativ ungesund« gelten müssen (man denke an Lähmungen, Rollstuhl, Rheuma, schwere Ängste).[336] Ansonsten sind bei einer ganzen Reihe schwerer Erkrankungen wie Krebs, Rheuma oder Asthma schon seit Jahrzehnten keine bahnbrechenden Fortschritte bei den Heilungserfolgen zu verzeichnen.[337]

Demgegenüber wird der positive Einfluß einer guten Ernährung auf die Gesundheit und Lebenserwartung noch immer unterschätzt. So ist es durchaus wahrscheinlich, daß eine angemessene Einnahme von Vitamin C die Lebenserwartung bei Männern um etwa sechs Jahre und bei Frauen um ein Jahr heraufschrauben kann und schätzungsweise ein Drittel aller Krebserkrankungen durch eine vernünftige und ausgewogene Ernährung hinauszuzögern oder vielleicht sogar zu verhindern ist. Wir könnten noch beliebig viele Beispiele nennen, aber in Medizinerkreisen wird man damit in der Regel auf taube Ohren stoßen[338] – eine merkwürdige Sache, die jedoch in gewisser Weise verständlich ist.

Die Ätiologie beschäftigt sich mit der Erfassung von Krankheitsursachen. Sie tut dies auf eine Art und Weise, die – auch in den eigenen Kreisen – zunehmend in die Kritik gerät. Das traditionelle westliche Denken betrachtet Krankheiten selten als Zusammenspiel und Resultat einer Vielzahl von Prozessen und Faktoren. Die medizinische Theorie und Praxis wird nach wie vor von monokausalem Denken, Reduktionismus und einem relativ einfach strukturierten Determinismus beherrscht. So werden Krankheiten häufig auf eine einzige Primärursache zurückgeführt, für die es im Prinzip auch nur ein Heilmittel gibt.

Dieser globale Denkansatz entspringt der Mechanisierung des Weltbildes im siebzehnten und achtzehnten Jahrhundert, die Epoche der Aufklärung inbegriffen (Kapitel 1). Im Denken dieser Zeit wurde alles, was sich in der faßbaren Wirklichkeit abspielte, als ein mechanischer Prozeß begriffen. Wie bei der Uhr ein Zahnrad durch ein anderes getrieben wird, so hat nach dem damals gültigen Weltbild alles im Prinzip eine primäre Ursache. (Dazu das analoge Beispiel der HIV-Virus: Wer behauptet, bei Aids spielten wesentlich mehr Faktoren eine Rolle, wird für verrückt erklärt.)[339]

Letztlich wird der Mensch nach dieser Auffassung zuallererst durch seine *Vernunft* geleitet, nicht durch Emotionen, den Körper oder seine Sinnesorgane.

Vor allem in den Naturwissenschaften konnten mit diesem Denken große Erfolge verbucht werden, aber längst nicht alle Prozesse, die mit Krankheit und Gesundheit zu tun haben, lassen sich in diesen Rahmen zwängen. So zum Beispiel das große Gebiet der Psychosomatik, die bei schätzungsweise Zweidrittel bis Dreiviertel aller Patienten, die einen Arzt aufsuchen, eine Rolle spielt. Ein zweiter und ärgerlicher Aspekt ist die in der Medizin sichtbare Tendenz, auch dann noch an allgemeinen Auffassungen über den Menschen und die Welt festzuhalten, wenn diese sich schon längst als unfruchtbar erwiesen haben. Für den Geruchssinn bedeutet dies in der Konsequenz, daß die Forschung sehr vernachlässigt wurde und auf diagnostischem Gebiet ebenso wie bei der praktischen Behandlung von Geruchsstörungen herzlich wenig geschieht. Dieses Sinnesorgan genoß und genießt auch in Medizinerkreisen kein hohes Ansehen.

Behinderte?

Das ist fatal und bedauerlich, denn unser Geruchssinn ist nicht per se rundum in Ordnung. Ein vermindertes oder selbst völlig verlorengegangenes Geruchsvermögen ist eine recht häufig vorkommende Störung. Menschen mit derartigen Anomalien werden im allgemeinen nicht als Behinderte eingestuft, obwohl solche Ausfälle unangenehme, ja selbst gefährliche Folgen haben können. Den Betroffenen fällt nicht auf, wenn Fleisch verdorben ist, wenn ein Essen anbrennt oder eine Gasleitung undicht geworden ist. Die gesamte Lebensqualität ist eingeschränkt, nicht nur was die kulinarischen Genüsse betrifft, sondern häufig auch in emotionaler und sexueller Hinsicht – einen Partner muß man auch *riechen*.

Die Veränderungen im emotionalen Bereich haben, wir sagen es nochmals, sehr viel damit zu tun, daß die Geruchsnerven hauptsächlich mit dem limbischen System verbunden sind, dem Teil des Gehirns, der von großer Wichtigkeit für Emotionen und Gefühle ist. So löst eine Störung des Geruchssinns oft depressive Stimmungen aus – vielleicht, weil Gerüche einen wichtigen »Input« des limbischen Systems sowie der rechten Gehirnhälfte bilden. (Der umgekehrte Fall, daß eine Depression zu einem Verlust des Geruchssinns führen könnte, ist kaum begründ- und nachweisbar.)

Das folgende Zitat beschreibt sehr anschaulich den Verlust des Geruchssinns.[340] »An den Geruchssinn«, heißt es, »habe ich nie wirklich einen Gedanken verschwendet. Man denkt normalerweise einfach nicht daran. Als ich ihn jedoch verlor, war es so, als sei ich schlagartig erblindet. (…) Man *riecht* die Menschen, man *riecht* die Stadt, man *riecht* den Frühling – vielleicht nicht bewußt, aber als reichen, unbewußten Hintergrund aller Dinge. Meine Welt war urplötzlich merklich ärmer geworden.« Neben einer möglichen Depressivität ist bei einer ernsthaften Schädigung des Geruchssinns auch zu befürchten, daß die Funktion des episodischen Gedächtnisses nachläßt, da der Geruchssinn Erinnerungen aktiviert (Kapitel 5). Im übrigen sind Geruchsstörungen nicht immer isoliert zu betrachten, sondern hängen häufig mit einer anderen körperlichen oder seelischen Erkrankung zusammen.[341] Wir werden einen kurzen Blick auf die möglichen Erscheinungsformen und Auswirkungen werfen.

Angeborene Defekte

Wie gesagt leidet nur ein kleiner Teil der Bevölkerung unter einer angeborenen Anosmie. Anders sieht es bei angeborenen Anosmien aus, die auf spezifische Geruchsstoffe begrenzt und den Betroffenen selbst häufig gar nicht bewußt sind.

Man kann einen solchen Defekt mit der Farbenblindheit vergleichen, die lange Zeit unbemerkt bleiben kann und erst bei einer medizinischen Begutachtung ans Licht kommt. Eine spezifische »Geruchsblindheit« wird möglicherweise durch das Fehlen bestimmter geruchsbindender Proteine im Geruchsepithel bedingt (siehe Kapitel 2).[342]

Wenn wir die begrenzten Anosmien einbeziehen, entsteht ein ganz anderes Bild. So besitzen etwa 10 Prozent der Menschen eine Anosmie für Blausäure, und fast jeder zweite ist nicht in der Lage, Androstenon zu riechen.[343] Vermutlich sind diese Zahlen jedoch nicht ganz realistisch oder zuverlässig, da man bei den entsprechenden Testversuchen die Möglichkeit außer acht ließ, daß ein unbewußt wahrgenommener Geruch eventuell durchaus vom Geruchsorgan bemerkt worden ist und sich auf Verhalten und Stimmung auswirkt(e).

Theoretisch ist dieses Phänomen mit dem des sogenannten *blind sight* zu vergleichen. Menschen, die an dieser Störung leiden, können aufgrund einer Beschädigung ihrer »Sehrinde« nicht sehen, dennoch läßt ihr Verhalten darauf schließen, daß sie Hindernisse einkalkulieren, die sie offensichtlich auf einer unbewußten Ebene wahrnehmen. Diese Patienten sind sogar in der Lage, ihre Hand einem vom Versuchsleiter gereichten Gegenstand entgegenzustrecken, ohne ihn bewußt wahrzunehmen. Beim Tastsinn kennt man ein ähnliches Phänomen (*blind touch*). Analog dazu könnten wir von einem *blind smell* sprechen.

Wir reagieren oft auf Gerüche, ohne sie bewußt zu riechen; entsprechende Beispiele wurden bereits genannt. Man könnte sogar sagen, daß dies das eigentliche Charakteristikum des Geruchssinns ist. Einen großen Teil des Tages riechen wir – allem Anschein nach – nichts.[344] Wundern sollten wir uns über dieses Phänomen jedoch nicht. Bei der Wahrnehmung von Gerüchen sind hauptsächlich phylogenetisch oder evolutionär alte Teile des Gehirns tätig, die über relativ spärliche Direktverbindungen zum Neocortex und somit zum Sprachvermögen und (Selbst-)Bewußtsein verfügen. Umso größer ist jedoch die Anzahl der »Autopiloten«, die unser Verhalten steuern. Es ist allerdings selbstverständlich, daß bei einer Geruchsblindheit nur an den *blind smell* gedacht werden darf, wenn das Geruchsorgan selbst gegen die betreffenden Stoffe nicht anosmisch ist (ebensowenig wie das Auge beim *blind sight* blind ist).

Eine der häufigsten Ursachen einer angeborenen Anosmie ist das Kallman-Syndrom, eine vor allem bei Männern auftretende Hormonanomalie.[345] Diese erblich bedingte Störung wird durch ein rezessives Gen hervorgerufen, das nicht auf einem Geschlechtschromosom liegt. Dadurch ist es möglich, daß ein Elternpaar von den Symptomen dieser Krankheit verschont bleibt, ein Kind jedoch darunter leiden kann. Bei Jungen äußert sich die Krankheit in einer verzögerten Entwicklung des Penis und der Hoden in der Pubertät. Die Jungen bleiben bartlos; die betroffenen Mädchen haben schmale Hüften, kleine Brüste, wenig Schambehaarung und menstruieren nicht. Dennoch sind diese Menschen keine Eunuchen. Es fehlen ihnen bestimmte »Stimulanzstoffe«, da das Gen (in dominanter Form) vermutlich ein bestimmtes Protein, das für die Bildung relevanter Hormone wichtig ist, in zu geringen Mengen produziert. Eine kontrollierte Gabe von Geschlechtshormonen kann vielleicht verhindern, daß diese Menschen während der Pubertät in einen zu großen Entwicklungsrückstand geraten.[346] Männer mit dem Kallman-Syndrom haben wenig Testosteron im Blut, und zwar nur 0,2 bis 0,3 Nanogramm pro Milliliter gegenüber 3 bis 8 Nanogramm pro Milliliter bei normalen Männern.[347]

Offensichtlich kann sich eine geringe Konzentration dieses Hormons auch ungünstig auf die Entwicklung des Geruchsvermögens auswirken. Bemerkenswerterweise ist das Geruchs*organ* bei diesen Menschen in der Regel ebenso intakt wie die Nervenverbindungen zum Gehirn. Betrachten wir jedoch das Riechhirn von Patienten mit diesem Syndrom, so fällt auf, daß eine bestimmte Windung im olfaktorischen System fehlt und auch die Struktur des Hypothalamus abweichend ist.[348] Es hat durchaus den Anschein, als seien bestimmte Teile des Gehirns nicht voll ausgereift, was auch für die sexuelle Entwicklung nicht ohne Folgen bleibt. Ein Hormonpräparat kann vielleicht noch zu einer teilweisen Rettung des Geruchsvermögens beitragen.

Erworbene Störungen

Zu den erworbenen Störungen, in der Medizin olfaktorische Dysfunktionen genannt, zählt man folgende:

- *Allgemeine Anosmie*: das Fehlen jeglicher Geruchsempfindung.
- *Elektive Anosmie (Merosmie):* das Unvermögen, bestimmte Gerüche wahrzunehmen.
- *Hyposmie*: die herabgesetzte Geruchsempfindung.
- *Hyperosmie*: die übersteigerte Geruchsempfindung für einige oder alle Gerüche.
- *Dysosmie*: eine Störung des Geruchssinns, deren Merkmal ständig wechselnde, willkürliche Geruchsempfindungen sind.

- *Phantosmie*: eine Form der Dysosmie, bei der vor allem unangenehme Gerüche wahrgenommen werden, ohne daß die Stoffe, die diese Empfindungen auslösen, zu lokalisieren wären – also eine Art Halluzinationen.
- *Parosmie*: eine Form der Dysosmie, bei der sich die Eigenschaften eines Geruchs ständig verändern.
- *Kakosmie*: eine Art Parosmie, bei der die Einschätzung von Gerüchen derart umschlägt, daß zunächst angenehme Gerüche plötzlich als stinkend empfunden werden. Eine Störung, die sich auch auf das Essen problematisch auswirken kann.
- *Agnosie*: das Unvermögen, bei einem ansonsten intakten Geruchsvermögen, Gerüche zu benennen und voneinander zu unterscheiden. Die Person spricht in einem solchen Fall zwar von einer Wahrnehmung, kann diese jedoch nicht genauer beschreiben oder benennen.

In den USA leiden Millionen Menschen an einer oder mehreren dieser Anomalien. Haus- und Fachärzte haben immer wieder mit Patienten zu tun, die über Geruchs- und Geschmacksstörungen klagen. Leider liegen über die Verbreitung und Frequenz von Geruchsstörungen in den verschiedenen Ländern keine zuverlässigen und aktuellen Daten vor, einschließlich einschlägiger Angaben zu ihrem Vorkommen unter unterschiedlichen Berufsgruppen. Die Ursache ist darin zu sehen, daß die epidemiologische Forschung noch in den Kinderschuhen steckt und die Fakten häufig mangelhaft zusammengetragen wurden.[349] Die betreffenden Experten selbst trifft in dieser Hinsicht wenig Schuld, denn gründliche Forschung ist teuer und ohne die organisatorische und finanzielle Unterstützung der Gesundheitsbehörden und des Staates nur schwer zu realisieren.

Auch bei den Geruchsstörungen sehen wir, daß die Bedeutung dieses Sinnesorgans für die Lebensqualität unterschätzt wird. Wer Probleme mit seinem Sehvermögen oder seinem Gehör hat, dem hilft oft ein Gang zum Facharzt. Ein Hörgerät, eine Brille oder Kontaktlinsen können Abhilfe schaffen. Auf dem Gebiet von Geruchsstörungen sind hingegen kaum Spezialisten zu finden. Die Untersuchungen, die HNO-Ärzte oder Neurologen einem geschädigten Geruchssinn angedeihen lassen, sind des Medizinerstandes nicht würdig. Oft wird ein möglicher Verlust des Riechvermögens an nur drei Geruchsstoffen getestet. Außerdem wird der Patient häufig aufgefordert, die betreffenden Stoffe *beim Namen zu nennen*. Eine unsinnige Methode, bedenkt man, daß Gerüche auch und vor allem affektive Bedeutungen besitzen, die im allgemeinen nicht gut verbalisiert werden können. Das *Vermögen*, etwas zu riechen und/oder zu erkennen, unterscheidet sich wesentlich von der Fähigkeit, einen Geruch auch benennen zu können. Zudem verwendet der Arzt manchmal Stoffe, die der Patient über eine Reizung des Trigeminusnervs bemerkt, der mit dem Geruchssinn nichts zu tun hat.

Vor einigen Jahren wurde im Hinblick auf diese Problematik ein Riechtest entwickelt, der sogenannte UPSIT (University of Pennsylvania Smell Identification Test).[350] Es hat sich gezeigt, daß ungefähr ein Prozent der Bevölkerung weniger als die Hälfte der in diesem Versuch verwendeten Stoffe in einem Multiple-Choice-Test richtig identifizieren konnte. Solche Daten werden benutzt, um den Grad einer Anosmie festzustellen. Die Grenze zur Hyposmie wird dort gezogen, wo jemand Werte erreicht, die von mindestens neunzig Prozent seiner Altersgenossen übertroffen werden. Es ist deutlich, daß Anosmie und Hyposmie auf diese Weise sehr willkürlich operationalisiert werden.[351] Im übrigen müssen Menschen, die bei diesem Test schlecht abschneiden, keineswegs auch unter permanenten Störungen ihres Geruchssinns leiden. Das Geruchsvermögen ist manchmal durch eine Erkältung oder eine Nasenschleimhautentzündung ernsthaft geschädigt. In den meisten Fällen ist hier, auch wenn es hin und wieder Monate dauert, Besserung zu erwarten. Der UPSIT-Test ist also nur eine Momentaufnahme und nicht geeignet, das »Riechvermögen der Bevölkerung« als Prozeß zu erfassen. Es gibt nur sehr wenige Experten, die sich auf die Diagnose von Geruchsstörungen spezialisiert haben.[352] Sie benutzen dazu eine Vielzahl an Geruchsstoffen in unterschiedlichen Konzentrationen. Um beurteilen zu können, wie groß der Verlust des Geruchsvermögens ist, untersuchte man zunächst die Identifikationsfähigkeit der Gerüche bei normalen Menschen, so daß man auf Vergleichsmaterial zurückgreifen konnte.

Ursachen und Behandlung

Die Ursachen von Geruchsstörungen können drei Gruppen zugeordnet werden: Virusinfektionen, einschließlich einer normalen Erkältung, Krankheitsprozesse in den Nasenhöhlen wie eine Entzündung der Nasenschleimhaut und Kiefer- oder Stirnhöhlenentzündungen; hinzu kommen Verletzungen oder Traumata, wie ein Sturz oder ein Schlag gegen den Kopf.

Traumatische Beschädigungen des Geruchsorgans kommen bei Männern wesentlich häufiger vor als bei Frauen, da bei ihnen die Gefahr eines Verkehrs- oder Betriebsunfalls im allgemeinen größer ist.

Einer der Hintergründe solcher Verletzungen läßt sich wie folgt beschreiben. Von einer Flüssigkeit, dem *Liquor cerebrospinalis* umgeben, »schwimmt« das Gehirn mehr oder weniger im Schädel. Bei einem harten Schlag gegen den Kopf vollführt das Gehirn eine Art Drehung, vor allem, wenn dieser Schlag von der Seite kommt. Hierbei »scheuern« Geruchsnerven über die rauhe Schädelbasis mit den entsprechenden Folgen. Ferner haben wir in Kapitel 2 gesehen, daß die Nervenfasern der Sinneszellen über Perforationen im Siebbein einen Kontakt zum Riechhirn herstellen. Auch hier liegt eine Schwachstelle des Systems: Bei einem schweren Schock oder Aufprall (zum Beispiel wenn der Kopf, wie bei einem Verkehrsunfall nicht selten, nach vorn geschleudert wird) können die Nervenfasern durch die Ränder des Siebbeinknochens zerschnitten werden. Dies wird sich erst dann auswirken, wenn der oder die Betroffene am Abend Essen geht. Auch wenn man vielleicht noch etwas riecht, wird man spätestens beim Essen entdecken, daß irgendetwas nicht in Ordnung ist. Wenn alle Verbindungen durchtrennt sind, ist die Prognose schlecht. Da jetzt keine Geruchsinformationen mehr hereinkommen, sterben die Nervenzellen des Riechhirns im Laufe der Zeit ab – analog zur Rückbildung nicht benutzter Muskeln.[353] Das Geruchsorgan selbst bleibt in manchen Fällen intakt, und hin und wieder stellen die Sinneszellen mit Erfolg neue Verbindungen zum Gehirn her, so daß nach einigen Monaten eine Besserung zu beobachten ist. Eine solche nach einem Trauma nicht seltene Besserung wird jedoch oft von einer Phantosmie oder Kakosmie begleitet – Erscheinungen, die sich bis zu einem gewissen Grad mit den visuellen Halluzinationen vergleichen lassen, wie sie sich häufig im Zusammenhang mit einer Migräne einstellen.

Da Geruch und Geschmack eng miteinander kooperieren, führt eine plötzlich auftretende Anosmie, hervorgerufen durch eine Gehirnerschütterung oder einen Schlag gegen den Kopf, oft auch zu Veränderungen im Eßverhalten. Noch größer ist die Möglichkeit einer Eßstörung bei gleichzeitiger *Hypogeusie* (einer verminderten Empfindlichkeit des Geschmackssinns). Dazu kann es unter anderem kommen, wenn der siebte Gehirnnerv, der *Nervus facialis*, geschädigt ist.

Dieser Nerv ist für die Gesichtsbewegungen verantwortlich, wobei eine seiner Verästelungen auch auf den Geschmack einwirkt.[354] Auch bei der Anorexia nervosa (der Magersucht) kann eine Geruchs- oder Geschmacksstörung zu einer Verstärkung der Problematik beitragen. Vielleicht ist eine solche Störung in manchen Fällen auch an der Entstehung der Bulimia (Freßsucht) beteiligt, weil der Patient möglicherweise verzweifelt versucht, seinen Geruchs- und Geschmackssinn zu stimulieren.[355]

Aufgrund der aus verschiedenen Richtungen zusammengetragenen Daten wird geschätzt, daß ungefähr 150 000 Bewohner der Niederlande anosmisch sind und etwa anderthalb Millionen über einen kürzeren oder längeren Zeitraum hinweg massive Probleme mit dem Riechvermögen hatten. Bei einem Verlust des Geruchs ist in 22 % der Fälle eine Virusinfektion die Ursache, 11 % stehen im Zusammenhang mit einer Gehirnerschütterung, während 33 % der Patienten unter Komplikationen im Nasenhöhlenbereich leiden. Der Rest ist auf eine Vielfalt anderer Ursachen zurückzuführen bzw. die genaue Ursache konnte nicht ermittelt werden. Zu den erwähnten Komplikationen gehören eine Entzündung der Nasenschleimhaut (Rhinitis), die nicht selten aus einer Allergie resultiert, sowie Infektionen der Kiefer- oder Stirnhöhle (Sinusitis). Ein bisher noch ungeklärter Aspekt liegt darin, daß wesentlich mehr Männer als Frauen (5:1) nach einer Gehirnerschütterung ihren Geruchssinn verlieren, während mehr Frauen als Männer (2:1) nach einer Virusinfektion an einer gewissen Hyposmie leiden.

Die Prognose bei einem Verlust des Geruchsvermögens ist nicht in jedem Fall ungünstig. Bei 30 bis 40 % aller Menschen, deren Geruchsorgan infolge eines Traumas beschädigt wurde, stellt sich innerhalb eines Jahres eine spontane Genesung ein. Das ist auch der Fall, wenn eine Virusinfektion die Ursache war, allerdings hat der Heilungsprozeß hier undeutlichere Konturen und verläuft langsamer als bei den Opfern eines Unfalls. Vor allem für Patienten, deren Problem mit einem Krankheitsprozeß in den Nasenhöhlen zusammenhängt, sind die Aussichten recht gut.

Abgesehen von einer spontanen Genesung ist die Behandlung von Störungen des Geruchssinns eine schwierige Angelegenheit. Eine Therapie ist vor allem dann möglich, wenn die Ursache des Defekts in den Nasenhöhlen liegt. In solchen Fällen vermag die Einnahme von Hormonen der Nebennierenrinde wie Prednison hin und wieder zu helfen. Hoch dosiert und über einen langen Zeitraum eingenommen, haben diese Substanzen jedoch erhebliche Nebenwirkungen, wie eine schlechte Funktion der Nebennierenrinde, Fettsucht des Rumpfes, grauen Star, dünner werdende Haut, einen Verlust an Knochenmasse, der zu einer stärkeren Brüchigkeit der Knochen führt (Hüftknochenfrakturen!) und Depressionen. Zudem ist die Wirksamkeit dieser Hormone oft nur befristet. Wenn der Patient die Einnahme absetzt, meldet sich der Geruchsverlust nicht selten zurück. Auch eine Reinigung oder Operation der Nasenhöhlen kann in manchen Fällen zum Erfolg führen. Obwohl im Laufe der Zeit bei Geruchsstörungen zahllose andere Medikamente eingesetzt wurden, darunter Zinkverbindungen und sogar Strychnin, gibt es keinen Grund zu der Annahme, daß diese Mittel tatsächlich helfen. In wenigen Fällen soll Zinksulfat ($ZnSO_4$) der Wiederherstellung des Geruchsvermögens zugute gekommen sein.

In diesem Fall geht man davon aus, daß durch eine nicht optimale Ernährung ein Mangel an für den Geruch wichtigen Spurenelementen entstanden ist, den man durch Zinksulfat (manchmal auch Kupfersulfat) zu kompensieren hoffte. Das Ergebnis einer Doppelblind-Studie zeigte jedoch auch, daß die erzielte Verbesserung nicht gerade beeindruckend war.[356] Schließlich soll tropfenweise indiziertes Kokain bei einigen Patienten zu einer Verminderung ihrer Parosmie geführt haben, was jedoch nicht bedeutet, daß sie ihr volles Geruchsvermögen wiedererlangt hätten.

Zusammenfassend läßt sich sagen, daß Störungen des Geruchsvermögens ebenso hinderlich wie (oft) schlecht therapierbar sind. Wichtig ist eine gute Diagnose, denn eine Therapie ist vor allem dann möglich, wenn der Defekt in den Nasenhöhlen angesiedelt ist. Vielleicht ist es ein schwacher Trost, daß dies auch relativ am häufigsten der Fall ist.

Geruch und Krankheit

Nun zum Zusammenhang zwischen Geruch und Krankheit. Ohne Widerstand kein Werden, ohne Rückschläge kein Selbstvertrauen – daraus folgt allerdings nicht, daß Beschwerden, die auf die eine oder andere Weise mit einem weniger gut funktionierenden Geruchssinn zusammenhängen, keine Beachtung verdienten. So klagen Menschen mit diesen spezifischen Störungen häufig auch über einen Geschmacksverlust. Der Zusammenhang zwischen einer Problematik des Geruchssinns und einem nicht intakten Geschmacksempfinden ist anatomisch gesehen durchaus logisch, da das Geschmacksbild wesentlich durch die Gerüche geprägt wird, die über die Nasen- und Rachenhöhle aufsteigen. Der Geschmackssinn selbst funktioniert meistens noch gut.

Dies läßt sich einfach überprüfen, indem man dem Betroffenen einen sauren, süßen, salzigen oder bitteren Stoff auf die Zunge legt. Beim Essen lösen Geruch und Geschmack eine Gesamtempfindung aus. Wenn der Patient nun über einen Geschmacksverlust klagt, der in einem Test nicht nachweisbar ist, bedeutet das nicht, daß er hypochondrisch ist. Im Gegenteil, Klagen über Probleme mit dem Geruchs- oder Geschmackssinn sollten Anlaß sein, den Patienten eingehender zu untersuchen.

Sowohl unsere körperliche wie geistige Verfassung haben eine Rückwirkung auf die Funktion der Sinnesorgane und der damit verbundenen Teile des Gehirns. Ein Migräneanfall (insbesondere eine *Migraine ophtalmique*) wird oft von visuellen Halluzinationen in der Form von Flimmerskotomen begleitet, Anzeichen, daß das visuelle System im Gehirn unter mangelnder Blutzufuhr leidet. In einem solchen Zustand hat es wenig Sinn, zu lesen oder ein Buch zu schreiben – falls man sich dazu überhaupt imstande fühlen sollte. Höchst bemerkenswert ist auch die *Palinopsie*, bei der das Gehirn, ausgelöst durch eine Beschädigung der Netzhaut, versucht, das Bild der Außenwelt durch lange bestehen bleibende Nachbilder zu vervollständigen.

Eine etwas weniger dramatische, aber gleichfalls mit dem körperlichen Allgemeinzustand zusammenhängende Erfahrung äußert sich darin, daß der Duft eines Bratens nach einer üppigen Mahlzeit viel weniger verführerisch ist. Auch die Intensität von Gerüchen scheint unter diesen Umständen stark abgenommen zu haben (was zum Teil eine Folge der Adaption ist). Diese Variation in der Bewertung und Intensität von Gerüchen als Auswirkung des allgemeinen physiologischen Zustands, wird – wie schon gesagt – als Alliästhesie bezeichnet. Dazu ein Beispiel: Der Geruch von Limonadensirup ist für jemanden, der Hunger hat, angenehm. Je mehr Glukose der Betroffene jedoch konsumiert, desto stärker wird ihn dieser Geruch stören.[357] Zwischen der Intensität und positiven Einschätzung eines Geruchs sowie der allgemeinen Befindlichkeit der Person herrscht ein gewisser Zusammenhang. Bei Krankheiten kann dieses Phänomen sehr störende Formen annehmen.

Viele Krankheiten, Syndrome und auch Psychosen üben eine destruktive Wirkung auf das Geruchsvermögen aus.[358] So kann eine Psychose mit einem plötzlichen Umschlag der Geruchsbewertung einhergehen: Was gestern noch appetitlich roch, wird heute als ekelerregend empfunden. Manchmal können chronische Störungen des Geruchssinns durch eine veränderte Verfassung des Geruchsepithels und des Riechhirns bedingt sein, die durch die Einnahme von Medikamenten entstanden ist. Manche Antidepressiva können dazu führen, daß die Entstehung neuer Sinneszellen im Geruchsepithel blockiert wird (Kapitel 2). Die Einnahme eines solchen Stoffs über einen längeren Zeitraum verringert die Anzahl der Sinneszellen – eine Nebenwirkung, die man vergeblich auf den Beipackzetteln suchen wird – während der Verlust des Geruchsempfindens nota bene Depressionen verursachen oder verschlimmern kann.[359] Auch Bestrahlungen (Krebs) können schwere Schädigungen des Geruchssinns hervorrufen.

Häufig spielen bei einem Geruchsverlust Anomalien der Nasenhöhle eine Rolle, die unter anderem bewirken können, daß der das Geruchsepithel passierende Luftstrom blockiert wird. Die Ursachen können von einer unschuldigen Erkältung bis zu einem bösartigen Tumor in der Nasen- und Rachenhöhle reichen, der in Richtung des Geruchsorgans streut. Manchmal ist auch ein zu grob ausgeführter chirurgischer Eingriff die Ursache für Beschädigungen und Geruchsverlust – dies geschieht sehr selten bei der Entfernung von Nasenpolypen. Außer einer Grippe können auch andere Virusinfektionen wie Herpes und Hepatitis schädliche Auswirkungen auf den Geruch haben. Gleiches gilt für Tumore im frontalen und temporalen Sektor der Gehirnrinde. Auch Störungen oder Veränderungen des hormonellen Gleichgewichts können das Geruchsvermögen hin und wieder beeinflussen. Im Verlauf ihres Menstruationszyklus reagieren Frauen auf viele Geruchsstoffe sehr unterschiedlich. Krankheiten, die mit einer verminderten Produktion von Geschlechtshormonen einhergehen, führen ebenfalls oft zu einer Abnahme des Geruchsvermögens, und letzlich kann auch der Diabetis die Funktion des Geruchsorgans in einigen Fällen negativ beeinflussen.

Auch über merkwürdige Dinge läßt sich in diesem Zusammenhang berichten. Neurologische Erkrankungen und Anomalien wie Epilepsie werden manchmal von einer Hyperosmie, also einer Überempfindlichkeit gegen Gerüche, begleitet. Epileptische Anfälle werden nicht selten durch eine Geruchshalluzination eingeleitet bzw. sogar durch Gerüche ausgelöst. Multiple Sklerose führt in manchen Fällen zu einer Hyposmie, ebenso wie die Parkinson-Krankheit und andere an Demenz gebundene Syndrome wie Alzheimer, Korsakoff-Syndrom und Huntingtonsche Chorea (Veitstanz). Patienten, die sich über ständig verändernde oder eigenartige Gerüche beklagen, ansonsten jedoch noch alle Sinne beisammen haben, können eine dieser Krankheiten in einem noch schlummernden Stadium in sich tragen.

Allgemein sei gesagt, daß der Arzt bei seiner Diagnose öfter auch seiner Nase vertrauen sollte,[360] da von einigen Krankheiten ein bestimmtes Aroma ausgeht bzw. manche sogar von unverwechselbaren Ausdünstungen begleitet werden.

Lungen- oder Magenkrebs, Gelbfieber, Typhus, Masern, Diphterie und Diabetes gehen mit einem spezifischen Atem- und/oder Körpergeruch einher. Bei der Zuckerkrankheit kann der Atem nach Aceton bzw. »salzig« riechen, eine schlechte Nierenfunktion läßt häufig einen fischartigen Geruch entstehen und hinter einer Knoblauchwolke verbirgt sich in manchen Fällen eine Vergiftung.[361] Aus falsch verstandener Prüderie schenken Ärzte den diversen Gerüchen, die den Körperöffnungen des Patienten (einschließlich der Poren) entweichen, kaum Beachtung, obwohl sich damit eine Diagnose bestätigen oder widerlegen ließe.[362] Zudem berücksichtigt der Arzt bei seiner Suche nach den Hintergründen von Krankheitssymptomen viel zu wenig die mögliche diagnostische Bedeutung eines verminderten oder veränderten Geruchsvermögens. Eine Geruchsstörung *kann*, wie gesagt, ein Symptom für beispielsweise einen Gehirntumor oder das Anfangsstadium einer Demenz sein. Selbstverständlich müssen wir uns davor hüten, den Verlust des Geruchsvermögens sofort in Zusammenhang mit schweren Erkrankungen zu bringen, denn auch eine simple Erkältung kann folgenschwere Auswirkungen haben. Bei chronischen Beschwerden kann ein Riechtest allerdings eine durchaus nützliche diagnostische Funktion haben. Ein solcher Test ist nicht teuer und kann in manchen Fällen auch von dem Patienten in Eigenregie durchgeführt werden (zum Beispiel der schon genannte UPSIT-Test; auch die Reichsuniversität Utrecht in den Niederlanden hat einen Riechtest entwickelt, den Geruchs-Identifikations-Test Utrecht, kurz GITU).[363]

Wie schon in Kapitel 1 deutlich wurde, hat der Geruch im historischen Rückblick in der Medizin eine sehr wichtige Rolle gespielt. So war man der Meinung, daß Körpergerüche etwas über die Zusammensetzung und Qualität der Lebenssäfte verrieten.[364]

Hippokrates unterschied zwischen dem »Geruch der Gesundheit« und dem »krankhaften Geruch«. Darüber hinaus haben viele Krankheiten – so die Ärzte früherer Zeiten – ihre ganz spezifischen Ausdünstungen. »Die Ärzte kennen den Geruch von Faulbrand, den des Krebsvirus und den der Knochenfäule«, sagt Corbin. Auch die verschiedenen Säle in Krankenhäusern wurden nach ihrem Geruch unterschieden. »Dort, wo Kinder liegen, riecht es säuerlich und stinkend, während bei den Frauen ein süßlicher Modergeruch herrscht; auch der Geruch in den Männersälen ist zwar penetrant und aufdringlich, aber weitaus weniger abstoßend.« Schließlich brachte man Krankheiten oft in einen Zusammenhang mit Verwesungsprozessen, denen man sich entsprechend intensiv wissenschaftlich näherte. In einer aus dem Jahr 1760 stammenden Dissertation sind die verschiedenen »Stadien« der Leichenluft fein säuberlich notiert: Übelkeit hervorrufend, sauer, beißend-abstoßend, würzig und als letztes nach Amber riechend. So gibt der Verfasser dieser Dissertation dann auch den abschließenden Rat: »Dies soll die Ärzte dazu veranlassen, den Gerüchen von Krankheiten mit einer größeren Präzision nachzugehen.« Diese Auffassungen über den Zusammenhang von Geruch und Krankheit brachten das gemeine Volk dazu, sehr aufmerksam auf den Geruch von Rülpsern, Fürzen, Urin und Exkrementen zu achten.

Hormonelle Störungen

Abweichende Hormonspiegel können sowohl verstärkend als auch destruktiv auf den Geruchssinn wirken. Ein Tumor in der Hypophyse kann bei Frauen zu einer vermehrten Produktion von Östrogenen und somit auch zu einer erheblichen Verbesserung des Geruchs führen. Auch die Addisonsche Krankheit, die durch eine schlecht funktionierende Nebennierenrinde verursacht wird, führt zu Hyperosmie.

Bei diesen Patienten liegt die Riechschwelle für viele Stoffe nicht selten bis zu zehntausend Mal unter der gesunder Menschen. Ihre Nasen sind so fein, daß sie sogar Zucker, Ureum und stark verdünnte Salzsäure riechen, Stoffe also, die man normalerweise nur schmecken kann.[365] Bei der Addisonschen Krankheit produziert die Nebennierenrinde weitaus weniger Glucocorticoide. Wenn Patienten, die große Mengen dieser Hormone einnehmen (wie bei Asthma und Rheuma), diese plötzlich absetzen, kommt es zu einer sogenannten Addison-Krise, mit vergleichbaren Symptomen. Glucocorticoide gehören ebenso wie die Geschlechtshormone zu den Stereoiden, ihre hauptsächliche Funktion besteht jedoch in der Umwandlung von Fett und Proteinen in Kohlehydrate (diese Verbindungen sind auch unter dem Begriff »Streßhormone« bekannt). Offensichtlich spielen diese Hormone auch eine wichtige Rolle bei der synaptischen Übertragung von Nervenimpulsen, die mit dem Geruch zu tun haben. Sie üben dort eine Art Bremswirkung aus. Bei einem Mangel an Glucocorticoiden kann die Einnahme dieser Hormone (zum Beispiel Prednison) wieder zu einer Normalisierung des Geruchssinns führen.

Demenz

Charakteristikum der Demenz ist der allmähliche Ausfall höherer Gehirnfunktionen. Diese Form des Abbaus kann vielerlei Ursachen haben, zum Beispiel viele kleine Hirninfarkte, Blutungen und natürlich die geheimnisvolle Alzheimer-Krankheit.[366] Es ist auffallend, daß Gehirnsysteme, die sich in einem frühen Stadium der Evolution herausgebildet haben, von derartigen Degenerationserscheinungen – wie auch von Krankheiten und Tumoren – im großen und ganzen weniger betroffen sind.

So ist der Hirnstamm, der unter anderem auch für die Regulierung von Körperfunktionen wie der Atmung zuständig ist, ausgesprochen stark und widerstandsfähig (Koma!) und kommt verhältnismäßig lange ohne Sauerstoff aus.

Bei einem Prozeß fortschreitender Demenz bleibt der Geruchssinn meistens unerwähnt. Das Riechhirn zählt zu den phylogenetisch alten Strukturen, die allgemein gesprochen weniger schnell von Verschleiß- und Verfallserscheinungen bedroht sind. In letzter Zeit werden jedoch zunehmend mehr Anzeichen dafür entdeckt, daß gerade eine (begrenzte) Degeneration in *diesen* Systemen einen wichtigen Schritt in der Entwicklung zur Demenz darstellt.[367] Bei der Alzheimer-Krankheit ist das olfaktorische System selbst in Mitleidenschaft gezogen; fast alle primär betroffenen Teile des Gehirns (wie die mediale Gruppe der Mandelkerne) stehen in Verbindung zu dem in der Regel ernsthaft degenerierten olfaktorischen Bulbus.[368] Eine begrenzte Verschlechterung des Geruchssinns könnte also durchaus der Anlaß für eine übergreifende Schädigung des gesamten Gehirns sein. Das wird auch aus der Tatsache deutlich, daß bei Alzheimer-Patienten das Geruchsvermögen nach einem ersten Rückfall relativ stabil bleibt, während es mit den anderen Funktionen (Gehör und Sehvermögen) kontinuierlich bergab geht (dies kann anhand eines Picture Identification Tests – kurz Pit – illustriert werden[369]). Zudem fand man heraus, daß der wichtige Neurotransmitter Noradrenalin im olfaktorischen Bulbus dementer alter Menschen wie auch bei Korsakoff- und Parkinson-Patienten in einer stark verringerten Konzentration vorkommt – ein Hinweis darauf, daß der synaptische Kontakt zwischen den Nervenzellen langsam verläuft oder gar nicht mehr zustande kommt.[370]

Es ist absolut denkbar, daß die Alzheimer-Krankheit durch einen schwindenden Widerstand gegen das chronische »Bombardement« toxischer Stoffe in den Nasenhöhlen gefördert wird – Stoffe, die zudem über das Geruchsepithel in das Nervengewebe des Gehirns vordringen.[371] Man weiß, daß bestimmte Stoffe, zum Beispiel Schwefelwasserstoff, verheerende Folgen für das Geruchsorgan haben. Möglich ist auch, daß sich mit dem Austauschprozeß der Sinneszellen giftige Stoffe mit der Zeit immer mehr in die Nähe des Gehirns verlagern, mit allen entsprechenden Folgen. Diese Annahme steht keineswegs im Widerspruch zu der noch recht neuen Erkenntnis, daß Menschen, die eine relativ lange Schulausbildung hinter sich haben, weniger Gefahr laufen, diese Form der Demenz zu entwickeln. Dies muß jedoch nichts mit der Ausbildung selbst zu tun haben. Denkbar ist auch, daß sie durch ihre lange Ausbildungszeit schädlichen Geruchsstoffen weniger ausgesetzt waren, und sei es, weil sie einer höheren sozialen Schicht angehören. Wenn diese Überlegung richtig ist, wird die Alzheimer-Krankheit zum Teil durch eine Degeneration des Geruchsorgans verursacht plus durch das »Verschleppen« giftiger Stoffe zum Gehirn.

Interessant ist bei diesen Prozessen folgender Aspekt: Die epidemiologische Forschung hat herausgefunden, daß Raucher von der Alzheimer-Krankheit weniger bedroht sind. Wie bereits gesagt, hat Nikotin eine gewisse Schutzfunktion für das Geruchsorgan (Kapitel 4). Sollte die Degeneration des Geruchssinns bei der Entstehung dieser Form von Demenz tatsächlich eine Rolle spielen, macht es einen Sinn, daß Raucher von dieser Krankheit relativ verschont bleiben. Aber wie dem auch sei – ein verhältnismäßig schnell abnehmendes Geruchsvermögen kann von einem nicht zu unterschätzenden (zusätzlichen) diagnostischen Wert beim Erkennen eines allgemeinen Demenzprozesses sein.

Bei der Alzheimer-Krankheit werden zwei Phasen unterschieden. Da die Patienten in Phase II keineswegs schlechter riechen als in Phase I, ist die Vermutung erlaubt, daß die Rückentwicklung des Geruchsvermögens (tatsächlich) im Anfangsstadium des Krankheitsprozesses stattfindet. Danach verändert sich der Geruchssinn insofern nicht, als daß er dem auch für gesunde Altersgenossen vorgezeichneten Trend folgt. Ein einsetzender Verfallsprozeß in phylogenetisch alten Teilen des Gehirns – der vielleicht zur Alzheimer-Krankheit führt bzw. dazu beiträgt – setzt sich also in diesen Bereichen nicht wirklich durch und bleibt begrenzt. Die Ursache für die ebenfalls beobachteten emotionalen Störungen liegt wahrscheinlich in einem fortschreitenden Ausfall der kognitiven Kontrollsysteme, die vom Neocortex aus gesteuert werden und das limbische System mitprägen.[372]

Einfach ist die Sache allerdings nicht. Patienten, die unter der Korsakoff-Psychose leiden, einer demenzähnlichen Krankheit, die schon in mittleren Jahren auftritt und eine Folge von Alkoholismus, vor allem jedoch schlechter Ernährung (insbesondere eines Vitamin B-Komplex-Mangels) ist, haben im Vergleich zu ihren gesunden Altersgenossen ein stark rückläufiges Geruchsvermögen. Hingegen können viele demente alte Menschen noch recht gut riechen, vorausgesetzt, man vergißt bei den entsprechenden Tests nicht, ihre verminderte Intelligenz zu berücksichtigen.[373] Hier zeigt sich im übrigen ein ähnliches Kommunikationsproblem wie bei den Versuchen mit Kleinkindern. Ein dementer alter Mensch kann kaum nach seinen Eindrücken befragt werden – die hat er so oder so wieder vergessen. Aus diesem Grunde wird der Gesichtsausdruck (Stirnrunzeln, Lächeln, Gähnen, Nase rümpfen) zusammen mit etwa zwanzig weiteren Verhaltensweisen zum Kriterium, um etwas über das Geruchs- und Geschmacksempfinden des Dementen zu erfahren.[374] Auffallend ist, daß sich demente alte Menschen in ihren Reaktionen auf Gerüche und Geschmacksstoffe kaum von ihren gesunden Altersgenossen unterscheiden. Allerdings hält ihre Reaktion auf Geruchs- und Geschmacksreize *länger* an. Relativ betrachtet wirkt sich das verminderte Geruchsvermögen also stärker auf der *Verhaltensebene* aus.

Diese Überlegungen und Fakten werfen auch die Frage auf, wie angenehm das Leben eines dementen Menschen noch ist. Möglicherweise schätzen wir die positiven Aspekte des Zurückgeworfenseins auf einen begrenzten Raum zu gering ein. Sind wir Gesunden nicht vielleicht zu stark auf die reizüberflutete, große weite Welt von Auge und Ohr, Sprache und Intellekt fixiert? Besitzt der durch seine Demenz eingeschränkte Mensch in seiner Einsamkeit nicht vielleicht – ebenso wie das naive kleine Kind – auch die Fähigkeit, die unmittelbaren, die kleinen, die wesentlichen Dinge zu genießen? Demente alte Menschen haben zum Beispiel eine sehr prägnante Sprache. Sie relativieren den Stellenwert von Status, Intelligenz und Besitz und verzichten auf eine nuancierte Äußerung ihrer Gefühle; gemeinsam über etwas zu lachen und eine Zigarette zu rauchen, empfinden sie als wichtiger. Vielleicht sind Demente in gewisser Weise genauso originell wie geistig gesunde Menschen. »Die Außenstehenden versuchen, ihn oder sie ständig in die Realität zu holen. In unsere Realität. Und reagieren irgendwann einmal gereizt: Verdammt, weiß du das denn nicht mehr? Das ist zwar ein logisches, aber nicht unbedingt richtiges Herangehen. Man sollte eher den Versuch machen, sich in ihre Welt einzuleben, sie dort so weit wie möglich zu begleiten.«[375]

Werden wir bei einer Demenz möglicherweise mehr durch konkrete, unmittelbare und nicht-intellektuelle Reize fasziniert, weil der Neocortex in seiner Gesamtheit jetzt weitaus weniger dominant ist? Und was wäre daran falsch?

Aromatherapie

In einem kurzen Exkurs hier noch einige Worte zur zunehmenden Beliebtheit von »Aromatherapien«, die in wachsendem Umfang sowohl bei psychischen wie auch bei physischen Beschwerden angewandt werden.[376]

Schon Homer empfahl, in Häusern, die Kranke beherbergten, Schwefel zu verbrennen, und von Hippokrates stammt der Vorschlag, der Pest mit brennenden Reisigbündeln zu Leibe zu rükken – eine Methode, die noch in Marseille im 18. Jahrhundert praktiziert wurde. In den eigenen vier Wänden sollte man der Pest mit Riechsäckchen, die allerlei Kräuter enthielten, Paroli bieten. In Europa wurde die Aromatherapie vor allem ab dem 16. Jahrhundert populär. So machte sich der Schriftsteller und Philosoph Montaigne für die Verwendung stimulierender Gerüche stark, einschließlich ihrer medizinischen Anwendung. Montaigne behauptete, daß Gerüche Veränderungen in ihm zustande brächten, die sehr spezifisch mit dem jeweiligen Geruch zusammenhingen. Shakespeare ließ seinen King Lear nach Zibet verlangen, um die depressive Stimmung zu vertreiben.

Der Leidener Arzt Boerhaave war fest davon überzeugt, daß man Kranke heilen könne, wenn man ihnen nackte junge Mädchen ins Bett lege. Seiner Meinung nach übte ihr Körpergeruch eine heilsame Wirkung auf einen Dahinsiechenden aus, und er behauptete, dies an einem deutschen Prinzen erfolgreich demonstriert zu haben. Auch der Bibel ist ein solcher Gedanke nicht fremd. So sollte dem König David eine schöne Jungfrau, wenn sie das Bett mit ihm teilte, das Leben verlängern. Ein Arzt berichtete in streng akademischen Ton, daß sich heilsame »apoplektische Balsame« im Gehirn verteilten, wo sie den Schleim und andere Säfte verdünnten und damit die im Gehirn angesiedelten Lebensgeister belebten und in Bewegung setzten.[377] Und ein ziemlich absurder, für nervöse Menschen gedachter Rat lautete, an Blumen zu riechen – da diese kein Nervensystem besäßen, wirke ihr Duft beruhigend.

In unserer Zeit vertreten Anhänger der Aromatherapie die Auffassung, daß die inhalierten Gerüche ebenso wie über die

Haut aufgenommene Öle sowohl das hormonelle Gleichgewicht als auch die körpereigene Abwehr und das zentrale Nervensystem beeinflussen – eine prinzipiell keineswegs falsche Behauptung. Manche Forscher beziehen diese Beeinflussung (auch) auf die Atmungsfrequenz, den Blutdruck, den Hautwiderstand und die so bezeichnete »contingent negative variation« des EEGs, bioelektrische Potentialschwankungen, die etwas über die Wachsamkeit des Gehirns aussagen.[378] Es folgen einige Beispiele zur Verwendung von Gerüchen und Essenzen bei dieser Therapieform – mit der Bemerkung am Rande, daß die Qualität der Forschungspraxis im großen und ganzen nicht sehr beeindruckend ist.

Moschus soll die Melancholie vertreiben, Basilikum, Pfefferminze, Rose, Neroli (ein aus Orangenblüten destilliertes Öl) und Nelkengewürz erhöhen, wie man sagt, die Wachsamkeit, während Sandelholz, Majoran (Oregano), Bergamottöl, Kamille und Zitrone entspannend wirken sollen. Lavendel wird ein positiver Einfluß auf Asthma, aber auch auf Ekzeme, Schlaflosigkeit und Angstsymptome nachgesagt. Außer ihrer schon genannten Funktion soll Pfefferminze auch bei geistiger Erschöpfung am Platze sein und gegen Schmerzen, Übelkeit und Magendarmprobleme helfen. Die Rose kommt bei Depressionen, Kater, Impotenz und Frigidität zum Einsatz, und Sandelholz leistet bei einer Halsentzündung gute Dienste. Rosenessenz soll der Leber, dem Magen und dem Blut gut bekommen und zudem eine antidepressive Wirkung haben. Jasminessenz wird – wegen der darin enthaltenen pheromonartigen Stoffe? – als Breitband-Tonikum verwandt, und die Essenz der weißen Lotusblume soll den Husten im Keim ersticken. Bei anderen Geruchsstoffen sind die Effekte eher wechselhaft. Während Geranienduft den einen beruhigt, macht er den anderen angeblich nervös.

Aromatherapien sollen auch mit wechselndem Erfolg bei der Bekämpfung von Suchtkrankheiten und Depressionen eingesetzt werden.[379] Dies beinhaltet unter anderem, daß die persönliche Zuwendung während der Therapie an Gerüche gekoppelt wird. Außerhalb der Therapie-Situation soll das Inhalieren dieser Gerüche eine Atmosphäre oder einen Allgemeinzustand auslösen (können), der den erneuten Griff zur Flasche oder Spritze verhindert. Da Zuwendung oder »Empathie« ein wesentlicher Bestandteil der Psychotherapie ist, kann man sich in der Tat vorstellen, daß ein Gefühl »erhaltener Zuwendung« durch die Konditionierung mit einem Geruch erneut ausgelöst werden kann. Nichts scheint entspannender zu sein, als in einem Bad von 37°C zu liegen, dabei über Kopfhörer der Meeresbrandung zu lauschen und die Augen in prächtigen Phantasiegebilden schwelgen zu lassen. Diesen paradiesischen Zustand vor Augen, entwickelte man sogar ein spezielles Gerät, einen sogenannten *Floater*, den man sich folgendermaßen vorzustellen hat: Eine Badewanne aus Glasfiber, in der man wie von einem Kokon umschlossen wird. Das Wasser enthält das nötige Quantum Bittersalz. Dies hat den Effekt, daß man in einem fast schwerelosen Zustand im Wasser schaukelt. Menschen, die *floaten*, scheinen unter anderem ihren Zeitbegriff zu verlieren; auch über die angeblich streßabbauende und schmerzstillende Wirkung des *Floatens* erzählt man sich wahre Wunderdinge.[380] Da der Geruch des Meeres (Fruchtwasser?) ebenfalls entspannend sein soll, wird auch er in der Aromatherapie verwendet.[381]

Die New-Age-Bewegung ist vielleicht als Hinwendung zu diesen unversehrten, ersten Eindrücken zu verstehen. Sucht man in der neuen Zeit das Erlebnis der Geburt? Es hat den Anschein. Verhielte es sich tatsächlich so, dann sollte die New-Age-Bewegung den Lachs zu ihrem Wappentier küren, denn bekannterweise kehrt dieser Fisch nach einem Aufenthalt im Meer zu seinen Laichgründen zurück, zu oft weit landeinwärts gelegenen Bächen und kleinen Flüssen, den Stätten seiner Kindheit. Es spricht einiges dafür, daß sich der Lachs die Gerüche dieser Flußläufe eingeprägt hat, um sich an ihnen wie an einer Art Kompaß zu orientieren.[382]

9. Abschließende Bemerkungen

Wir nähern uns dem Ende. Der Mensch wird in eine Welt hineingeboren, die einer Nebelbank, einem verworrenen Ganzen oder einer Wolke aus Atomen gleicht, aus der sich langsam eine Struktur herausbildet. In diesem unüberschaubaren Chaos, in dem jeglicher Anhalts- und Orientierungspunkt fehlt, wissen wir zunächst nicht, welchen Weg wir gehen sollen, und bringen unsere Hilflosigkeit durch Weinen zum Ausdruck. Um zu überleben, müssen wir ständig sinnvoll auf unsere Umgebung reagieren, denn dort liegen die Schätze, die wir zur Entwicklung unserer Persönlichkeit zutage fördern müssen. Dies bedeutet, daß wir unsere Umwelt immer auf ihr eigentliches Wesen, ihren inneren Kern untersuchen müssen. In der *buzzing, blooming confusion*, wie der Psychologe William James die Welt des kleinen Kindes vor rund einem Jahrhundert bezeichnete, müssen wir lernen, zwischen dem für uns Wichtigen und Unwichtigen zu unterscheiden. Dazu sind unsere Sinnesorgane wesentliche Instrumente, die das Material verfügbar machen, auf das wir so dringend angewiesen sind, um die Strukturen der Welt erkennen zu lernen. In Notsituationen hat der Einsatz der Sinnesorgane dabei auch etwas automatisches. Wenn ein Vogel bei seiner Nahrungssuche ständig von einer Wespe belagert wird, werden ihm alle schwarzgelben Insekten als verdächtig erscheinen, auch wenn darunter eßbare Arten sein sollten. Um zu überleben, ist die »nuancierte Wahrheit« nicht sehr wichtig, auch nicht für den Menschen. Wenn der Hunger groß genug ist, geraten die Tierschutzbestimmungen schnell außer Kraft.

Die grundlegende Funktion des Geruchssinns

Vielleicht entspricht der Geruchssinn noch am ehesten der grundlegenden Funktion eines Sinnesorgans, die in der Unterscheidung zwischen dem *me* und dem *not me*, zwischen dem Wesentlichen und dem Unwesentlichen liegt. Es ist natürlich unvermeidlich, daß in einem solchen Prozeß Fehler gemacht werden, dies kann auch in der Tierwelt hier und dort beobachtet werden. Entenküken, die fast genauso hilflos wie der Mensch auf die Welt kommen, folgen, wie wir bereits sagten, dem erstbesten Objekt, das sich bewegt – in der nicht ganz unsinnigen Annahme, daß es sich wohl um die Mutter handeln müsse. Wenn dieses Objekt ein Mensch ist, betrachtet ihn das Küken als Elternteil und Artgenossen und wird im Erwachsenenalter sogar versuchen, anderen Menschen den Hof zu machen.

Zweifel zeugt von Intelligenz; Zögern bedeutet, einer festgeschriebenen Regel nicht bedenkenlos zu folgen, in der Vermutung, daß es vielleicht wichtige Ausnahmen gibt. Nur durch Zweifeln wird man entdecken, daß nicht alle schwarzgelb gezeichneten Insekten Wespen sind und daß das Tier, dem man hinterherwatschelt, ein doch sehr merkwürdiger Vogel ist. In der Natur ist jedoch selten genügend Zeit, um alle Informationen zusammenzutragen, die für eine richtige Entscheidung wichtig sind. In der Regel ist *schnelles* Handeln gefragt; ein Kaninchen, das einen verdächtigen Geruch wittert, täte nicht gut daran, in eine Gesprächsgruppe zu gehen, um über die neu entstandene Situation zu diskutieren; das Tier muß unverzüglich die Flucht ergreifen.

Auch für den Menschen ist das Geruchsorgan ein wichtiges Hilfsmittel bei schnellen Entscheidungen. Der Geruch wartet ein reflektiertes Urteil oft nicht ab, sondern neigt eher dazu, direkt in die Zentren des Gehirns umzuschalten, die das Verhalten steuern. Häufig handelt es sich dabei um allgemeine Reaktionen, die mit unseren emotionalen Interessen zu tun haben und sich auf kurze Kommandos wie »weitermachen«, »aufhören«, »gut« oder »schlecht«[383] reduzieren lassen. Scherzhaft könnte man sagen, daß die Nase unpolitisch ist und einen Widerwillen gegen bürokratischen Schlendrian hat. Die Nase neigt dazu, den Verstand nicht an die erste Stelle zu setzen, da Trödeln und Zaudern katastrophale Folgen haben kann.

Dementsprechend verständlich ist es auch, warum wir im Alltag nur sehr wenige neutrale Gerüche bewußt wahrnehmen. Diese Art der Information besitzt im großen und ganzen keine - *Bedeutung*. Wenn wir etwas riechen, geht es meistens um eine angenehme oder abstoßende Empfindung. Der Geruch ist also ein ausgesprochen hedonisches und mit dem Gefühlsleben verbundenes Sinnesorgan, das in einem »Atemzug« entscheidet, ob etwas wichtig ist. Bei Bildern und Geräuschen hingegen gibt es einen großen neutralen Raum, der aufgrund von Erfahrungen auf eine sehr differenzierte Weise Farbe, Gestalt und Bedeutung annimmt. Zudem sind Auge und Ohr auf eine Welt gerichtet, die weniger von der Notwendigkeit einer raschen Entscheidung beherrscht wird.

Obwohl das Geruchsorgan, abgesehen von den etwas direkteren Verbindungen zum Verhalten, durchaus Irrtümern und in gewisser Hinsicht vielleicht auch Illusionen unterliegt, werden seine Mitteilungen sowohl vom Menschen als auch vom Tier als zuverlässig erfahren, so daß auffallend wenig Raum für Zweifel bleibt. Wenn man etwas riecht, muß es auch und vor allem etwas *Bedeutungsvolles* geben, das diesen Geruch abgibt. Diese Funktion des Geruchs erklärt auch unsere nur begrenzt entwickelte Fähigkeit, sich Gerüche einzubilden.

Menschen, die Tag für Tag mit Gerüchen zu tun haben (Parfümeure u. ä.) behaupten, sich Gerüche mühelos einbilden zu können (»hineinzuriechen«), aber das ist nur in geringem Maße der Fall.[384] In der Regel tauchen Erinnerungen an einen Geruch und an den Kontext, in dem er eine Rolle gespielt hat, erst dann auf, wenn er erneut wahrgenommen wird. Man kann sich seine alte Schule noch einigermaßen vor Augen führen, hat die Geräusche im Klassenraum noch in etwa im Ohr – was jedoch weiß man noch von den Gerüchen, die sich dort breitmachten? Jeder kennt den Geruch von Tannennadeln, aber so detailliert, wie man eine Tanne vor seinem geistigen Auge entstehen lassen und eventuell zeichnen kann, so ausdrucks- oder wesenlos bleibt in unserer Vorstellung der dazugehörige Duft. Wir werden uns den Baum ins Haus holen müssen, wollen wir seinen Geruch richtig wahrnehmen. Daß dies alle Jahre wieder zu Weihnachten geschieht, könnte mit der aggressionsdämpfenden und angstreduzierenden Wirkung des Tannennadelduftes zusammenhängen – und das ist durchaus kein überflüssiger Luxus, denn Spannungen im zwischenmenschlichen Bereich drohen vor allem an hohen Festtagen zum Ausbruch zu kommen.

Obwohl wir bis zu einem gewissen Grad lernen können, unser Geruchsvermögen zu verfeinern oder zu verändern, ist es schwer, eine Aversion gegen einen bestimmten Geruch abzubauen. Solche Formen der Konditionierung bilden sich schnell heraus und halten sich hartnäckig. Untersuchungen haben ergeben, daß ein an sich neutraler Geruch, der in einer bestimmten Situation verbreitet wurde, sehr schnell als markant für vergleichbare Gegebenheiten empfunden wird. Das kann dazu führen, daß der Geruch in einem anderen Kontext Reaktionen auslöst, die der ursprünglichen Situation entsprechen.[385] Wer sich den Kopf über einem unlösbaren Puzzle zerbrochen hat, während er in einem Raum saß, in dem ein eigenartiger Geruch schwebte, wird, wie wir gesehen haben, Versagensängste entwickeln, wenn er diesem Geruch unter anderen Umständen wiederbegegnet. Kerosingeruch hat einen fatalen Einfluß auf unsere Gemütsruhe, wenn wir irgendwann einmal ein Flugzeugunglück mitgemacht haben. Wenn die Blasen im Whirlpool auch nur einen Hauch von Kerosin verbreiten, werden Menschen, die eine Flugzeugkatastrophe erlebt haben, wohl kaum auf die entspannende Wirkung eines solchen Bads hoffen dürfen, auch wenn die anderen Sinnesorgane signalisieren, daß es keinerlei Grund zur Beunruhigung gibt. Hat sich eine bestimmte Einschätzung mit einem Geruch erst einmal verknüpft, wird dieses Urteil selten seinen starren Charakter verlieren. Man kann sich durchaus an einen Geruch gewöhnen, aber das ist in erster Linie eine Folge der Adaption oder Habituation und bedeutet nichts anderes, als daß man ihn nicht mehr *bewußt* wahrnimmt. Weitaus weniger schnell verläuft ein Gewöhnungsprozeß, wenn Gerüche auf unser Gefühlsleben und Verhalten einwirken. Außerdem ist es möglich, daß jemand auf einen adaptierten oder schwachen Geruch ausschließlich *körperlich* reagiert. Nur bei hartnäckigen und üblen Geruchsassoziationen könnte man also sagen, daß anosmische Menschen eigentlich zu beneiden sind.

Abgesehen von den großen inter- und intramenschlichen Unterschieden im Differenzierungsvermögen und bei der Bewertung von Gerüchen werden die Mitteilungen des Geruchsorgans insofern objektiv gedeutet, als daß die Quelle dieser Wahrnehmung in unserer Umgebung existieren muß. Zumindest erwarten wir dies eher bei Gerüchen als bei Bildern oder Geräuschen. Die Sterne, die vor unseren Augen tanzen, wenn wir zu plötzlich aufgestanden sind, sind für uns nicht eine Laune unserer Umgebung, sondern wir schreiben sie einem niedrigen Blutdruck oder ähnlichem zu. Hohe Pfeiftöne lassen uns nicht etwa an die Gesangsstunde einer Mäusefamilie denken – sie deuten eher auf eine Verengung der Blutgefäße im Ohr oder auf eine Lärmschädigung unseres Gehörs hin. Im Gegensatz dazu projektieren wir die Quelle der wahrgenommenen Gerüche außerhalb des Sinnesorgans, d. h., wir denken weitaus weniger an eine Form der Sinnestäuschung oder an einen prekären Zustand der Nase selbst bzw. des Körpers, zu dem sie gehört.

Es ist bekannt, daß alte Menschen sehr oft unter Geruchshalluzinationen leiden. Dies kann unterschiedliche Ursachen haben. Manchmal ist die Funktion der Arteria vertebralis, die einen Teil des Gehirns mit Blut versorgt, durch ein »Einsinken« der Halswirbel gestört. Zweitens befördert der Verlust des Geruchsvermögens Geruchshalluzinationen.[386] Und schließlich wissen wir, daß die Riechzellen spontan aktiv sind und auch in einer fast geruchsneutralen Umgebung Signale an das Gehirn weiterleiten. So kann es geschehen, daß Menschen einen Geruch wahrzunehmen meinen, der nicht vorhanden ist (falscher Alarm). Dabei spielt Suggestion eine wichtige Rolle, aber es handelt sich hier um etwas völlig anderes als pure Einbildung.

Die Teilnehmer eines Geruchstests haben die Erwartungshaltung, *etwas* riechen zu müssen.

Dazu eine kleine Anekdote.[387] Während eines Seminars bat der Dozent seine Studenten um ihre Mitarbeit bei einem Test zur Illustration der Diffusionsgeschwindigkeit eines Stoffes im Raum. Er nahm eine kleine Flasche aus einem Behälter mit Watte, schraubte sie vorsichtig auf, tränkte einen Baumwollappen mit der Flüssigkeit und hielt diesen Lappen mit abgewandtem Gesicht in Richtung Seminar. Sobald die Studenten etwas riechen sollten, hatten sie als Zeichen, daß die sich nach hinten ausbreitende »Wellenfront« bei ihnen angekommen war, die Hand zu heben. Schon sehr bald streckten die in den ersten Reihen sitzenden Studenten die Hand nach oben, wonach sich die Geruchsfront nach hinten verlagerte. Dreiviertel der Studenten nahm den als eklig bezeichneten Geruch ganz offensichtlich wahr, und auch die anderen hätten sich wahrscheinlich gemeldet, hätte das Experiment nicht nach kurzer Zeit abgebrochen werden müssen, da einigen in den ersten Reihen so übel wurde, daß sie den Raum zu verlassen wünschten. Dies hielt der Dozent für den geeigneten Zeitpunkt, um seinen Studenten mitzuteilen, daß der besagte Lappen mit Wasser beträufelt war.

Zum Schluß

Wir schließen mit einer Reihe Tips und Anmerkungen, die sich aus unserer Darstellung ergeben haben.

Allgemein
– Der Eindruck, den ein Geruch macht, hängt stark von seiner Konzentration ab; stinkende Substanzen können bei geringer Konzentration sogar angenehm riechen.
– Wer möglichst viel riechen will, tut gut daran, sich kriechend fortzubewegen oder sich bei Konferenzen bzw. anderen Zusammenkünften auf den Fußboden zu legen.
– Es ist denkbar, daß ein Geruch, je nach dem Nasenloch, durch das er inhaliert wird, einen etwas anderen Eindruck hervorruft.
– Die unbewußte Beeinflussung durch einen Geruch kann bewirken, daß jemand etwas tut, läßt oder fühlt, ohne seine Handlungsweise richtig zu verstehen.
– Gerüche können recht eingreifende körperliche Veränderungen hervorrufen, ohne daß uns dies bewußt ist.

- Unbewußte körperliche Reaktionen auf Gerüche kommen weniger häufig vor, wenn wir den Geruch benennen können.
- Gerüche sind im allgemeinen schwer zu verbalisieren, da das Geruchsorgan vor allem Verbindungen zu evolutionär alten, nicht direkt mit den Sprachzentren verknüpften Teilen des Gehirns und mit der rechten Gehirnhälfte hat. Aus analogen Gründen haben wir im großen und ganzen Mühe, uns Gerüche »vorzustellen«.
- Bei einer vermutlichen (Brand-)Gefahr ist es vernünftiger, einige Male kurz zu schnüffeln, als die Luft lange, das heißt in einem langen Atemzug, zu inhalieren. Wenn man nicht genau weiß, ob ein Brandgeruch in der Luft liegt, sollte man kurz nach draußen gehen, um der Nase die Gelegenheit zur Regeneration zu geben, und anschließend nochmals riechen.
- Das Kurz-Geruchsgedächtnis funktioniert nach ungefähr zwölf Sekunden am besten.
- Wenn die Richtung einer Geruchsquelle geortet werden muß, sollte man *kurz* schnüffeln. Zudem sollte der Kopf in verschiedene Richtungen bewegt werden.
- Es ist möglich, daß die Wahrnehmung des einen Geruchs die eines anderen völlig verändert.
- Geruchsstoffe scheinen eine höhere Intensität zu besitzen, wenn sie eingefärbt wurden.
- Manchmal kann Gestank bekämpft werden, indem man dem Gemisch einen ebenfalls unangenehm riechenden Stoff in kleinen Mengen beimischt. In einem solchen Fall kann es zu einer Maskierung kommen. Umgekehrt kann die Beimischung eines angenehm riechenden Stoffes den Gestank verschlimmern – ein Effekt, der sogar dann auftreten kann, wenn man dem Gemisch einen geruchsfreien Stoff beifügt.
- In Gebäuden, deren Fenster sich nicht öffnen lassen, sollten möglichst keine Klimaanlagen eingebaut werden. In derartigen Gebäuden hängt oft ein nicht lokalisierbarer und undefinierbarer Gestank, der chronisch irritierend und auf Dauer sogar alarmierend wirkt und häufig zu einer nachlassenden Produktivität und einem unnötigen Krankheitsausfall führt.
- Es empfiehlt sich, beim Essen wenig zu reden und nicht zu rauchen. Reden mit (teilweise) vollem Mund ist nicht nur un-

höflich, sondern beeinträchtigt auch den Genuß, der vor allem durch die Gerüche (der Mahlzeit) bestimmt wird, die aus der Mundhöhle zum Riechorgan vordringen. Davon abgesehen hat Rauchen, auch während des Essens, einen negativen Einfluß auf die Sensibilität des Geruchsorgans.

– Beim Essen sollte man im Prinzip nicht alles durcheinanderwerfen, sondern sukzessiv von den unterschiedlichen Bestandteilen kosten, um so einem Gewöhnungseffekt und einem Sensibilitätsverlust von Geruch und Geschmack vorzubeugen.
– Vor dem Essen sollte man nicht allzu intensiv an der Mahlzeit schnuppern. Dies kann eine ganz andere Wahrnehmung hervorrufen als die von Geruch und Geschmack gemeinsam erzeugte.

Individuelle Unterschiede
– Zwischen dem dreißigsten und vierzigsten Lebensjahr ist das menschliche Geruchsvermögen am besten.
– Geruchsspezialisten wie Parfümeure vermögen, entgegen ihrer Behauptung, kaum besser zu riechen als andere Menschen.
– Blinde haben keine feineren Nasen als Sehende; ihre Schwellenwerte sind sogar oft schlechter.
– Verglichen mit anderen Sinnesorganen ist das Geruchsvermögen nicht nur von Mensch zu Mensch enorm unterschiedlich, sondern auch beim Einzelnen großen Schwankungen unterworfen.
– Raucher haben ein relativ schlechtes Geruchsvermögen. Wenn man mit dem Rauchen aufhört, kann es sich allerdings nach einigen Monaten regenerieren.
– Alte Menschen sind gut beraten, ihr Essen mit künstlichen Geschmacks- und Geruchsstoffen anzureichern – eine Empfehlung, die sich auch die Verantwortlichen von Altenheimen, Pflegeeinrichtungen, Krankenhäusern u.ä. zu Herzen nehmen sollten.
– Alte Menschen leiden häufig unter Geruchshalluzinationen.

Männer und Frauen
- Frauen haben im allgemeinen ein besseres Geruchsvermögen als Männer.
- Die Beurteilung, ob Lebensmittel verdorben sind, sollte man besser einer Frau als einem Mann überlassen.
- Wenn es um die namentliche Bezeichnung eines Geruches geht, sollte man sich an eine Frau wenden.
- Während der Menstruation haben Frauen ein relativ schlechtes Geruchsvermögen.
- Es ist häufig zu beobachten, daß sich der Menstruationszyklus verkürzt, wenn Frauen viel mit Männern zusammen sind.
- Der Extrakt männlichen Schweißes kann den Menstruationszyklus in seiner Regelmäßigkeit beeinflussen.
- Bei zusammenwohnenden Frauen ist eine Tendenz zur Synchronisation ihres Menstruationszyklus zu erkennen.
- Der Atem (und der Körpergeruch) von Männern und Frauen unterscheidet sich insofern, als daß der Geruch des Mannes im Durchschnitt prägnanter ist. Es ist allerdings fraglich, ob die Benutzung von Mundwasser zu empfehlen ist.
- Wenn man erreichen möchte, daß männliche Arbeitnehmer weniger Zeit auf der Toilette verbringen, sollte man der Luft pheromonartige Stoffe zusetzen (z.B. Achselschweiß).
- Ein Schnurrbart kann dafür sorgen, daß sowohl angenehme wie unangenehme Düfte länger festgehalten werden.

Mentale Verfassung und Leistungen
- Der Geruch ist insofern ein besonderes Sinnesorgan, als daß Gerüche das Gehirn, das Hormonsystem und folglich auch das Verhalten beeinflussen. Umgekehrt wirken das Gehirn und eine Anzahl körperlicher Prozesse auf den Geruchssinn ein. Zwischen der allgemeinen Aktivität des Gehirns und der Funktion des Geruchsorgans besteht eine wechselseitige Beeinflussung.
- Man sollte möglichst viel durch die Nase statt durch den Mund atmen. Aus vielerlei Gründen ist die Nasenatmung für alle körperlichen Funktionsprozesse vorteilhafter. Hinzu kommt, daß man mehr riecht und dies im Prinzip dem allgemeinen Wohlbefinden, der Stimmungslage und der Konzentrationsfähigkeit (auch bei Kindern) zugute kommt.

- Die Durchlässigkeit der Nasenlöcher verlagert sich in einem Rhythmus von etwa drei Stunden. Wenn das rechte Nasenloch offen ist, ist die linke Gehirnhälfte (Sprache, Denken) relativ aktiv, während ein durchlässiges linkes Nasenloch mit einer verhältnismäßig regen Aktivität in der rechten Hemisphäre korrespondiert (unter anderem räumliches Vorstellungsvermögen und die Erfahrung von Emotionen).
- Gerüche lösen im Prinzip zwei Reaktionen aus, und zwar auf der intellektuellen und auf der emotionalen, sprich Verhaltensebene. Da die rechte Gehirnhälfte beim Riechvorgang stark aktiviert wird, kann die emotionale Reaktion dominant sein.
- Die Wachsamkeit kann durch Gerüche sowohl geschärft wie auch abgeschwächt werden.
- Gerüche können die Stimmungslage beeinflussen.
- Gerüche haben hin und wieder eine gewisse Auswirkung auf Arbeitsleistungen, das Kaufverhalten wie auch auf Aggressionen und Angstgefühle. Bei weitem nicht alle diesbezüglichen Behauptungen sind jedoch gut untermauert.
- Man sollte daran denken, daß die Luft in einem Schlafzimmer (auch in einem Kinderschlafzimmer) den Schlaf sowohl negativ wie positiv beeinflussen kann.
- Es ist normal, daß Gerüche (gefühlsbesetzte) Erinnerungen an Ereignisse hervorrufen, die man anscheinend schon lange vergessen hatte.
- Man sollte weder Mühe noch Kosten scheuen, der eigenen Wohnung ein angenehmes Fluidum zu geben. Sehr wahrscheinlich wird man sich dann nicht nur wohler fühlen, sondern sich auch an mehr angenehme Dinge erinnern.
- Man sollte im Hinterkopf behalten, daß ein »Versagen« ebenso wie Angstgefühle unter bestimmten Gegebenheiten mit einem Geruch zu tun haben können, der zufällig in einem Raum hing. In einem solchen Fall tut man gut daran, diesen Geruch zu vermeiden, da er in anderen Situationen eine grundlose (Versagens-)Angst auslösen kann.
- Viele Gerüche sind mit bestimmten Farben assoziiert.

244

Körpergerüche
- Manches weist darauf hin, daß Kinder bereits in der Gebärmutter duftartige Empfindungen erleben, die für ihre spätere Entwicklung eventuell von Bedeutung sein können.
- Im allgemeinen trinken Babys beim Stillen besser als bei der Fütterung mit der Flasche, da sie den Geruch der Mutter intensiver wahrnehmen.
- Häufig weinen kleine Kinder weniger, wenn man ihnen ein von der Mutter getragenes und ungewaschenes Kleidungsstück neben den Kopf in die Wiege legt.
- Mütter und Kinder können sich an ihrem Körpergeruch erkennen. Dies ist auch auf andere Familienmitglieder und Geschwister übertragbar.
- Menschen können ihren eigenen Körpergeruch sehr gut von dem anderer unterscheiden.
- Bei der Ausprägung des Körpergeruchs spielen sowohl Erbfaktoren als auch die Ernährungsweise eine Rolle.
- Es ist möglich, daß eine instinktive Abneigung gegen einen bestimmten Menschen auch mit dessen Körpergeruch zusammenhängt.
- Die Intensität des Körpergeruchs wird in hohem Maße durch die jeweilige ethnische Zugehörigkeit und den Kulturkreis bedingt.

Parfüms
- Ein gutes Parfüm entfaltet drei aufeinanderfolgende Düfte.
- Man sollte keine billigen Parfüms kaufen, da diese oft aus Gemischen bestehen, deren Komponenten eine ungleiche Gewöhnungszeit haben. Dies kann dazu führen, daß ein Parfüm zunächst zwar angenehm duftet, kurze Zeit später jedoch aufdringlich riecht.
- Ein Parfüm entfaltet nicht bei jedem dieselbe Duftnote. Dies steht im Zusammenhang mit Interaktionen und chemischen Reaktionen mit Stoffen, die den Körpergeruch prägen.
- Männer geraten im allgemeinen in Verwirrung und neigen gleichzeitig zu einer negativen Urteilsbildung über eine Frau, wenn diese *sowohl* parfümiert *als auch* formell gekleidet ist. Bei Frauen sind diese Reaktionen weniger zu beobachten.

– Menschen mit kleinen Kindern sollten sich *entweder* nicht zu stark parfümieren *oder* dies immer tun. Wenn man nur gelegentlich ein Parfüm auflegt, kann dies bei dem Kind einen Widerwillen gegen den Duft auslösen, da es ihn mit Verlassenwerden assoziiert.

Sexualität

– Es wird behauptet, daß manche Pflanzen nach Sperma beziehungsweise nach den weiblichen Geschlechtsorganen riechen.
– Während der Pubertät schlägt die Bewertung vieler Gerüche um. Insbesondere die Geruchssensibilität von Mädchen nimmt in dieser Zeit stark zu.
– Sexuelle Stimulation kann zu einem Anschwellen der Nasenschleimhaut führen und ein Niesen auslösen.
– Beim Menschen sind wenig eindeutige Hinweise auf die Wirkung spezifischer Sexualpheromone zu entdecken. Allerdings können pheromonartige Stoffe unbewußt einen gewissen Einfluß auf das körperliche und emotionale Funktionieren ausüben.
– Tierische Pheromone, ob sie nun in Parfüms verarbeitet wurden oder nicht, beeinflussen in gewisser Weise unser Urteil über andere.
– Sofern Pheromone unser Verhalten beeinflussen, sind die betreffenden Auswirkungen bei Männern und Frauen etwas unterschiedlich.
– Frauen können in ihrer Stimmung durch männliche pheromonartige Stoffe beeinflußt werden. Diese Stoffe werden vor allem im Achselschweiß und, wenn auch in geringerer Menge, im Speichel angetroffen. Bei Farbigen kommen diese Stoffe in hohen, bei Menschen aus dem asiatischen Raum nur in sehr geringfügigen Konzentrationen vor. Bekannt ist auch, daß diese sogenannten Androstene Frauen in gewisser Weise »milde« stimmen, während sie bei Männern oft Widerwillen erzeugen.
– Das Rasieren der Achselhöhlen bewirkt, daß Pheromone, sofern sie beim Menschen wirksam sind, in ihrem Einfluß erheblich abgeschwächt werden.

– Frauen finden Aftershave im allgemeinen angenehmer als Männer. Die Frage, ob ein Mann klug handelt, wenn er ein Aftershave benutzt, hängt (also) auch davon ab, wie intensiv seine (geschäftlichen) Kontakte zu beiderlei Geschlechtern sind.

Geruchsstörungen und Krankheiten
– Der Verlust des Geruchssinns kann oft zu Verschlimmerungen von Depressionen oder Gedächtnisstörungen führen, außer es handelt sich um eine angeborene Geruchsblindheit.
– Bei Malerarbeiten im Haus sollte man vorsichtig sein. Sie können zu dauerhaften Schädigungen des Geruchssinns führen – es sei denn, man legt ab und zu eine Zigarettenpause ein.
– Bei Störungen des Geruchssinns sollte man nicht zu irgendeinem Arzt gehen, sondern sich einem der wenigen Experten auf diesem Gebiet anvertrauen. Fälle einer spontanen Genesung sind nicht selten, brauchen aber Zeit. Manche Störungen können durchaus behandelt werden.
– Geruchsstörungen sind immer auch Störungen des Geschmackssinns.
– Man sollte immer an die Möglichkeit denken, daß eine Störung des Geruchssinns ein Hinweis auf eine geistige oder körperliche Erkrankung sein *kann*, die mit dem Geruchssinn selbst nichts zu tun hat.
– Es gibt unterschiedliche Krankheiten, darunter auch Tumore der Hypophyse, die zu einer beträchtlichen Verfeinerung des Geruchsempfindens führen können.
– Demenz setzt nicht selten mit einer Verschlechterung des Geruchsvermögens ein.
– Raucher sind vielleicht weniger von der Alzheimer-Krankheit bedroht, da Nikotin eine gewisse Schutzwirkung für das Geruchsorgan hat.
– Der Atemgeruch kann etwas über eine mögliche Erkrankung aussagen.
– Wenn jemand nicht mehr in der Lage ist, zwischen zusammengehörigen Gerüchen (wie dem einer Zigarette und einer schwelenden Kippe) einen Zusammenhang herzustellen, leidet er möglicherweise unter einer Schädigung der rechten Gehirnhälfte.

- Bestimmte Medikamente haben einen negativen Einfluß auf die Funktion des Geruchssinns. Dies gilt auch für einige Antidepressiva, die unter Umständen zur Verschlimmerung eines depressiven Zustands beitragen können.
- Ob sich mit einer Aromatherapie bedeutsame Erfolge erzielen lassen, ist noch nicht bekannt.
- Da Gerüche und Düfte vielfältige Assoziationen und Erinnerungen auslösen, wären Krankenhäuser gut beraten, für mehr atmosphärische Abwechslung zu sorgen.

Anmerkungen

1 Ein guter venöser Druck im Brustkorb ist für den gesamten Blutkreislauf von Bedeutung. Des weiteren scheinen Entzündungen des Mittelohrs und der Kopfhöhlen etwas weniger häufig vorzukommen, der Gang ist ein wenig aufrechter, bei Kindern soll das Konzentrationsvermögen zunehmen u.ä.

2 Wenn nicht anders angegeben, ist ein großer Teil dieses Abschnitts dem kulturhistorischen Abriß von Corbin (1986) entnommen.

3 Stoddart (1990).

4 Das >Hören< der sphärischen Harmonien wurde als *Akroasis* bezeichnet.

5 Eine Auffassung, die keineswegs ungewöhnlich war. So meinte man auch, daß es einen gesonderten >Wärmestoff< gebe *(Phlogiston)*.

6 Stoddart (1990). Möglicherweise sind diese Art Ideen antiken Ursprungs. Sowohl Hippokrates als auch die römischen Dichter Horaz und Juvenal vertraten die Auffassung, daß die Atmosphäre im Spätsommer und Herbst häufig Fieberanfälle verursache.

7 Völlig abwegig ist dieser Gedanke insofern nicht, als daß schädliche Stoffe über die Nase das Gehirn angreifen können. Siehe Kapitel 8.

8 Auch diese Vorstellung läßt sich wahrscheinlich bis in die Antike zurückverfolgen. Das Krankenhaus des Hippokrates und die Arbeitsräume von Ärzten werden wie folgt beschrieben: »Die Atmosphäre im *iatreion* wird durch eine spezielle Krankenhausluft geprägt: Der Rauch einer Esse, in der die Werkzeuge zur Kauterisation rotglühend gehalten wurden, Dämpfe brodelnder Pharmaka, das Aroma von Kräutern, Harzen und Gewürzen in den Regalen und ein Hauch gerösteten menschlichen Fleisches.« In: Hoes (1994).

9 Die Römer teilten den Vorgang des Badens in drei Phasen ein. Im *unctuarium* versah man sich mit Duftstoffen, das *frigidarium* diente zur Abkühlung, und abschließend betrat man das *tepidarium*, das warme Bad, wo man von einem Sklaven abgeschrubbt wurde.

10 Siehe Vroon & Draaisma (1986). Ungefähr zur selben Zeit erschien auch das erste Buch über ein >unbewußtes Seelenleben< von C.G. Carus.

11 Stoddart (1990).

12 Zitate aus Corbin (1984).

13 Siehe z.B. Amoore (1970). In der Antike wurde dieser Gedanke bereits von Lucrez geäußert.

14 Köster (1971).

15 In: Corbin (1984).

16 Nicht veröffentlichte Studie von A.P.J. Hendriks.

17 Stoddart (1990).

18 Siehe z.B. Engen (1982).

19 Wallraff (1990).

20 Sheldrake (1994). Es ist noch immer nicht bekannt, welcher Mechanismus Tauben den Weg zu ihrem heimischen Schlag finden läßt. An der Universität Utrecht hat man vor kurzem Experimente durchgeführt, bei denen man den Schlag verlegte. Es zeigte sich, daß die Tauben sich an der Stelle niederließen, an denen sich der Schlag befunden *hatte*.

21 Limbisch ist abgeleitet von *Limbus*, Streifen oder Band. Es handelt sich hier um eine Anzahl Strukturen, die sozusagen um den Hirnstamm gewunden sind.

22 Eine Ausnahme bildet die sogenannte ›limbische Sprache‹, also Ausrufe von Angst, Ekel und Schmerz. Diese Ausrufe oder Äußerungen entstammen vermutlich dem limbischen System (siehe Vroon, 1992). Bei Emotionen gibt es im Zentralnervensystem einen »schnellen« und einen »langsamen« Verarbeitungsweg. Auf der schnellen Route führt ein Reiz unmittelbar zu einer emotionalen Reaktion, so daß sich die betreffende Person im Nachhinein oft über das eigene Verhalten wundert.

23 Corbin (1984), Jerison (1982).

24 Siehe zu einer diesbezüglichen Diskussion Roede u. a. (1991); ein glühender Verteidiger der Wassermensch-Hypothese ist Morgan (1990).

25 Heppner (1987).

26 Gibbons (1996), Stoddart (1990).

27 Costanzo & Graziadei (1987).

28 Die hauptsächlich in diesem Teil verwendeten Quellen sind: Costanzo & Graziadei (1987), Engen (1982), Lancet (1986), Macrides u. a. (1985), Moran u. a. (1991), Mozell (1971), Price (1985, 1987), Scott & Harrison (1987), Shipley & Reyes (1991), Stoddart (1990).

29 Siehe van Toller u. a. (1985).

30 Sie können das selbst folgendermaßen nachvollziehen: Zeichnen Sie auf einem Stück Papier einen Stern und setzen Sie beliebig diverse Punkte um ihn herum. Fixieren Sie den Stern: Nach einiger Zeit werden einige Punkte plötzlich verschwinden (das Troxler-Phänomen).

31 Mozell u. a. (1969), besprochen in Engen (1982).

32 Nach Engen (1982).

33 Man bezeichnet dieses Phänomen als intermodale Interaktion; es gilt bis zu einem gewissen Grade für alle Sinnesorgane.

34 Snyder u. a. (1989).

35 Moran u. a. (1991).

36 In diesem Buch werden verschiedene Tierversuche beschrieben, die nach heutiger Auffassung ethisch kritikwürdig sind. Angesichts der Tatsache, daß sie stattgefunden haben, wäre es jedoch wenig sinnvoll, die Ergebnisse zu ignorieren. Die jetzt gültige EU-Richtlinie für den Einsatz von Versuchstieren soll noch weiter verschärft werden. In den Niederlanden ist ein Gesetz in Vorbereitung, das unter anderem vorsieht, daß eine Kommission ein Forschungsprojekt bereits im Vorfeld auf seine (unter anderem) gesellschaftliche Relevanz prüft und auch während der Durchführung das Recht auf Einsicht in die Protokolle besitzt.

37 Stoddart (1990).

38 Claassen (1993).

39 Lancet (1986).

40 Doty u. a. (1981), siehe auch Kapitel 6.

41 Nach Carr u. a. (1990).

42 Siehe z. B. Shipley (1985).

43 Anholt (1987).

44 Farbman (1990).

45 Moran u. a. (1991).

46 Debagge u. a. (1982), Gibbons (1986), Gonzales & Farbman (1984).

47 Morrison & Graziadei (1983), Costanzo & Graziadei (1987).

48 Da die beiden nun folgenden Paragraphen von ihrem Inhalt her recht tech-
    nisch gehalten sind, kann der Leser sie nach Wunsch überschlagen bzw. über-
    fliegen. Einige der hier verwendeten Quellen sind: Carr u. a. (1990), Chast-
    rette & Zakarya (1991), Getchell & Getchell (1987,1991), Korsching (1991),
    Lancet (1986), Lancet & Pace (1987), Margolis (1985), Pace u. a. (1985), Price
    (1984), Sicard & Holley (1984), Snyder u. a. (1988, 1989).

49 Lancet hat diesbezüglich neun Kriterien erarbeitet (1986), die zu nennen hier
    zu weit führen würde.

50 Price (1984).

51 Gibbons (1986), Tisserand (1988). Dieses Prinzip gilt insofern auch für ande-
    re Sinnesorgane, als daß ein Abdecken der Augen und Ohren Neugeborener
    zu Taubheit bzw. Blindheit führt.

52 Nach Freeman (1991), siehe auch Macrides u. a. (1985), Scott & Harrison
    (1987).

53 Shipley & Reyes (1991).

54 Sicard & Holley (1984), Kauer (1987).

55 Siehe Kauer (1987) für ein theoretisches Modell.

56 Haberly & Bower (1989), Freeman (1991).

57 Price (1985, 1987).

58 Shipley & Reyes (1991).

59 Kerverne u. a. (1986), Silver (1987).

60 Wysocki & Meredith (1987).

61 Cain & Murphy (1980).

62 Silver (1987).

63 Wysocki & Meredith (1987).

64 Stoddart (1990).

65 Stuiver (1958).

66 Einige Namen und Veröffentlichungen, die in diesem Zusammenhang ge-
    nannt werden können, sind: Koelega (1980) und Köster (1971), Universität
    Utrecht (wo der Fachbereich Geruchsforschung in den achtziger Jahren auf-
    gelöst wurde). Auch an der Landwirtschaftlichen Universität Wageningen
    (z. B. Schiet & Frijters, 1988) und im Uni-Lever-Forschungslabor in Vlaar-
    dingen (Overbosch, 1986) fanden wissenschaftliche Untersuchungen zur
    Psychophysik des Geruchs und Geschmacks statt.

67 Corbin (1984).

68 Siehe Engen (1982), Stoddart (1990), *Hèdoné* ist das griechische Wort für
    Lust oder Genuß.

69 Siehe die Flora von Heukels & van Ooststroom (1977).

70 *La fleur de châtaignier*, Wiedergabe in Stoddart (1990).

71 Doty (1991a).

72 Henning (1924).

73 Siehe z. B. Köster (1971).

74 Arctander (1969), Chastrette u. a. (1988).

75 Amoore (1970). Ein Gedanke, der bereits bei Lucrez auftaucht. Ferner trifft
    man auf diese Auffassung auch in der Pharmakologie: Man vermutet, daß sich
    Medikamente aufgrund ihrer Form an »Löcher« in den Zellmembranen heften.

76 Siehe auch Geldard (1972).
77 Chastrette & Zakarya (1991), Ohloff (1986).
78 Pike u. a. (1988).
79 Vroon, unveröffentlichte Studie.
80 Marks u. a. (1988).
81 Man benutzt hierzu die »Signal-Detektionstheorie«; siehe Doty (1991a).
82 Warren u. a. (1992).
83 Rabin & Cain (1986).
84 Engen (1982).
85 Stevens u. a. (1988).
86 Cometto-Muñiz & Cain (1990).
87 Siehe Köster (1971) und Köster & De Wijk (1991).
88 Siehe z. B. Cain & Polak (1992), Köster (1971).
89 Engen (1982).
90 Cain (1977), siehe auch Köster & De Wijk (1991).
91 Slotnik & Pazos (1990).
92 Cain (1977). Köster (1971) nennt sogar sieben mögliche Lokalisationen des Adaptionsprozesses, zwischen denen er sich nicht entscheiden kann.
93 Borroni & Atema (1988).
94 Gross-Isseroff & Lancet (1988).
95 Siehe dazu Corbin (1984). Nebenbei bemerkt: Die Behauptung, es gäbe keine Aphrodisiaka, ist keineswegs zutreffend. Die Nebenniere produziert unter anderem den Stoff dehydroepiandrosteron (in der Regel als DHEA bezeichnet), einen Vorläufer der männlichen und weiblichen Geschlechtshormone. Eine gehörige Menge dieses Stoffes steigert den Geschlechtstrieb.
96 Natürlich gibt es in den Kontrollräumen eine Alarmanzeige für Schwefelwasserstoff. Diese ist jedoch manchmal so fein gestellt, daß das Personal den Alarm ausschaltet.
97 Van Toller u. a. (1985), Mennella & Beauchamp (1991).
98 Siehe Engen (1982), Enns & Hornung (1985), Laing (1991).
99 Murphy (1987).
100 Köster, in: Wagenaar, Vroon & Janssen (1978).
101 Mozell (1971).
102 Laing & Willcox (1983).
103 Laing & Francis (1989).
104 Laing & MacLeod (1992).
105 Laing & Glemarec (1992).
106 Laska & Hudson (1992).
107 Laing & Willcox (1983).
108 Morgan (1990).
109 Die Wasseraffenhypothese deckt sich nicht recht mit der Tatsache, daß die abwechselnde Durchlässigkeit der Nasenlöcher auch bei Nicht-Wasserratten vorkommt (Stoddart, 1990).
110 Siehe bei Vroon (1992) eine Reihe von Beispielen. Stephen Jay Gould sagt an einer Stelle: »Überreste aus der Vergangenheit, die nach gegenwärtigen Begriffen keinen Sinn mehr ergeben – die nutzlosen, die merkwürdigen, die eigentümlichen, die widersinnigen – tragen die Signatur der Geschichte.«

Dieses Phänomen ist noch rätselhafter, wenn man sich klar macht, daß beim Riechen vor allem die rechte Gehirnhälfte aktiv ist. Die genannte Beobachtung wurde gemacht, während die Testpersonen nichts Besonderes rochen. Es wäre interessant zu verfolgen, was bei einem kontinuierlichen Inhalieren von Gerüchen geschieht: Vielleicht haben diese Gerüche, abhängig von dem jeweiligen Nasenloch, eine unterschiedliche Qualität.

111 Das abwechselnde und intensive Einatmen durch nur ein Nasenloch ist im übrigen beim Yoga schon von alters her bekannt.
112 Kobal u. a. (1989).
113 Laing & MacLeod (1992), Freeman (1991).
114 Beim Sehen wird dieses Phänomen als laterale Inhibition bezeichnet, was bedeutet, daß es sich nur auf einer Netzhaut abspielt.
115 Doty (1991b).
116 Hepper (1987).
116 Teicher & Blass (1977).
118 Mennella & Beauchamp (1991).
119 Doty (1991b).
120 Lipsitt u. a., in: Schaal (1988).
121 Gilbert u. a. (1987).
122 Dies bedeutet auch, daß die Befragung kleiner Kinder im Falle eines Verdachtes auf sexuellen Mißbrauch sehr schwierig ist. Die Kinder neigen dazu, eine Reihe abwechselnder Ja- und Neinantworten zu geben, was bedeuten kann, daß der Befragende alles aus ihnen »herausholen« kann, was er hören möchte (eigene Beobachtung, PV).
123 Schaal (1988).
124 Engen (1982).
125 Engen (1982).
126 Schmidt & Beauchamp (1991).
127 Mennella & Beauchamp (1991).
128 Schaal (1988).
129 O'Connell u. a. (1989).
130 Siehe sein Buch De senectute.
131 Doty u. a. (1984), Eskenazi u. a. (1986).
132 Stevens & Cain (1985), Stevens u. a. (1989, 1990).
133 Zur Auswirkung all dieser Erkrankungen auf das Funktionieren der Atmung und des Geruchssinns siehe DeLong & Getchell (1987).
134 Doty (1991c).
135 Enns & Hornung (1988), siehe auch Doty (1991c), Smith & Seiden (1991).
136 Stevens & Cain (1986).
137 Schiffmann (1977).
138 Ein bekannter Geschmacksverstärker ist Natriumglutamat, das von vielen Menschen jedoch nicht vertragen wird. Sie reagieren darauf mit gerötetem Gesicht, Unruhe, beschleunigtem Herzschlag und Schlaflosigkeit.
139 Doty (1991a). Diese Behauptung ist im übrigen etwas umstritten. Wenn man einen Vergleich zwischen Rauchern und Nichtrauchern anhand nur eines oder weniger Stoffe anstellt, ist der Unterschied nicht sehr erheblich. Dies kann allerdings darin begründet sein, daß eine wiederholte Konfrontation

mit demselben Geruch den Schwellenwert herabsetzt – also eine Art Lerneffekt erzeugt.
140 Mair & Harrison (1991).
141 Doty (1991a).
142 Schwartz (1991).
143 Edwards u. a. (1987).
144 Doty (1991a).
145 Doty u. a. (1982), Doty (1990). Wir kommen darauf noch zurück.
146 Doty u. a. (1985).
147 Siehe dazu auch Kapitel 8.
148 Cain (1982).
149 Der französische Geruchsforscher J. Le Magnen hat mit dem Gedanken
gespielt, die wechselhafte Geruchsempfindlichkeit der Frau als Hilfsmittel
zur Verhütung durch zeitlich befristete Enthaltsamkeit zu verwenden. Diese
Methode ist jedoch sehr unzuverlässig und kann unter anderem mit einer
Erkältung interferieren.
150 Manche Kulturen kennen nur etwa 3 Wörter zur Beschreibung von Farben.
Im Labor stellt sich jedoch heraus, daß diese Menschen wesentlich mehr
Farbtöne voneinander unterscheiden können. Des weiteren hat sich gezeigt,
daß Unterschiede zwischen links und rechts stark mit der angelernten Lese-
und Schreibrichtung zusammenhängen; siehe Zwaan (1965).
151 Doty (1991b), Davis & Pangborn (1985).
152 Schleidt u. a. (1988).
153 Siehe Freeland (1980), der dies an den Mangabey, einer den Meerkatzen
ähnlichen Affenart, nachgewiesen hat.
154 Schleidt u. a. (1988).
155 Siehe Schab (1991).
156 Stoddart (1990).
157 Lorig u. a. (1988).
158 Van Toller, in: Tisserand (1988).
159 Badia u. a. (1990).
160 Lorig & Schwartz (1988).
161 Freeman & Grajski (1987).
162 Freeman (1991).
163 Hierzu muß im übrigen angemerkt werden, daß es Nerven gibt, die vom
Gehirn zur Netzhaut verlaufen, und daß die Netzhaut Rezeptoren für Ben-
zodiazepine (Beruhigungsmittel) besitzt. Einen Einblick in die damit verbundenen Prozesse besitzt man allerdings noch nicht.
164 Kucharski & Hall (1987).
165 Es gibt diverse Querverbindungen zwischen den beiden Gehirnhälften. Die
wichtigste und größte ist das *corpus callosum*; zwei kleinere sind die *commissura anterior* und die *commissura posterior*.
166 So übt beispielsweise der Gehirnstamm schon seit einigen hundert Millionen Jahren ungefähr dieselben Funktionen aus und ist nicht oder kaum lernfähig. Siehe auch Vroon (1992).
167 Tisserand (1988).
168 Siehe zu einer (historischen) Darstellung dieser Diskussion Harrington
(1987) und Blakeslee (1980).

169 Abraham & Mathai (1983).
170 Van Toller, in: Tisserand (1988).
171 Staubli u. a. (1987).
172 Hvastja & Zanuttini (1989).
173 Eine schwere Störung des episodischen Gedächtnisses ist das *chatterbox syndrome*, das sich darin manifestiert, daß jemand große Teile seiner Lebensgeschichte erfindet.
174 Richardson & Zucco (1989).
175 Schab (1991).
176 Frijda (1988).
177 Murphy & Cain (1986).
178 Rabin (1988).
179 Van Toller u. a. (1983).
180 Rabin & Cain (1984), Lyman & McDaniel (1986).
181 Schab (1991).
182 Jelicic (1992).
183 Walk & Johns (1984), Lyman & McDaniel (1986, 1990).
184 Engen (1982), Richardson & Zucco (1989).
185 Siehe auch Vroon (1989, 1992). Behauptet wird allerdings, daß das Sprachsystem der rechten Gehirnhälfte vergleichbar sei mit dem eines zwei- oder dreijährigen Kindes.
186 Engen (1987).
187 Schab & Cain (1991).
188 Schab (1990); siehe jedoch auch Lyman & McDaniel (1990), die durchaus einen Effekt feststellten.
189 Schab & Cain (1991).
190 Barker & Weaver (1983).
191 Walk & Johns (1984).
192 Schab & Cain (1991).
193 Rabin & Cain (1984).
194 Baddeley (1990).
195 Raaijmakers (1993).
196 Bei sexuellem Mißbrauch kann sogar die Situation entstehen, daß eine ganze Abfolge (satanischer) Szenen erfunden wird. Siehe La Fontaine (1994).
197 Herz & Cupchik (1992), siehe auch Rubin u. a. (1984).
198 Ehrlichman & Halpern (1988).
199 Smith u. a. (1992).
200 Cann & Ross (1989).
201 Kirk-Smith u. a. (1983).
202 Das etwas schlechtere Abschneiden von Frauen bei dieser Art Aufgaben entspricht einer allgemeinen Erkenntnis: Bei Frauen verläuft die sprachliche Entwicklung im Durchschnitt etwas schneller und besser, während bei den Männern das räumliche Vorstellungsvermögen in der Regel besser entwickelt ist.
203 Tisserand (1988).
204 Ludvigson & Rottman (1989).
205 Macht & Ting (1921).
206 Claassen (1993).

207 M. Enserink, in der Zeitschrift *Intermediair* vom 10. Juni 1994, S.39.
208 Berichte in der Tageszeitung *De Volkskrant* vom 22. März 1993, S.2 und vom 14. November 1992 (Beilage ›100 Jahre Psychologie‹); siehe auch *Intermediair* vom 29. Januar 1993, S.39.
209 In: Corbin (1984). Im übrigen müssen wir im Hinblick auf den aktivierenden Einfluß von Gerüchen auf das episodische Gedächtnis berücksichtigen, daß die Wirkung visueller und auditiver Reize in geringerem Maße untersucht worden ist bzw. weniger Beachtung gefunden hat. Was geschähe mit dem Erinnerungsvermögen, wenn man jemanden nach fünfzig Jahren mit den Geräuschen aus einem Kindergarten konfrontieren würde? Van den Berg und van Reekum haben eine Studie erstellt, die hiermit in einem (nebensächlichen) Zusammenhang steht (1994). Kombiniert man einen hedonisch neutralen Reiz mit einem als stark positiv oder negativ empfundenen Stimulus, verlagert sich die Empfindung des neutral erfahrenen Reizes ins Positive oder Negative (Konditionierung). Die beiden Forscherinnen verknüpften neutrale Bilder mit unbekannten Gerüchen und nicht vertrauten Geräuschen. Ausgehend von dem Gedanken, daß Gerüche auch und vor allem hedonische Eigenschaften besitzen, erwartete man, daß die Gerüche die Bilder stärker beeinflussen würden als die Geräusche. Dies war auch insofern der Fall, als daß Gerüche einen deutlicher positiven Konditionierungseffekt auf die Bewertung der Bilder erzeugten, und zwar unabhängig von der Frage, ob der jeweilige Geruch als neutral, angenehm oder ekelhaft empfunden wurde.
210 Engen (1982).
211 Zellner & Kautz (1990).
212 Dieses diffuse Netzwerk existiert auch in der Motorik. Das Neugeborene besitzt Milliarden direkter Verbindungen zwischen der Hirnrinde und dem Rückenmark, die in der Folgezeit fast allesamt zerstört werden.
213 Dies wurde mit einem *positron-emission-tomography* (pet)-Scan ermittelt.
214 Corbin (1984) beschreibt eine Epoche, in der man die Sprache sozusagen geruchsneutral machte.
215 Siehe Rindisbacher (1993), der eine Auswahl an Textbeispielen gibt sowie Corbin (1984).
216 Nach Corbin (1984).
217 Mulier tum bene olet, ubi nihil olet.
218 Postume, non bene olet, qui bene semper olet.
219 Freeman (1991), Tisserand (1988).
220 Dieses Phämomen führt auch dazu, daß wir oft auf eine höchst eigenartige Weise Entscheidungen treffen. Siehe z.B. Nisbett & Ross (1980).
221 Van Toller, in Tisserand (1988) beschriebene Studie.
222 Vroon (1990a).
223 Bei diesem Syndrom spielen möglicherweise auch Giftstoffe eine Rolle, die mit bestimmten Mikroorganismen in Verbindung stehen. Andererseits sind diese Stoffe auch im Überfluß in Küchen und Wohnungen verbreitet, ohne dort Anlaß zu Klagen zu geben.
224 Niederländisches Fernsehprogramm *Van gewest tot gewest*, 15. Dezember 1992.
225 Niederländisches Radioprogramm *Aardse zaken*, 5. Januar 1993.

226 Epple (1974), McClintock (1983), Izard (1983).
227 McClintock (1971).
228 Russell (1983), Preti u. a. (1986).
229 1955 zum ersten Mal bei Mäusen festgestellt, beschrieben in McClintock (1983). In der Antike glaubte man übrigens, sexuelle Enthaltsamkeit führe dazu, daß Frauen zu stinken begännen (Corbin, 1986).
230 Cabanac (1971).
231 Engen (1988).
232 Doty (1991a, 1991b, 1991c).
233 Tisserand (1988).
234 Hinde (1983), Te Boekhorst (1991).
235 Stoddart (1990).
236 Simerly (1990), Stoddart (1990).
237 Stoddart (1990).
238 Wilson & Bossert (1963).
239 Calvin (1990).
240 Karlson & Lüscher (1959), Gower u. a. (1988), Stoddart (1990). Auch bei Amphibien (Kröten) und Reptilien (Salamander) spielen Geschlechtsphero-mone eine wichtige Rolle; wir grenzen sie hier jedoch aus.
241 Isoliert von Jacobson u. a. (1960).
242 Schneider (1969).
243 Von Frisch (1950).
244 Wahrnehmung von A. v. A.
245 Stamp Dawkins (1993) fragt sich selbst allen Ernstes, ob viele Vögel und Säugetiere nicht vielleicht ein Bewußtsein haben.
246 Siehe z. B. Beauchamp u. a. (1976), in: Vandenbergh (1983).
247 Stoddart (1990).
248 Siehe Brooksbank u. a. (1974), Michael u. a. (1971, 1974).
249 Comfort (1971).
250 Stoddart (1990).
251 Ne trux caper iret in alas.
252 Dieses Phänomen wurde zum ersten Mal 1930 von K.M. Schneider be-schrieben. Siehe Stahlbaum & Houpt (1989). Im übrigen ist schon bei Vergil zu lesen: »Siehst du nicht, wie ein Zittern den Körper des Pferdes durchläuft, wenn es nur einen Hauch des vertrauten Geruchs aufnimmt?« (in: Stoddart, 1990).
253 Izard (1983).
254 Meredith (1983).
255 Keverne u. a. (1986).
256 Bronson & Macmillan (1983).
257 Michael u. a. (1966), Michael & Keverne (1968).
258 Curtis u. a. (1971).
259 Corbin (1984).
260 Michael u. a. (1974).
261 Filsinger & Fabes (1985).
262 Köster (1986); dieses Experiment wurde allerdings nicht veröffentlicht.
263 Gibbons (1986).
264 Es gibt einige tausend Rhythmen im menschlichen Verhalten, die wir hier

257

unerwähnt lassen. Das Farbensehen, um nur ein Beispiel zu nennen, funktioniert am besten bei Vollmond und im Januar.

265 Gower u. a. (1988).
266 Claus & Alsing (1976), Gower (1984), Gower u. a. (1985).
267 Amoore u. a. (1977); Wysocki & Beauchamp (1984).
268 Van Toller (1988).
269 Koelega (1980).
270 Melrose u. a. (1974).
271 Claus u. a. (1981).
272 Cowley u. a. (1977).
273 Ein Vorschlag von Filsinger & Fabes (1985).
274 Kirk-Smith u. a. (1978).
275 McCollough u. a. (1981).
276 Kirk-Smith & Booth (1980).
277 Clark (1978), besprochen in Gower u. a. (1988).
278 Gustavson u. a. (1987).
279 Benton (1982).
280 Dies ist im übrigen eine allgemein gültige Angabe.
281 McClintock (1983).
282 Whitten u. a. (1968).
283 Veith u. a. (1983), Cutler u. a. (1985).
284 Cutler u. a. (1986).
285 Dawkins (1982), Hamilton (1964).
286 Siehe z. B. Gould & Lewontin (1979), Williams (1976).
287 Burley (1979).
288 Turke (1984).
289 Stoddart (1988, 1990).
290 Johnston (1983).
291 Das Wort Parfüm stammt übrigens aus dem lateinischen per fumum: ›durch Rauch‹ oder ›das, was sich in Rauch auflöst‹.
292 Stoddart (1990). Hier auch eine Anekdote: Ein menschliches Paar, das seine Geschlechtsorgane mit Moschus einrieb, soll angeblich ohne Zuhilfenahme einer beträchtlichen Menge Wasser nicht mehr voneinander losgekommen sein. Man sieht so etwas durchaus bei Hunden.
293 Corbin (1984).
294 Corbin (1984).
295 Claassen (1993).
296 Siehe Vroon (1992). Kneissler (1989) geht in diesem Punkt noch weiter. Er berichtet von einer »Abstumpfung«, die sich in jüngster Zeit in unserem Gehirn abspielen soll – dies aufgrund der vielen Reize, die wir wahrnehmen und mit denen wir verhaltensmäßig nichts mehr anzufangen wissen.
297 Van Toller (1988).
298 Le Magnen (1952).
299 Stoddart (1990).
300 Claassen (1993), Stoddart (1990).
301 Stoddart (1990).
302 Van Toller u. a. (1985).
303 Le Gros Clark (1952).

304 Ein Beispiel: Das englische Wort für *Selbst*bewußtsein besteht erst seit dem 18. Jahrhundert, aber niemand wird auf die Idee kommen, den Engländern des 16. Jahrhunderts ein Selbstbewußtsein abzusprechen. Siehe auch Vroon (1992).

305 Man unterscheidet zwischen analytischer, kreativer und sozial-emotionaler Intelligenz. Diese Fähigkeiten sollen sich in wesentlichem Maße unabhängig voneinander entwickeln, wobei die ›Blaupause‹ der sozial-emotionalen Intelligenz schon in einem frühen Lebensalter geprägt wird.

306 King (1988).

307 Jessee (1982).

308 Siehe z. B. Lorenz (1965), Tinbergen (1968).

309 Baron (1986).

310 Ein möglicher Hintergrund könnte sein, daß die beiden Gehirnhälften der Frau etwas besser zusammenarbeiten als die des Mannes (Kapitel 6).

311 Baron (1986).

312 Nach einem Bericht in der Rubrik ›Dag in dag uit‹ der niederländischen Tageszeitung *De Volkskrant* vom 27. Januar 1993.

313 Gibbons (1983).

314 Stoddart (1990).

315 Hepper (1988).

316 Filiatre u. a. (1991), Millot u. a. (1987).

317 Lord & Kasprzak (1989).

318 Hold & Schleidt (1977).

319 Doty u. a. (1981).

320 Porter u. a. (1983).

321 Schaal u. a. (1980).

322 Das Drehen des Kopfes und das Ausstrecken der Arme sind bei kleinen Kindern aneinandergekoppelt; man bezeichnet dies als tonischen Halsreflex.

323 Besprochen in Schaal (1988).

324 Porter u. a. (1985).

325 Porter u. a. (1986).

326 Russell u. a. (1983).

327 Alberts (1976), Filsinger & Fabes (1985).

328 Snyder (1977).

329 Schaal (1988).

330 Balogh & Porter (1986).

331 Schaal u. a. (1980), siehe auch Cernoch & Porter (1985).

332 MacLean (1990).

333 Doty u. a. (1982).

334 Siehe zu einer Übersicht Doty (1981).

335 Das Impfen ist in gewisser Weise umstritten. Es gibt Hinweise darauf, daß die Anfälligkeit für schwere Erkrankungen im späteren Alter größer ist, wenn man als Kind manche Kinderkrankheiten *nicht* durchgemacht hat.

336 Katan (1993).

337 Aus der Tatsache, daß Krebs häufig früher *entdeckt* wird, ergibt sich nicht, daß sich auch die *Heilungschancen* verbessert haben.

338 Siehe z. B. Engstrom u. a. (1992). Seit kurzem hat sich allerdings eine Diskussion über Vitamine herausgebildet. Tierversuche sollen gezeigt haben,

daß diese Stoffe bei einer bestimmten Dosis schädlich sind, bei einer darüberliegenden jedoch einen Heileffekt haben. Der ›Umschlagpunkt‹ beim Menschen ist nicht bekannt (laut L. Kunst).

Im übrigen stimmt es natürlich, daß die Medizin der Lebens*qualität* erheblich zugute gekommen ist. Man denke nur an Operationstechniken, die Einstellung durch Insulin bei der Zuckerkrankheit, den Bereich der Rehabilitation usw.

339 So ist es unter anderem dem amerikanischen Professor für Virologie und Krebsforscher P. Duesberg wie auch dem Entdecker des Virus, L. Montagnier, ergangen. Siehe Vroon (1993).

340 In: Sacks (1985).

341 Smith & Seiden (1991).

342 Mason u. a. (1984).

343 Engen (1982), van Toller (1988).

344 Noch merkwürdiger als der *blind sight* ist das Anton-Zeichen. Dies beinhaltet, daß jemand seine Blindheit schlicht und einfach nicht wahrnimmt.

345 Engen (1982) und Stoddart (1990).

346 Eine andere Möglichkeit ist die Gabe des in Kapitel 3 genannten ›natürlichen‹ Stoffes hydroxy-epi-androsteron, mit dem im Körper Geschlechtshormone produziert werden.

347 Stoddart (1990).

348 Stoddart (1990).

349 Schwartz (1991).

350 Doty u. a. (1984).

351 Schwartz (1991).

352 Hendriks (1988), Reichsuniversität Utrecht.

353 Man denke an die Rückbildung von Muskeln bei einem Beinbruch. Wenn jemand, durch welche Ursache auch immer, längere Zeit nicht mehr laufen kann, werden auch ›motorische Programme‹ im Gehirn angegriffen, was einen zeitraubenden Rehabilitationsprozeß erforderlich macht.

354 Dieser Nerv kann durch unterschiedliche Ursachen in einer gesamten Gesichtshälfte ausfallen. Im schwerwiegendsten Fall liegt ein Tumor des sogenannten Brückenwinkels im Gehirn vor.

355 Fahy u. a. (1989). Zum Hintergrund der Anorexia nervosa und der Bulimia nervosa gibt es im übrigen sehr viele Theorien. Siehe z. B. Jansen (1990), Tuiten (1993).

356 Siehe Estrum & Renner (1987), angegeben in Smith & Seiden (1991).

357 Bei einem schweren Mangel an bestimmten Substanzen entsteht selbst ein ›spezifischer Hunger‹, ein Phänomen, das bei Tieren noch ausgeprägter vorkommt als beim Menschen.

358 Siehe Eslinger u. a. (1982), Harrison & Pearson (1989), Smith & Seiden (1991), Schwartz (1991).

359 Natürlich ist dies nicht der einzige Faktor, der bei Depressionen zum Tragen kommt. Nach Kay (1994) nehmen depressive Erscheinungen kurz nach einem ›geomagnetischen Sturm‹ auf die Gesamtbevölkerung bezogen um 26 Prozent zu. Die Epiphyse scheint eine hohe Sensibilität für magnetische Felder zu besitzen; über diese Drüse sollen die Felder die Produktion von Neurotransmittern beeinflussen.

360 Doty (1981).
361 Faktoren, die den persönlichen Körpergeruch bestimmen, sind in einer Übersicht bei Schaal (1988) dargestellt; siehe auch Claassen (1993) und Gibbons (1986).
362 Mündliche Mitteilung von L. Kunst.
363 Hendriks (1988).
364 Corbin (1984).
365 Engen (1982).
366 Oft wird behauptet, daß das Kochen in Aluminiumtöpfen eine Ursache dieser Krankheit ist. Das stimmt nicht: Das in Plaques des Gehirns angetroffene Aluminium ist durch das übliche Tönungsverfahren bedingt (Mitteilung von J. Jolles).
367 Doty (1990)
368 Pearson u. a. (1985).
369 Doty u. a. (1987).
370 Mair & Harrison (1991).
371 Shipley (1985).
372 Das kann in dramatischer Form passieren, wenn bei einer Gehirnoperation manchmal irrtümlich die *arteria cerebri anterior* abgebunden wird. Dies führt zu emotionaler Enthemmtheit. Siehe Vroon (1992).
373 Mair u. a. (1986).
374 Perl u. a. (1992).
375 *De Volkskrant* vom 13. November 1993. Die dort erwähnten Gespräche sind zusammengefaßt in: Ingrid H. van Delft (1993), We komen niet meer waar we geweest zijn. Demente bejaarden aan het woord (Wir kommen nicht mehr dorthin zurück, wo wir gewesen sind. Demente alte Menschen im Gespräch.), Baarn, Anthos.
376 Stoddart (1990).
377 Corbin (1984).
378 Siehe z. B. Lawless (1991), Tisserand (1988).
379 King (1988).
380 Nach einem Bericht in *De Volkskrant* vom 7. April 1993.
381 King (1988).
382 Costanzo & Graziadei (1987).
383 Ornstein & Ehrlich (1989).
384 Experimente mit Reaktionszeiten auf Wörter machen deutlich, daß es durchaus *etwas* gibt, was auf dieses Vermögen hinweist.
385 Kirk-Smith u. a. (1983).
386 Etwas Vergleichbares gilt für das Sehvermögen. Wenn die Netzhaut beschädigt ist, neigen Menschen dazu, Objekte wahrzunehmen, die nicht ›da sind‹. Dieses Phänomen wird als Palinopsie bezeichnet. Darüber hinaus ist bekannt, daß sensorische Deprivation verstärkt Halluzinationen erzeugt.
387 Engen (1982).

Literatur

ABRAHAM, A., MATHAI, K. V.
1983   The effect of right temporal lobe lesions on matching of smells. In: Neuropsychologia, 21, 277–281.

ALBERTS, J. R.
1976   Olfactory contributions to behavioral development in rodents. In: R. L. Doty (ed.), Mammalian olfaction: Reproductive processes, and behavior. New York, Academic Press.

AMOORE, J. E.
1970   Molecular basis of odor. Springfield (IL), Thomas.

AMOORE, J., PELOSI, P., FORRESTER, M. J.
1977   Specific anosmias to 5α-androst-16-en-3-one and ϖ-pentadecalactone: the urinous and musky primary odors. In: Chemical Senses and Flavour, 2, 401–425.

ANHOLT, R. R. H.
1987   Primary events in olfactory reception. In: Trends in Biochemical Sciences, 12, 58–62.

ARCTANDER, S.
1969   Perfume and flavor chemicals. New Jersey, Monclair.

BADDELEY, A.
1990   Human memory. London, Erlbaum.

BADIA, P., WESENSTEN, N., LAMMERS, W., CULPEPPER, J., HARSH, J.
1990   Responsiveness to olfactory stimuli presented in sleep. In: Physiology and Behavior, 48, 87–90.

BALOGH, R. D., PORTER, R. H.
1986   Olfactory preferences resulting from mere exposure in human neonates. In: Infant Behavior and Development, 9, 395–401.

BARKER, L. M., WEAVER III, C. A.
1983   Rapid, permanent loss of memory for absolute intensity of taste and smell. In: Bulletin of the Psychonomic Society, 21, 281–284.

BARON, R. A.
1981   Olfaction and human social behavior: Effects of a pleasant scent on attraction and social perception. In: Personality and Social Psychology Bulletin, 7, 611–616.

1983   ›Sweet smell of success‹ The impact of pleasant scents on evaluations of job applicants. In: Journal of Applied Psychology, 19, 709–713.

1986   Self-presentation in job interviews: When there can be ›too much of a good thing‹. In: Journal of Applied Social Psychology, 16, 16–28.

1988   Perfume as a tactic of impression management in social and organizational settings. In: S. van Toiler & G. H. Dodd (eds.), Perfumery, the psychology and biology of fragrance. New York, Chapman and Hall.

BEAUCHAMP, G. K., DOTY, R. L., MOULTON, D. G., MUGFORD, R. A.
1976   The pheromone concept in mammalian communication: A critique. In: R. L. Doty (ed.), Mammalian olfaction: Reproductive processes, and behavior. New York, Academic Press.

BENTON, D.
1982   The influence of androstenol – a putative human pheromone – on mood throughout the menstrual cycle. In: Biological Psychology, 15, 249–256.

BERG, H. VAN DEN, REEKUM, C. VAN
1994   Odors, sounds and evaluative conditioning. Universiteit van Amsterdam (doctoraalscriptie).

BLAKESLEE, T. R.
1980   The right brain. London, MacMillan.

BOEKHORST, I. J. A. TE
1991   Social structure of three great ape species: An approach based on field data and individual oriented models. Rijksuniversiteit Utrecht (diss.).

BORDEWIJK, F.
1985   Verzameld werk. 's-Gravenhage, Nijgh & Van Ditmar.

BORRONI, P. F., ATEMA, J.
1988   Adaptation in cheoreceptor cells. In: Journal of Comparative Physiology A, 164, 67–74.

BRONSON, F. H., MACMILLAN, B.
1983   Hormonal responses to primer pheromones. In: J. G. Vandenbergh (ed.), Pheromones and reproduction in mammals. New York, Academic Press.

BROOKSBANK, B. W. L., BROWN, R., GUSTAFSSON, J. A.
1974   The detection of 5α-androst-16-en-3α-ol in human male axillary sweat. In: Experientia, 30, 864–865.

BURLEY, N.
1979   The evolution of concealed ovulation. In: The American Naturalist, 114, 835–838.

CABANAC, M.
1971   Physiological role of pleasure. In: Science, 173, 1103–1107.

CAIN, W. S.
1977   Bilateral interaction in olfaction. In: Nature, 268, 50–52.
1982   Odor identification by males and females: Predictions vs performance. In: Chemical Senses, 7, 129–142.

CAIN, W. S., MURPHY, C. L.
1980   Interaction between chemoreceptive modalities of odour and irritation. In: Nature, 284, 255–257.

CAIN, W. S., POLAK, E. H.
1992   Olfactory adaptation as an aspect of odor similarity. In: Chemical Senses, 17, 481–491.

CALVIN, W. H.
1990   De rivier die tegen de berg opstroomt. Amsterdam, Bert Bakker.

CANN, A., ROSS, D. A.
1989   Olfactory stimuli as context cues in human memory. In: American Journal of Psychology, 102, 91–102.

CARR, W. E. S., GLEESON, R. A., TRAPIDO-ROSENTHAL, H. G.
1990   The role of perireceptor events in chemosensory processes. In: Trends in Neurosciences, 13, 212–215.

CAVALINI, P. M.
1992   It's an ill wind that blows no good: Studies on odour annoyance and the

dispersion of odorant concentrations from industries. Rijksuniversiteit Groningen (diss.).

CERNOCH, J. M., PORTER, R. H.
1985   Recognition of maternal axillary odors by infants. In: Child Development, 56, 1593–1598.

CHASTRETTE, M., ELMOUAFFEK, A., SAUVEGRAIN, P.
1988   A multidimensional statistical study of similarities between 74 notes used in perfumery. In: Chemical Senses, 13, 295–305.

CHASTRETTE, M., ZAKARYA, D.
1991   Molecular structure and smell. In: D. G. Laing, R. L. Doty & W. Breipohl (eds.), The human sense of smell. Berlin, Springer.

CLAASSEN, J.
1993   Tussen neus en lippen. Baarn, Tirion.

CLARK, T.
1978   Whose pheromone are you? In: World Medicine, 26 July, 21–23.

CLAUS, R., ALSING, W.
1976   Occurrence of 5α-androst-16-en-3-one, a boar pheromone, in man and its relationship to testosterone. In: Journal of Endocrinology, 68, 483–484.

CLAUS, R., HOPPEN, H. O., KARG, H.
1981   The secret of truffles: A steroidal pheromone? In: Experientia, 37, 1178–1179.

COMETTO-MUÑIZ, J. E., GAIN, W. S.
1990   Thresholds for odor and nasal pungency. In: Physiology and Behavior, 48, 719–725.

COMFORT, A.
1971   Likelihood of human pheromones. In: Nature, 230, 432–433.

CORBIN, A:
1984   Pesthauch und Blütenduft. Berlin, Wagenbach.

COSTANZO, R. M., GRAZIADEI, P. P. C.
1987   Development and plasticity of the olfactory system. In: T. E. Finger & W. L. Silver (eds.), Neurobiology of taste and smell. New York, Wiley.

COWLEY, A. L., JOHNSON, A. L., BROOKSBANK, B. W. L.
1977   The effect of two odourous compounds in an assessment-of-people test. In: Psychoneuroendocrinology, 2, 159–172.

CURTIS, R. F., BALLATINE, J. A., KEVERNE, E. B., BONSALL, R. W., MICHAEL, R. P.
1971   Identification of primate sexual pheromones and the properties of synthetic attractants. In: Nature, 232, 396–398.

CUTLER, W. B., PRETI, G., ERICKSON, G. R., HUGGINS, G. R., GARCIA, C. R.
1985   Sexual behavior frequency and ovulatory biphasic menstrual cycle patterns. In: Physiology and Behavior, 34, 805–810.

CUTLER, W. B., PRETI, G., KRIEGER, A., HUGGINS, G. R., GARCIA, C. R., LAWLEY, H. J.
1986   Human axillary secretions influence women's menstrual cycles: The role of donor extract from men. In: Hormones and Behavior, 20, 463–473.

DAVIS, R. G., PANGBORN, R. M.
1985   Odor pleasantness judgements compared among samples from 20 nations using microfragrances. In: Chemical Senses, 10, 413.

DAWKINS, R.
1982 The extended phenotype. Oxford & San Francisco, W. H. Freeman.
DEBAGGE, P. L., KLEIN, N. J., O'DELL, D. S., FRASER, D. A., JAMES, D. W.
1982 The culture of olfactory neurons. In: Journal of Anatomy, 135, 816–817.
DEEMS, D. A., DOTY, R. L, SETTLE, R. G., SNOW JR., J. B.
1985 Chemosensory dysfunction: Analysis of 750 patients from the University of Pennsylvania Smell and Taste Center. In: Chemical Senses, 10, 683.
DELONG, R. E., GETCHELL, T. V.
1987 Nasal respiratory function – vasomotor and secretory regulation. In: Chemical Senses, 12, 3–36.
DOTY, R. L.
1981 Olfactory communication in humans. In: Chemical Senses, 6, 351–376.
1986 Odor-guided behavior in mammals. In: Experientia, 42, 257–271.
1990 Olfaction. In: F. Boller & J. Grafman (eds.), Handbook of neuropsychology, vol. 4. Amsterdam, Elsevier, 213–228.
1991a Psychophysical measurement of odor perception in humans. In: D. G. Laing, R. L. Doty & W. Breipohl (eds.), The human sense of smell. Berlin, Springer.
1991b Olfactory function in neonates. In: D. G. Laing, R. L. Doty & W. Breipohl (eds.), The human sense of smell. Berlin, Springer.
1991c Influences of aging on human olfactory function. In: D. G. Laing, R. L. Doty & W. Breipohl (eds.), The human sense of smell. Berlin, Springer.
DOTY, R. L., APPLEBAUM, S., ZUSHO, H., SETTLE, R. G.
1985 Sex differences in odor identification ability: A cross-cultural analysis. In: Neuropsychologia, 23, 667–672.
DOTY, R. L., GREEN, P. A., RAM, C., YANKELL, S. L.
1982 Communication of gender from human breath odors: Relationship to perceived intensity and pleasantness. In: Hormones and Behavior, 16, 13–22.
DOTY, R. L., REYES, P. F., GREGOR, T.
1987 Presence of both odor identification and detection deficits in Alzheimer's disease. In: Brain Research Bulletin, 18, 597–600.
DOTY, R. L., SHAMAN, P., APPLEBAUM, S. L., GIBERSON, R., SIKSORSKI, L., ROSENBERG, L.
1984 Smell identification ability: Changes with age. In: Science, 226, 1441–1443.
DOTY, R. L., SHAMAN, P., DANN, M.
1984 Development of the University of Pennsylvania Smell Identification Test: A standardized microencapsulated test of olfactory function. In: Physiology and Behavior (Monographs), 32, 489–496.
DOTY, R. L., SNYDER, P. J., HUGGINS, G. R., LOWRY, L. D.
1981 Endocrine, cardiovascular, and psychological correlates of olfactory sensitivity changes during the human menstrual cycle. In: Journal of Comparative Physiology and Psychology, 95, 45–51.
EDWARDS, D. A., MATHER, R. A., SHIRLEY, S. G., DODD, G. H.
1987 Evidence for an olfactory receptor which responds to nicotine – nicotine as an odorant. In: Experientia, 43, 868–873.

EHRLICHMAN, H., HALPERN, J. N.
1988   Affect and memory: Effects of pleasant and unpleasant odors on retrieval of happy and unhappy memories. In: Journal of Personality and Social Psychology, 55, 769–779.

ENGEN, T.
1982   The perception of odors. London, Academic Press.
1987   Remembering odors and their names. In: American Scientist, 75, 497–503.
1988   The acquisition of odour hedonics. In: S. van Toller & G. H. Dodd (eds.), Perfumery, the psychology and biology of fragrance. New York, Chapman and Hall.

ENGSTROM, J. E., KANIN, L. E., KLEIN, M. A.
1992   Vitamin c intake and mortality among a sample of the United States population. In: Epidemiology, 3, 3, 194–202.

ENNS, M. P., HORNUNG, D. E.
1985   Contributions of smell and taste to overall intensity. In: Chemical Senses, 10, 357–366.
1988   Comparisons of the estimates of smell, taste and overall intensity in young and elderly people. In: Chemical Senses, 13, 131–139.

EPPLE, G.
1974   Primate pheromones. In: M. C. Birch (ed.), Pheromones. London, North-Holland.

ESKENAZI, B., CAIN, W. S., FRIEND, K.
1986   Exploration of olfactory aptitude. In: Bulletin of the Psychonomic Society, 24, 203–206.

ESLINGER, P. J., DAMASIO, A. R., VAN HOESEN, G. W.
1982   Olfactory dysfunction in man: Anatomical and behavioral aspects. In: Brain and Cognition, 1, 259–285.

ESTRUM, S. A., RENNER, G.
1987   Disorders of taste and smell. In: The otolaryngology clinics of North America, vol. 20, no. 1. Philadelphia, W. B. Saunders.

FAHY, T. A., DESILVA, P., SILVERSTONE, P., RUSSELL, G. F.
1989   The effects of loss of taste and smell in a case of anorexia nervosa and bulimia nervosa. In: British Journal of Psychiatry, 155, 860–861.

FARBMAN, A. I.
1990   Olfactory neurogenesis: Genetic of environmental controls? In: Trends in Neurosciences, 13, 362–365.

FILIATRE, J. C., MILLOT, J. L., ECKERLIN, A.
1991   Behavioural variability of olfactory exploration of the pet dog in relation to human adults. In: Applied Animal Behaviour Science, 30, 341–350.

FILSINGER, E., FABES, R. A.
1985   Odor communication, pheromones, and human families. In: Journal of Marriage and the Family, 47, 349–359.

FINGER, T. E., SILVER, W. L. (EDS.)
1987   Neurobiology of taste and smell. New York, Wiley.

FREELAND, W. J.
1980   Mangabey (Cercocebus albigena) movement patterns in relation to food availability and fecal contamination. In: Ecology, 61, 1297–1303.

266

FREEMAN, W. J.
1991   The physiology of perception. In: Scientific American, February 1991, 34–41.

FREEMAN, W. J., GRAJSKI, K. A.
1987   Relation of olfactory EEG to behavior: Factor analysis. In: Behavioral Neuroscience, 101, 766–777.

FRIJDA, N.
1988   De emoties. Amsterdam, Bert Bakker.

FRISCH, K. VON
1950   Bees: Their chemical senses, vision, and language. Ithaca (NY), Cornell University Press.

GELDARD, F. A.
1972   The human senses. New York, John Wiley.

GETCHELL, T. V., GETCHELL, M. L.
1987   Peripheral mechanisms of olfaction: Biochemistry and neurophysiology. In: T. E. Finger & W. L. Silver (eds.), Neurobiology of taste and smell. New York, Wiley.
1991   Physiology of olfactory reception and transduction: General principles. In: D. G. Laing, R. L. Doty & W. Breipohl (eds.), The human sense of smell. Berlin, Springer.

GIBBONS, B.
1986   The intimate sense of smell. In: National Geographic, September, 324–360.

GILBERT, A. N., FRIDLUND, A. J., SABINI, J.
1987   Hedonic and social determinants of facial displays to odors. In: Chemical Senses, 12, 355–363.

GONZALES, F., FARDMAN, A. I.
1984   Developing olfactory receptor cells grow axons in tissue culture. In: In Vitro, 20, 268.

GOULD, S. J., LEWONTIN, R. C.
1979   The spandrels of San Marco and the Panglossian paradigm: A critique of the adaptationist programme. In: Proceedings of the Royal Society of London, B205, 581–598.

GOWER, D. B.
1984   Biosynthesis of the androgens and other C19 steroids. In: H. L. J. Makin (ed.), Biochemistry of steroid hormones (2nd ed). Oxford, Blackwell.

GOWER, D. B., BIRD, S., SHARMA, P., HOUSE, F. R.
1985   Axillary 5α-androst-16-en-3-one in men and women: Relationships with olfactory acuity of odorous 16-androstenes. In: Experientia, 41, 1134–1136.

GOWER, D. B., NIXON, A., MALLET, A. I.
1988   The significance of odorous steroids in axillary odour. In: S. van Toller & G. H. Dodd (eds.), Perfumery, the psychology and biology of fragrance. New York, Chapman and Hall.

GROSS-ISSEROFF, R., LANCET, D.
1988   Concentration-dependent changes of perceived odor quality. In: Chemical Senses, 13, 191–204.

GUSTAVSON, A. R., DAWSON, M. E., BONETT, D. G.
1987   Androstenol, a putative human pheromone, affects human *(Homo sapiens)* male choice performance. In: Journal of comparative Psychology, 101, 210–212.
HABERLY, L. B., BOWER, J. M.
1989   Olfactory cortex: Model circuit for study of associative memory? In: Trends in Neurosciences, 12, 258–264.
HAMILTON, W. D.
1964   The genetical evolution of social behaviour. In: Journal of Theoretical Biology, 7, 1–52.
HARRINGTON, A.
1987   Medicine, mind and the double brain. Princeton, Princeton University Press.
HARRISON, P. J., PEARSON, R. C. A.
1989   Olfaction and psychiatry. In: British Journal of Psychiatry, 155, 822–828.
HART, M. 'T
1992   Verzamelde verhalen. Amsterdam, De Arbeiderspers.
HENDRIKS, A. P. J.
1988   Olfactory dysfunction. In: Rhinology, 26, 229–251.
HENNING, H.
1924   Der Geruch. Leipzig, Barth.
HEPPER, P. G,
1987   The amniotic fluid: An important priming role in kin recognition. In: Animal Behaviour, 35, 1343–1346.
1988   The discrimination of human odour by the dog. In: Perception, 17, 549–554.
HERZ, R. S., CUPCHIK, G. C.
1992   An experimental characterization of odor-evoked memories in humans. In: Chemical Senses, 17, 519–528.
HEUKELS, H., OOSTSTROOM, S. J. VAN
1977   Flora van Nederland (negentiende druk). Groningen, Wolters-Noordhoff.
HINDE, R. A.
1983   A conceptual framework. In: R. A. Hinde (ed.), Primate social relationships: An integrated approach. Oxford, Blackwell.
HOES, M. J. A. J. M.
1994   Historiografie II: De personae. In: Soma en Psyche, januari, 12–33.
HOLD, B., SCHLEIDT, M.
1977   The importance of human odour in non-verbal communication. In: Zeitschrift für Tierpsychologie, 43, 225–238.
HUMMEL, T., GOLLISCH, R., WILDT, G., KOBAL, G.
1991   Changes in olfactory perception during the menstrual cycle. In: Experientia, 47, 712–715.
HVASTJA, L., ZANUTTINI, L.
1989   Odour memory and odour hedonics in children. In: Perception, 18, 391–396.
IZARD, M. K.
1983   Pheromones and reproduction in domestic animals. In: J. G. Vanden-

bergh (ed.), Pheromones and reproduction in mammals. New York, Academic Press.

JACOBSON, M., BEROZA, M., JONES, W. A.
1960   Isolation, identification, and synthesis of the sex attractant of gypsy moth. In: Science 132, 1011.

JANSEN, A.
1990   Binge eating. Meppel, Krips Repro, (diss).

JELICIC, M.
1992   Unconscious auditory information-processing during general anaesthesia. Erasmusuniversiteit Rotterdam (diss).

JERISON, H.
1982   The evolution of biological intelligence. In: R. J. Sternberd (ed.). Handbook of human intelligence. Cambridge, Cambridge University Press.

JESSEE, J.
1982   The sense of smell awakens nostalgia. In: Dragoco Report, 3, 76.

JOHNSTON, R. E.
1983   Chemical signals and reproductive behavior. In: J. G. Vandenbergh (ed.), Pheromones and reproduction in mammals. New York, Academic Press.

KARLSON, P., LÜSCHER, M.
1959   Pheromones: A new term for a class of biologically active substances. In: Nature, 183, 55–56.

KATAN, M.
1993   Steeds ouder, maar gelukkiger? Interview door Jan Tromp in de Volkskrant (Het Vervolg) van 27 maart.

KAUER, J. S.
1987   Coding in the olfactory system. In: T. E. Finger & W. L. Silver (eds.), Neurobiology of taste and smell. New York, Wiley.

KAY, R. W.
1994   Geomagnetic storms: Association with incidence of depression as measured by hospital admission. In: British Journal of Psychiatry, 164, 403–409.

KAYZER, W.
1993   Een schitterend ongeluk. Amsterdam/Antwerpen, Contact.

KEVERNE, E. B., MURPHY, C. L., SILVER, W. L., WYSOCKI, C. J., MEREDITH, M.
1986   Non-olfactory chemoreceptors of the nose: Recent advances in understanding the vomeronasal and trigeminal systems. In: Chemical Senses, 11, 119–133.

KING, J. R.
1988   Anxiety reduction using fragrances. In: S. van Toller & G. H. Dodd (eds.), Perfumery, the psychology and biology of fragrance. New York, Chapman and Hall.

KIRK-SMITH, M. D., BOOTH, D. A.
1980   Effects of androstenone on choice of location in others' presence. In: H. van der Starre (ed.), Olfaction and taste, vol. 7. London, IRL Press.

KIRK-SMITH, M. D., BOOTH, D. A., CARROLL, D., DAVIES, P.
1978   Human social attitudes affected by androstenol. In: Research communications in psychology, psychiatry and behaviour, 3, 379–384.

KIRK-SMITH, M. D., TOLLER, S. VAN, DODD, G. H.
1983   Unconscious odour conditioning in human subjects. In: Biological Psychology, 17, 221–231.
KNEISSLER, M.
1989   Wir mutieren. In: Wiener, Mai.
KOBAL, G., TOLLER, S. VAN, HUMMEL, T.
1989   Is there directional smelling? In: Experientia, 45, 130–132.
KOELEGA, H. S.
1980   Preference for and sensitivity to the odours of androstenone and musk. In: H. van der Starre (ed.), Olfaction and taste, vol. 7. London, IRL Press.
KORSCHING, S.
1991   Sniffing out odorant receptors. In: Trends in Biochemical Sciences, 16, 277–278.
KÖSTER, E. P.
1971   Adaptation and cross adaptation in olfaction. Rijksuniversiteit Utrecht (diss.).
1978   Over geur en stank. In: W. A. Wagenaar, P. A. Vroon, W. H. Janssen, Proeven op de som. Deventer, Van Loghum Slaterus.
1986   De funktie van de reukzin. In: J. C. J. Bonarius e. a. (red.). Psychologie in Nederland, deel 2. Lisse, Swets en Zeitlinger, 1–14.
KÖSTER, E. P., DE WIJK, R. A.
1991   Olfactory adaptation. In: D. G. Laing, R. L. Doty & W. Breipohl (eds.), The human sense of smell. Berlin, Springer.
KUCHARSKI, D., HALL, W. G.
1987   New routes to early memories. In: Science, 238, 786–788.
LA FONTAINE, J. S.
1994   The extent and nature of organised and ritual abuse. London, Department of Health.
LAING, D. G.
1986   Identification of single dissimilar odors is achieved by humans with a single sniff. In: Physiology and Behavior, 37, 163–170.
1991   Characteristics of the human sense of smell when processing odor mixtures. In: D. G. Laing, R. L. Doty & W. Breipohl (eds.), The human sense of smell. Berlin, Springer.
LAING, D. G., DOTY, R. L., BREIPOHL, W. (EDS.)
1991   The human sense of smell. Berlin, Springer.
LAING, D. G., FRANCIS, G. W.
1989   The capacity of humans to identify odors in mixtures. In: Physiology and Behavior, 46, 809–814.
LAING, D. G., GLEMAREC, A.
1992   Selective attention and the perceptual analysis of odor mixtures. In: Physiology and Behavior, 52, 1047–1053.
LAING, D. G., MACLEOD, P.
1992   Reaction time for the recognition of odor quality. In: Chemical Senses, 17, 337–346.
LAING, D. G., WILLCOX, M. E.
1983   Perception of components in binary odour mixtures. In: Chemical Senses, 7, 249–264.

LANCET, D.
1986   Vertebrate olfactory reception. In: Annual Review of Neurosciences, 9, 329–355.
LANCET, D., PACE, U.
1987   The molecular basis of odor recognition. In: Trends in Biochemical Sciences, 12, 63–66.
LASKA, M., HUDSON, R.
1992   Ability to discriminate between related odor mixtures. In: Chemical Senses, 17, 403–415.
LAWLESS, H.
1991   Effects of odors on mood and behavior: Aromatherapy and related effects. In: D. G. Laing, R. L. Doty & W. Breipohl (eds.), The human sense of smell. Berlin, Springer.
LE GROS CLARK, W. E.
1952   The structure of the brain and the process of thinking. In: P. Lashlett (ed.), The physical basis of thinking. Oxford, Blackwell.
LE MAGNEN, J.
1952   Les phénomènes olfacto-sexuels chez l'homme. In: Archives des Sciences Physiologiques, 6, 125–160.
LORD, T., KASPRZAK, M.
1989   Identification of self through olfaction. In: Perceptual and Motor Skills, 69, 219–224.
LORENZ, K.
1965   Über tierisches und menschliches Verhalten. (Gesammelte Abhandlungen, Band I und III) München, Piper.
LORIG, T. S., SCHWARTZ, G. E.
1988   Brain and odor: I. Alteration of human EEG by odor administration. In: Psychobiology, 16, 281–284.
LORIG, T. S., SCHWARTZ, G. E., HERMAN, K. B., LANE, R. D.
1988   Brain and odor: II. EEG activity during nose and mouth breathing. In: Psychobiology, 16, 285–287.
LUDVIGSON, H. W., ROTTMAN, T. R.
1989   Effects of ambient odors of lavender and cloves on cognition, memory, affect and mood. In: Chemical Senses, 14, 525–536.
LYMAN, B. J., MCDANIEL, M. A.
1986   Effects of encoding strategy on long-term memory for odours. In: The Quarterly Journal of Experimental Psychology, 38A, 753–765.
1990   Memory for odors and odor names: Modalities of elaboration and imagery. In: Journal of Experimental Psychology: Learning, Memory, and Cognition, 16, 656–664.
MACHT, D. I., TING, G. C.
1921   Experimental inquiry into the sedative effects of some aromatic drugs and fumes. In: Journal of Pharmacology and Experimental Therapy, 18, 361–372.
MACLEAN, P. D.
1990   The triune brain in evolution. New York, Plenum Press.
MACRIDES, F., SCHOENFELD, T. A., MARCHAND, J. E., CLANCY, A. N.
1985   Evidence for morphologically, neurochemically and functionally hetero-

geneous classes of mitral and tufted cells in the olfactory bulb. In: Chemical Senses, 10, 175–202.

MAIR, R. G., DOTY, R. L., KELLY, K. M., WILSON, C. S., LANGLAIS, P. J., McENTEE, W. J., VOLLMECKE, T. A.
1986   Multimodal sensory discrimination deficits in Korsakoffs psychosis. In: Neuropsychologia, 24, 831–839.

MAIR, R. G., HARRISON, L. M.
1991   Influence of drugs on smell function. In: D. G. Laing, R. L. Doty & W. Breipohl (eds.), The human sense of smell. Berlin, Springer.

MARGOLIS, F. L.
1985   Olfactory marker protein: From PAGE band to CDNA clone. In: Trends in Neurosciences, 8, 542–546.

MARKS, L. E., STEVENS, J. C., BARTOSHUK, L. M., GENT, J. F., RIFKIN, B., STONE, V. K.
1988   Magnitude-matching: The measurement of taste and smell. In: Chemical Senses, 13, 63–87.

MASON, J. R., CLARK, L., MORTON, T. H.
1984   Selective deficits in the sense of smell caused by chemical modification of the olfactory epithelium. In: Science, 226, 1092–1094.

McCLINTOCK, M. K.
1971   Menstrual synchrony and suppression. In: Nature, 229, 244–245.
1983   Pheromonal regulation of the ovarian cycle: Enhancement, suppression and synchrony. In: J. G. Vandenbergh (ed.), Pheromones and reproduction in mammals. New York, Academic Press.

McCOLLOUGH, P. A., OWEN, J. W., POLLAK, E. I.
1981   Does androstenol affect emotion? In: Ethology and Sociobiology, 2, 85–88.

MELROSE, D. R., REED, H. C. B., PATTERSON, R. L. S.
1974   Androgen steroids as an aid to the detection of oestrus in pig artificial insemination. In: British Veterinary Journal, 130, 61–67.

MENNELLA, J. A., BEAUCHAMP, G. K.
1991   Olfactory preferences in children and adults. In: D. G. Laing, R. L. Doty & W. Breipohl (eds.), The human sense of smell. Berlin, Springer.

MEREDITH, M.
1983   Sensory physiology of pheromone communication. In: J. G. Vandenbergh (ed.), Pheromones and reproduction in mammals. New York, Academic Press.

MICHAEL, R. P., BONSALL, R. W., WARNER, P.
1974   Human vaginal secretions: Volatile fatty acid contents. In: Science, 186, 1217–1219.

MICHAEL, R. P., HERBERT, J., SAAYMAN, G.
1966   Loss of ejaculation in male rhesus monkeys after administration of progesterone to their female partners: Preliminary communication. In: Lancet, 1, 1015–1016.

MICHAEL, R. P., KEVERNE, E. B.
1968   Pheromones in the communication of sexual status in primates. In: Nature, 218, 746–749.

272

MICHAEL, R. P., KEVERNE, E. B., BONSALL, R. W.
1971   Pheromones: Isolation of male sex attractants from a female primate. In: Science, 172, 964–965.
MILLOT, J. L., FILIATRE, J. C., ECKERLIN, A., GAGNON, A. C., MONTAGNER, H.
1987   Olfactory cues in the relations between children and their pet dogs. In: Applied Animal Behaviour Science, 19, 189–195.
MOIR, A., JESSEL, D.
1991   Het grote verschil tussen man en vrouw. Ede, Zomer en Keuning.
MORAN, D. T., JAFEK, B. W., ROWLEY III, J. C.
1991   The ultrastructure of the human olfactory mucosa. In: D. G. Laing, R. L. Doty & W. Breipohl (eds.), The human sense of smell. Berlin, Springer.
MORGAN, E.
1990   The scars of evolution: What our bodies tell us about human origins. London, Souvenir Press.
MORRISON, E. E., GRAZIADEI, P. P. C.
1983   Transplants of olfactory mucosa in the rat brain. I. A light microscopic study of transplant organization. In: Brain Research, 279, 241–245.
MOZELL, M. M.
1971   The chemical senses. II. Olfaction. In: J. W. Kling & L. A. Riggs (eds.), Woodworth and Schlosberg's experimental psychology (3rd ed.). New York, Holt, Rinehart, and Winston.
MOZELL, M. M., SMITH, B. P., SMITH, P. E., SULLIVAN JR., R. J., SWENDER, P.
1969   Nasal chemoreception and flavor identification. In: Archives of Otolaryngology, 90, 131–137.
MURPHY, C.
1987   Olfactory psychophysics. In: T. E. Finger & W. L. Silver (eds.), Neurobiology of taste and smell. New York, Wiley.
MURPHY, C., CAIN, W. S.
1986   Odor identification: The blind are better. In: Physiology and Behavior, 37, 177–180.
NISBETT, R., ROSS, L.
1980   Human inference. Englewood Cliffs (NJ), Prentice Hall.
O'CONNELL, R. J., STEVENS, D. A., AKERS, R. P., COPPOLA, D. M., GRANT, A. J.
1989   Individual differences in the quantitative and qualitative responses of human subjects to various odors. In: Chemical Senses, 14, 293–302.
OHLOFF, G.
1986   Chemistry of odor stimuli. In: Experientia, 24, 271–279.
ORNSTEIN, R., EHRLICH, P.
1989   New world new mind. New York, Doubleday.
OVERBOSCH, P.
1986   A theoretical model for the perceived intensity in human taste and smell as a function of time. In: Chemical Senses, 11, 315–329.
PACE, U., HANSKI, E., SALOMON, Y., LANCET, D.
1985   Odorant-sensitive adenylate cyclase may mediate olfactory reception. In: Nature, 316, 255–258.
PEARSON, R. C. A., ESIRI, M. M., HIORNS, R. W., WILCOCK, G. K., POWELL, T. P. S.
1985   Anatomical correlates of the distribution of the pathological changes in

the neocortex in Alzheimer disease. In: Proceedings of the National Academy of Science USA, 82, 4531–4534.

PERL, E., SHAY, U., HAMBURGER, R., STEINER, J. E.
1992   Taste- and odor-reactivity in elderly demented patients. In: Chemical Senses, 17, 779–794.

PIKE, L. M., ENNS, M. P., HORNUNG, D. E.
1988   Quality and intensity differences of carvone enantiomers when tested separately and in mixtures. In: Chemical Senses, 13, 307–309.

PORTER, R. H., BALOGH, R. D., CERNOCH, J. M., FRANCHI, C.
1986   Recognition of kin through characteristic body odors. In: Chemical Senses, 11, 389–395.

PORTER, R. H., CERNOCH, J. M., BALOGH, R. D.
1985   Odor signatures and kin recognition. In: Physiology and Behavior, 34, 445–448.

PORTER, R. H., CERNOCH, J. M., McLAUGHLIN, F. J.
1983   Maternal recognition of neonates through olfactory cues. In: Physiology and Behavior, 30, 151–154.

PRETI, G., CUTLER, W. B., HUGGINS, G. R., GARCIA, C. R., LAWLEY, H. J.
1986   Human axillary secretions influence women's menstrual cycles: The role of donor extract from women. In: Hormones and Behavior, 20, 474–482.

PRICE, J. L.
1985   Beyond the primary olfactory cortex: Olfactory-related areas in the neocortex, thalamus and hypothalamus. In: Chemical Senses, 10, 239–258.
1987   The central olfactory and accessory olfactory systems. In: T. E. Finger & W. L. Silver (eds.), Neurobiology of taste and smell. New York, Wiley.

PRICE, S.
1984   Mechanisms of stimulation of olfactory neurons: An essay. In: Chemical Senses, 8, 341–354.

RAAIJMAKERS, J. G. W.
1993   De psycholoog als ingenieur. Universiteit van Amsterdam (oratie).

RABIN, M. D.
1988   Experience facilitates olfactory quality discrimination. In: Perception and Psychophysics, 44, 532–540.

RABIN, M. D., CAIN, W. S.
1984   Odor recognition: Familiarity, identifiability, and encoding consistency. In: Journal of Experimental Psychology: Learning, Memory, and Cognition, 10, 316–325.
1986   Determinants of measured olfactory sensitivity. In: Perception and Psychophysics, 39, 281–286.

RICHARDSON, J. T. E., ZUCCO, G. M.
1989   Cognition and olfaction: A review. In: Psychological Bulletin, 105, 352–360.

RINDISBACHER, H. J.
1993   The smell of books. A cultural-historical study of olfactory perception in literature. Chicago, The University of Michigan Press.

ROEDE, M., WIND, J., PATRICK, J., REYNOLDS, V. (EDS.)
1991   The aquatic ape: Fact or fiction? London, Souvenir Press.

274

RUBIN, D. C., GROTH, E., GOLDSMITH, D. J.
1984   Olfactory cuing of autobiographical memory. In: American Journal of Psychology, 97, 493–507.
RUSSELL, M. J.
1983   Human olfactory communication. In: D. Müller-Schwarze & R. Silverstein (eds.), Chemical signals in vertebrates, vol. 3. New York, Plenum.
RUSSELL, M. J., MENDELSON, T., PEEKE, H. V. S.
1983   Mothers' identification of their infant's odors. In: Ethology and Sociobiology, 4, 29–31.
SACKS, O.
1985   The man who mistook his wife for a hat. London, Duckworth.
SCHAAL, B.
1988   Olfaction in infants and children: Developmental and functional perspectives. In: Chemical Senses, 13, 145–190.
SCHAAL, B., MONTAGNER, E., HERTLING, E., BOLZINI, D., MOYSE, A., QUICHON, R.
1980   Les stimulations olfactives dans les relations entre l'enfant et la mère. In: Reprod. Nutr. Dévelop., 20 (3 B), 843–858.
SCHAB, F. R.
1990   Odors and the remembrance of things past. In: Journal of Experimental Psychology: Learning, Memory, and Cognition, 16, 648–655.
1991   Odor memory: Taking stock. In: Psychological Bulletin, 109, 242–251.
SCHAB, F. R., CAIN, W. S.
1991   Memory for odors. In: D. G. Laing, R. L. Doty & W. Breipohl (eds.), The human sense of smell. Berlin, Springer.
SCHIET, F. T., FRIJTERS, J. E. R.
1988   An investigation of the equiratio-mixture model in olfactory psychophysics: A case study. In: Perception and Psychophysics, 44, 304–308.
SCHIFFMANN, S.
1977   Food recognition by the elderly. In: Journal of Gerontology, 32, 586–592.
SCHLEIDT, M., NEUMANN, P., MORISHITA, H.
1988   Pleasure and disgust: Memories and associations of pleasant and unpleasant odours in Germany and Japan. In: Chemical Senses, 13, 279–293.
SCHMIDT, H. J., BEAUCHAMP, G. K.
1988   Adult-like odor preferences and aversions in three-year-old children. In: Child Development, 59, 1136–1143.
SCHNEIDER, P.
1969   Insect olfaction: Deciphering system for chemical messages.
In: Science, 163, 1031–1036.
SCHWARTZ, B. S.
1991   Epidemiology and its application to olfactory dysfunction. In: D. G. Laing, R. L. Doty & W. Breipohl (eds.), The human sense of smell. Berlin, Springer.
SCOTT, J. W., HARRISON, T. A.
1987   The olfactory bulb: Anatomy and physiology. In: T. E. Finger & W. L. Silver (eds.), Neurobiology of taste and smell. New York, Wiley.
SHELDRAKE, R.
1994   Seven experiments that could change the world. London, Forth Estate.

SHIPLEY, M. T.
1985   Transport of molecules from nose to brain: Transneuronal anterograde and retrograde labelling in the rat olfactory system by wheat germ agglutinin horse-radish to the nasal epithelium. In: Brain Research Bulletin, 15, 129–142.

SHIPLEY, M., REYES, P.
1991   Anatomy of the human olfactory bulb and central olfactory pathways. In: D. G. Laing, R. L. Doty & W. Breipohl (eds.), The human sense of smell. Berlin, Springer.

SICARD, G., HOLLEY, A.
1984   Receptor cell responses to odorants: Similarities and differences among odorants. In: Brain Research, 292, 283–296.

SILVER, W. L.
1987   The common chemical sense. In: T. E. Finger & W. L. Silver (eds.), Neurobiology of taste and smell. New York, Wiley.

SIMERLY, R. B.
1990   Hormonal control of neuropeptide gene expression in sexually dimorphic olfactory pathways. In: Trends in Neurosciences, 13, 104–110.

SLOTNICK, B. M., PAZOS, A. J.
1990   Rats with one olfactory bulb removed and the contralateral naris closed can detect odors. In: Physiology and Behavior, 48, 37–40.

SMITH, D. G., STANDING, L., MAN, A. DE
1992   Verbal memory elicited by ambient odor. In: Perceptual and Motor Skills, 74, 339–343.

SMITH, D. V., SEIDEN, A. M.
1991   Olfactory dysfunction. In: D. G. Laing, R. L. Doty & W. Breipohl (eds.), The human sense of smell. Berlin, Springer.

SNYDER, S. H.
1977   Opiate receptors and internal opiates. In: Scientific American, 236, 44–56.

SNYDER, S. H., SKLAR, P. B., HWANG, P. M., PEVSNER, J.
1989   Molecular mechanisms of olfaction. In: Trends in Neurosciences, 12, 35–38.

SNYDER, S. H., SKLAR, P. B., PEVSNER, J.
1988   Molecular mechanisms of olfaction. In: The Journal of Biological Chemistry, 263, 13971–13974.

SPAINK, K.
1992   Het strafbare lichaam. Amsterdam, Muntinga.

STAHLBAUM, C. C., HOUPT, K. A.
1989   The role of the Flehmen response in the behavioral repertoire of the stallion. In: Physiology and Behavior, 45, 1207–1214.

STAMP DAWKINS, M.
1993   Through our eyes only? Oxford, Freeman.

STAUBLI, U., FRASER, D., FARADAY, R., LYNCH, G.
1987   Olfaction and the ›data‹ memory system in rats. In: Behavioral Neuroscience, 101, 757–765.

STEVENS, J. C., CAIN, W. S.
1985   Age-related deficiency in the perceived strength of six odorants. In: Chemical Senses, 10, 517–529.

1986   Smelling via the mouth: Effect of aging. In: Perception and Psychophysics, 40, 142–146.

STEVENS, J. C., CAIN, W. S., BURKE, R. J.
1988   Variability of olfactory thresholds. In: Chemical Senses, 13, 643–653.

STEVENS, J. C., CAIN, W. S., DEMARQUE, A.
1990   Memory and identification of simulated odors in elderly and young persons. In: Bulletin of the Psychonomic Society, 28, 293–296.

STEVENS, J. C., CAIN, W. S., SCHIET, F. T., OATLEY, M. W.
1989   Olfactory adaptation and recovery in old age. In: Perception, 18, 265–276.

STODDART, D. M.
1988   Human odour culture: A zoological perspective. In: S. van Toller & G. H. Dodd (eds.), Perfumery, the psychology and biology of fragrance. New York, Chapman and Hall.
1990   The scented ape: The biology and culture of human odour. Cambridge, Cambridge University Press (enigszins herziene editie 1991).

STUIVER, M.
1958   Biophysics of the sense of smell. Rijksuniversiteit Groningen (diss.)

SÜDKIND, P.
1984   Das Parfüm. Zürich, Diogenes.

TEICHER, M. H., BLASS, E. M.
1977   First suckling response of the newborn albino rat: The roles of olfaction and amniotic fluid. In: Science, 198, 635–636.

TINBERGEN, N.
1968   Sociaal gedrag bij dieren. Utrecht, Het Spectrum (Aula 378).

TISSERAND, R.
1988   Aromatherapy. London, Penguin.

TOLLER, S. VAN
1988   Emotion and the brain. In: S. van Toller & G. H. Dodd (eds.), Perfumery, the psychology and biology of frangrance. New York, Chapman and Hall.

TOLLER, S. VAN, DODD, G. H. (EDS.)
1988   Perfumery, the psychology and biology of fragrance. New York, Chapman and Hall.

TOLLER, S. VAN, DODD, G. H., BILLING, A. (EDS.)
1985   Aging and the sense of smell. Springfield (IL), Thomas.

TOLLER, S. VAN, KIRK-SMITH, M., WOOD, N., LOMBARD, J., DODD, G. H.
1983   Skin-conductance and subjective assessments associated with the odour of 5-α-androstan-3-one. In: Biological Psychology, 16, 85–107.

TUTTEN, A.
1993   Interactions between mental and bodily mechanisms in anorexia nervosa and premenstrual complaints. Rijksuniversiteit Utrecht (diss.)

TURKE, P. W.
1984   Effects of ovulatory concealment and synchrony on protohominid mating systems and parental roles. In: Ethology and Sociobiology, 5, 33–44.

VANDENBERGH, J. G. (ED.)
1983   Pheromones and reproduction in mammals. New York, Academic Press.

VEITH, J., BUCK, M., GERTZLAF, S., DOLFSEN, P. VAN, SLADE, A.
1983   Exposure to men influences the occurence of ovulation in women. In: Physiology and Behavior, 31, 313–315.

VROON, P.
1989   Tranen van de krokodil. Baarn, Ambo. (Drei Hirne im Kopf. Zürich, Kreuz.)
1990   Kopzorgen. Baarn, Ambo.
1990a   Psychologische aspecten van ziekmakende gebouwen. Utrecht, ISOR.
1992   Wolfsklem. Baarn, Ambo.
1993   Toestanden. Baarn, Ambo.
VROON, P., DRAAISMA, D.
1986   De mens als metafoor. Baarn, Ambo.
WALK, H. A., JOHNS, E. E.
1984   Interference and facilitation in short-term memory for odors. In: Perception and Psychophysics, 36, 508–514.
WALLRAFF, H. G.
1990   Conceptual approaches to avian navigation systems. In: Experientia, 46, 379–388.
WARREN, D. W., WALKER, J. C., DRAKE, A. F., LUTZ, R. W.
1992   Assessing the effects of odorants on nasal airway size and breathing. In: Physiology and Behavior, 51, 425–430.
WHITTEN, W. K., BRONSON, F. H:, GREENSTEIN, J. A.
1968   Estrus-inducing pheromone of mice: Transport by movement of air. In: Science, 161, 584–585.
WILLIAMS, M. B.
1976   The logical structure of functional explanations in biology. In: F. Suppe & P. D. Asquith (eds.), Philosophy of Science Association. Dordrecht/Boston, Reidel, 37–46.
WILSON, E. O., BOSSERT, W. H.
1963   Chemical communication among animals. In: G. Pincus (ed.), Recent progress in hormone research, vol. 19. New York, Academic Press.
WYSOCKI, C. J., BEAUCHAMP, G. K.
1984   Ability to smell androstenone is genetically determined. In: Proceedings of the National Academy of Science USA, 81, 4899–4902.
WYSOCKI, C. J., MEREDITH, M.
1987   The vomeronasal system. In: T. E. Finger & W. L. Silver (eds.), Neurobiology of taste and smell. New York, Wiley.
ZELLNER, D. A., KAUTZ, M. A.
1990   Color affects perceived odor intensity. In: Journal of Experimental Psychology: Human Perception and Performance, 16, 391–397.
ZWAAN, E. J.
1965   Links en rechts in waarneming en beleving. Utrecht, Bijleveld (diss.).

Die Originalausgabe erschien 1994 unter dem Titel »Verborgen verleider. Psychologie von de reuk« bei Ambo/Baarn.

Die Deutsche Bibliothek –CIP-Einheitsaufnahme

Vroon, Piet:
Psychologie der Düfte :
Wie Gerüche uns beeinflussen und
verführen / Piet Vroon; Anton van Amerongen; Hans de Vries.
Aus dem Niederländ. von Annette Löffelholz. – Zürich :
Kreuz, 1996
Einheitssacht.: Verborgen verleider <dt.>
ISBN 3-268-00195-5
NE: Amerongen, Anton van:, Vries, Hans de:

1 2 3 4 5   00 99 98 97 96

© Kreuz Verlag AG Zürich 1996
P.O.B. 245, CH-8034 Zürich
»Verborgen verleider« © P. A. Vroon, A. van Amerongen, H. de Vries 1994
Umschlaggestaltung: Atelier Reichert, Stuttgart
Satz: Utesch Satztechnik GmbH, Hamburg
Druck und Bindung: J. Ebner Ulm
ISBN 3 268 00195 5

Warum wir nicht können, wie wir wollen.

Drei evolutionsgeschichtlich verschieden alte Gehirne streiten sich in unserem Kopf. Was das für unser tägliches Verhalten bedeutet, erläutert Piet Vroon in diesem faszinierenden Buch. Es verbindet die Erkenntnisse der Psychologie mit jenen der Evolutionsbiologie und der Hirnforschung. Ein wichtiges Plädoyer dafür, die gesamte Psychologie einer Bestandsaufnahme zu unterziehen und ihre Fragestellungen neu zu überdenken.

Piet Vroon
Drei Hirne im Kopf
Warum wir nicht können wie wir wollen
400 Seiten, mit einigen SW-Abbildungen,
Hardcover mit farbigem Schutzumschlag

KREUZ: Was Menschen bewegt.